职业院校饭店服务与管理专业系列教材

现代饭店管理实务

主　编　罗春燕
副主编　刘　强　赵爱民　李占旗

中国物资出版社

图书在版编目（CIP）数据

现代饭店管理实务/罗春燕主编．—北京：中国物资出版社，2011.6
（职业院校饭店服务与管理专业系列教材）
ISBN 978-7-5047-3820-2

Ⅰ．①现… Ⅱ．①罗… Ⅲ．①饭店—商业管理—高等职业教育—教材 Ⅳ．①F719.2

中国版本图书馆 CIP 数据核字（2011）第 037742 号

策划编辑 张利敏　　**责任印制** 何崇杭
责任编辑 张利敏　　**责任校对** 孙会香　梁　凡

出版发行 中国物资出版社
社　　址 北京市丰台区南四环西路 188 号 5 区 20 楼　　**邮政编码** 100070
电　　话 010-52227568（发行部）　　010-52227588 转 307（总编室）
010-68589540（读者服务部）　　010-52227588 转 305（质检部）
网　　址 http://www.clph.cn
经　　销 新华书店
印　　刷 三河市西华印务有限公司
书　　号 ISBN 978-7-5047-3820-2/F·1516
开　　本 787mm×1092mm　1/16
印　　张 15.5　　**版　　次** 2011 年 6 月第 1 版
字　　数 349 千字　　**印　　次** 2011 年 6 月第 1 次印刷
印　　数 0001—3000 册　　**定　　价** 28.00 元

职业院校饭店服务与管理专业
系列教材编审委员会

出版说明

职业教育与普通教育的不同在于，普通教育强调较强的系统理论基础，培养的是学术型、工程型人才；而职业教育强调较强的实践技术和专门技能，培养的是技术型、技能型人才。因此，职业教育既有高等教育在教育领域的某些共性，更有职业教育的个性，即特色。这种特色首先表现为独特的办学理念和办学思路：以就业为导向、与社会经济发展紧密结合，以社会需要为出发点和落脚点，以行业企业为主导的校企合作、产学研结合等。

实现职业教育的目标、体现职业教育的价值离不开优秀的教材！

事实却是，市场上的教材不是本科教材的简单删减，就是培训教材的粗略扩充，导致职业教育教材中的部分内容是已被淘汰的知识，新知识、新技术、新内容、新工艺、新材料不能及时反映到教材中来，教材与紧密联系生产一线的职业教育专业设置不符，给学生就业带来弊端。

为了解决上述问题，我们策划并组织编写了这套“职业院校饭店服务与管理专业系列教材”，期望能够满足广大老师和学生的需求。本套教材从策划伊始到问世，都伴随着策划人详尽的调研和编写老师严谨的耕耘。这些使得本套教材具有以下特点：

1. 通俗易读，深浅有度。理论知识广而不深，基本技能贯穿教材的始终。图文并茂，以例释理的方法得到广泛的应用，十分符合职业院校学生的学习特点。

2. 注重“双学型”特点的体现。职业教育对“双师”和“双证”的要求，必然呼唤教材具备“双学”的特点：一方面，教材能够协助教师对学生进行在校的理论和实践教育；另一方面，还能够帮助学生取得相关职业技能证书，向劳动部门颁发的职能鉴定标准看齐，为就业做好准备。为了做到这点，本套教材与这些技能考试相结合，以考试的试题为课堂训练或者拓展模块，实现两者的有机结合。

3. “套餐式”教材，电子教案请专业人士制作。现代化的手段可以帮助丰富和发展传统的教材，PPT可以使学生的注意力更加集中，书本的附加内容可以使书本内容形象生动，适量的配套练习、详细的参考答案可以培养学生自学自测的能力……特别是，本套教材的这些“套餐式”杜绝流于形式，那些不能用、不适用的课件做了还不如不做。

4. 模块式的编写思路。以大模块嵌套小模块的方式来编写。实践证明，这种模块式的教材更能吸引学生产生学习兴趣。

“职业院校饭店服务与管理专业系列教材”符合职业教育的教学理念和发展趋势，能够成为广大教师和学生教与学的优秀教材，同时也可以作为饭店管理人员、相关从业人员的自学读物。

前　　言

《现代饭店管理实务》紧密结合高职高专的特点和培养目标，从饭店管理理论出发，结合我国饭店业发展实际情况，详细介绍了饭店管理必须掌握的专业知识和职业技能，系统讲解了饭店在经营运作过程中所涉及的前厅部、餐饮部、客房部、康乐部等部门的组织结构、工作内容、岗位职责、操作规范等柤关内容，并结合具体案例全面介绍了饭店产品、饭店集团、饭店结构、饭店营销、饭店人力资源与饭店信息技术等，在内容上尽量反映行业最新成果。本教材采用了较新颖的编写体例，在每一项目开头都设有“任务导入”和“任务分析”，在项目最后有“任务总结”，在正文中设置了“小资料”和“小案例”两个模块，尽量做到“以例释理”，旨在提高学生的学习兴趣，增强教材的可读性和趣味性；在项目正文后附有“实训项目”等，使学生能更好地理解和掌握饭店管理基础理论，突出理论在实际管理工作中的应用。

全书共设计了十个项目，分别介绍了饭店概述、饭店结构、饭店前厅管理、饭店客房管理、饭店餐饮管理、饭店康乐管理、饭店人力资源管理、饭店后勤保障管理、饭店信息技术管理和饭店营销管理等方面的内容。本教材主要围绕饭店产品生产和服务实施的过程展开，旨在让学生掌握饭店管理的基本理论知识的同时培养学生相关专业技能和通用技能，让学生知晓管理饭店的一般常识和技巧，尤其是进行饭店基层管理的技能。因此，《现代饭店管理实务》既可作为高职高专旅游专业的基础课教材，也可用作在职培训教材。

本书由罗春燕主编，负责设计编写大纲和全书的修改、统稿、定稿工作。各章节编写任务分配如下：罗春燕负责编写项目一、项目二和项目七；刘强负责编写项目三和项目十；赵爱民负责编写项目六；李占旗负责编写项目五和项目九；何正法负责编写项目八；王琳和王小琴负责编写项目四。

在编写过程中，我们参阅、引用了大量的文献，限于篇幅未能一一注明。同时许多业内专家和学者给予了悉心的指导，汉庭连锁酒店集团苏北皖城区运营经理何正法为本书的编写提供了大量的资料，中国物资出版社的张利敏编辑为本书的编写和出版提供了支持和帮助。在此，一并表示感谢！

编　者

2011 年 5 月

目　录

项目一　饭店概述

知识目标

- 了解饭店的含义及功能；
- 理解并掌握饭店业的发展历程；
- 理解并掌握饭店的类型和等级；
- 了解现代饭店业的经营创新。

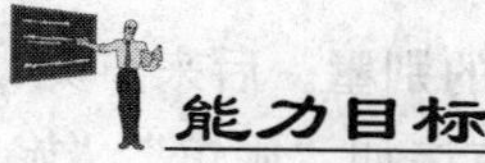

能力目标

1. 能够正确区分饭店企业与非饭店企业；
2. 能够正确分析判断自己所熟悉饭店的等级及类型；
3. 初步分析饭店的经营理念和经营模式。

任务导入

小王和小李准备国庆假期到欧洲自助旅行，顺便拜访一下自己的客户。他们在定好行程后，开始在网上预订饭店，两人都同意选择国际知名的饭店集团，认为这样可以全部使用他们的连锁酒店，订房方便快捷。但在选择饭店级别和地点时两人却出现了分歧，小王倾向于星级比较高的酒店，条件好，设施齐全，服务周到。而小李则希望住到一般的酒店就可以了，只要干净、卫生、安全，满足基本食宿要求就行，这样可以省下一笔不小的费用。两人同时在饭店地点的选择上也有不同意见，小王希望直接住在度假区，环境优美，出行方便。而小李则主张住在稍微偏远的饭店，这样在相同级别的饭店享受同等服务的基础上却有不小的价格差别。最终两人出于要拜访客户的角度上，选择了交通便利的商务型酒店。

任务分析

饭店作为人们旅行外出时的"家外之家"，可以满足人们诸多的需求。饭店的类别不同、地点不同、等级不同，则价格不同、功能也不同。选择饭店应考虑出行的主要目的，需要饭店提供何种产品和服务，然后根据需要选择饭店的类别。小王在选择饭店时，主要考虑饭店的舒适性和方便性；而小李则主要是考虑饭店的经济性。最后两人在饭店的功能性方面达成一致意见。

任务一　饭店的概念和功能

现代饭店是设施设备完善、功能齐全、智能化控制的综合性群体建筑，是能够为客人提供住宿、餐饮、商务、购物、娱乐和健身等服务项目及营利性的综合接待服务企业。饭店作为旅游业重要服务设施之一，是旅游者在旅游目的地一切活动的基地。同时饭店的发展水平也标志着一个国家或一个地区旅游事业的发展水平，在一定程度上反映了该国或该地国民经济发展水平及文明程度。

一、饭店的概念

（一）饭店的含义

饭店（Hotel）一词源于法语，原意是指贵族在乡间招待贵宾的别墅。后来，英、美等国沿用了这一名称来泛指所有商业性的住宿设施。在我国，有诸如“旅馆”“旅社”“旅店”“酒店”“宾馆”“度假村”“饭店”等诸多称谓，国家旅游局将现代宾馆和酒店等统称为旅游饭店，本教材就选用“饭店”这一称谓。现代饭店是指凭借建筑物及其设施、设备，为宾客提供食宿、娱乐、购物、消遣、通信、商务、旅行服务而获得经济效益和社会效益的综合性经济实体。

这里所说的饭店不包含酒家、酒楼（大酒店）、餐馆、餐厅、饭庄、饭馆（饭店）等专营餐饮业务的经济实体——因为这一类企业仅仅向客人提供饮食及服务，而饭店则是提供包括住宿、餐饮以及其他综合性服务在内的企业，是在古代客栈的基础上发展而来的。

（二）饭店的性质和特点

饭店作为综合性服务企业，具有和一般企业一样的共性特征。饭店首先是一个独立的营利性经济组织，具备自主经营、经济独立和对外关系上的法人地位。同时饭店还有与其他企业不同的性质和特点。

1. 服务性

饭店产品是有形的设施设备和无形的劳务服务的有机结合，其中以无形的劳务服务为主，有形的设施设备为辅。实物产品部分实际上只起到促进服务销售的作用，习惯上被称做“助销产品”。因此，饭店是以提供劳务为主的服务性企业，饭店生产和销售的主要是无形的服务产品。

2. 综合性

现代饭店不仅要满足顾客住宿和饮食的基本需求，还必须同时满足不同客人的多种消费需求，如商业贸易、会议、度假、文秘、通信、健身、娱乐、购物、货币兑换、票务、委托代办等。因而，饭店是一个具有综合功能的企业，必须配备相关的设施并提供相应的服务。

3. 享受性

饭店所能满足客人的不只是简单的物质需要，而且是满足客人不断提高的享受需求，这是现代消费的必然发展趋势，也是其与一般商品和服务的主要区别。

4. 文化性

饭店作为旅行者的居留场所，不仅是客人的物质消费场所，而且是客人感受异地文化的精神消费场所。饭店应通过外在的、有形的店景文化和内在的企业文化，展现主流文化、健康文化、民族文化和特色文化，使客人在接受服务的同时，感受到异地文化的魅力。

二、饭店的功能

饭店最基本、最传统的功能就是向顾客提供住宿和餐饮。由于客源及其需求的不断变化，饭店的功能也不断扩展，现代的饭店功能已经比传统的饭店有了很大的发展。

1. 住宿功能

饭店为旅行者提供多种客房产品，包括床位、卫生间和其他生活设施。以清洁、舒适的环境和热情、周到的服务，使投宿者得到很好的休息，获得“宾至如归”的感受。

2. 餐饮功能

饭店一般设有不同的餐厅，以精美的菜品、良好的就餐环境、可靠的卫生条件和规范的服务，向客人提供包餐、风味餐、自助餐、点菜、小吃、饮料以及酒席、宴会等多种形式的餐饮服务。

3. 商务功能

饭店设置有商务中心、商务楼层、商务会议室与商务洽谈室，提供传真和国际、国内直拨电话等现代通信设施，为商务旅游者从事商务活动提供各种方便快捷的服务。很多商务型酒店还设置有商务客房，在客房中直接提供传真机、打印机以及互联网接口和计算机。

4. 家居功能

饭店是客人的“家外之家”，应努力营造像客人在家里一样亲切、温馨、舒适、方便的气氛，实现宾至如归的服务理念。尤其是公寓饭店，一般带有生活住宿性质，主要为长住客人服务，价格便宜，自助服务设施齐全（如自助厨房、自助洗衣），客人自由方便，家居功能尤为典型。

5. 度假功能

现代度假型饭店在提供住宿和餐饮等基本服务外，还提供满足顾客休闲度假需要的设备设施。度假饭店一般位于风景秀丽、环境优美、气候适宜的风景区，具备比较齐全的娱乐设施，可以垂钓、划船、泡温泉、爬山等，能满足不同顾客的度假需要。

6. 会议功能

饭店内有大小规格不等的会议室、谈判室、演讲厅、展览厅。会议室、谈判室都有良好的隔板装置和隔音装置，并提供多国语言的同声翻译，有的饭店还可以举行电视会议。

此外，饭店还具有娱乐健身、通信和信息集散、文化服务、商业购物服务等功能。可见，现代饭店已不仅仅是住宿产业，而是为客人提供多种服务，具有多种功能的“生活产业”。

三、饭店的职业特点和职业要求

1. 饭店的职业特点

(1) 社会接触面广。饭店的经营是面向社会公众的，顾客来自于不同行业、不同地区，年龄、职业、喜好都不尽相同。饭店员工在提供饭店产品和服务的过程中，有较多的机会接触到社会各层面的顾客。

(2) 良好的工作环境。饭店为客人提供舒适的环境，饭店员工也工作在这样良好的环境中，同时很多中高档酒店又是社会时尚流行的社交场所，对工作在此环境中的人员有很强的感染力和影响力。

(3) 非常规的工作时间。饭店是服务性行业，对客人服务的特殊性决定了饭店中许多岗位的工作时间与常规工作时间不同。比如餐饮部员工要在客人就餐的时间工作，客房部的员工要实行轮班制工作等，这对员工来讲需要一定的适应能力和心理准备。

(4) 较多的晋升机会。饭店中的组织结构层次较多，尤其是大中型饭店，从实习员工到总经理通常都有六七个层次，加上目前饭店行业发展很快，连锁饭店和集团饭店不断增加，这为员工的职级晋升提供了较多的机会和可能。特别是中低层员工的职级晋升机会与其他行业相比一般较快。

(5) 脑力和体力劳动相结合的工作性质。饭店行业属于劳动密集型行业，许多岗位不仅需要灵活的头脑，还要有健康的体魄从事一定量的体力劳动。比如客房部员工既要对客人提供接待服务，还要清扫房间；餐饮部员工既要提供就餐服务，还要摆台、撤台等，这些都需要脑力和体力劳动相结合。

2. 饭店工作的职业要求

(1) 良好的职业技能和身体素质。饭店工作的独立性、专业性较强，而工作时间和工作强度又较大，熟练的职业技能可以提高工作效率，良好的身体素质可以胜任相关职位，更好地完成饭店工作。

(2) 良好的沟通和协调能力。饭店要尽可能地满足不同层次、不同喜好顾客的各种合理要求，这要求员工必须具备与顾客交流、为客人服务的沟通协调能力，通过有效的人际沟通得到顾客的认可。

(3) 宽泛的知识结构和丰富的工作经验。饭店行业也是很注重工作经验的行业，员工在具体的服务过程中，许多状况是难以预料的，许多事情需要打破常规灵活处理，这些都需要知识和经验。

（4）良好的职业道德和敬业精神。饭店的工作环境和工作特点决定了饭店员工在为顾客提供产品和服务时，时常要面对种种诱惑，如果没有良好的道德修养和敬业精神是很难把工作做好的。

（5）浓厚的职业兴趣和不断学习的态度。饭店工作的重复性和较大的工作压力往往成为中低层面员工不能继续坚持岗位工作的两大要素，饭店员工只有努力培养职业兴趣，在工作中找到乐趣，同时加强学习，才能不断提高自身各方面能力。

任务二　中外饭店业的发展

一、世界饭店业的发展

旅游活动自古有之，为旅行者提供食宿的住宿设施也随之兴起。相传欧洲最初的食宿设施约始于古罗马时期，其发展大体经历了客栈时期、大饭店时期、商业饭店时期等阶段。第二次世界大战以后，欧美饭店业迅速发展，进入了现代饭店时期，至20世纪60年代，在世界各地已出现了上百家大饭店公司，形成了独立的饭店行业。

1. 客栈时期

客栈时期是指从住宿业产生直到19世纪中叶的漫长的历史时期。客栈虽然作为一种住宿设施早就存在，但真正流行是在12世纪以后，盛行于15～18世纪。客栈是现代意义上旅馆的雏形，主要指乡间或路边的小客栈、小旅店，供过往旅行者寄宿之用。早期的客栈特点是规模小，设施简陋，仅提供基本食宿；服务项目少，质量差；声誉差，常被视为低级行业，且这些客栈的安全性差，常发生盗窃和抢劫现象。客栈主要设于道路边或驿站附近，面对的市场主要是沿途路过的传教士、信徒、外交官吏、信使、商人等。

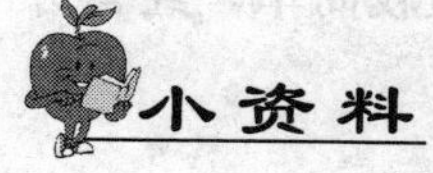

早期的英国客栈

早期的英国客栈继承了撒克逊人定居英国时的酒店传统。那时客栈是人们聚会并相互交往、交流信息的地方。随着公共马车的出现，人们可以发现每隔10～15英里的车站旁就有客栈。住宿处往往还提供膳食和啤酒，最早的客栈无非是一幢大房子，内有几间房间，每个房间摆了一些床，旅客们往往挤在一起睡觉。到了15世纪，有些客栈已拥有20～30间客房，当时比较好的客栈往往有一个酒窖、一个食品室、一个厨房，还有供店主及管马人用的房间。许多古老的客栈都有花园草坪，有些还有制酒的作坊，以及带有壁炉的宴会厅和舞厅。据不完全统计，1577 年在英格兰和威尔士有客栈 1600 多家。

2. 大饭店时期

18 世纪后期，诸如西北欧、日本和北美的工业化国家已经形成了群众性消费的社会，在当时的欧美多数大城市里，都开始兴建大规模豪华饭店。塞萨·里兹（Cesar Ritz）开办的饭店，可以说是当时豪华饭店的代表。1794 年，在纽约建成的首都饭店，内有 73 套客房，不愧是一座大宫殿。大饭店时期的饭店规模大，设施豪华，服务正规，具有一定的接待仪式和一定规格的礼貌礼节。

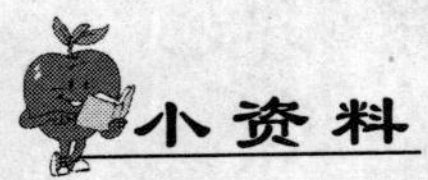
小资料

第一座现代化饭店

1829 年在美国波士顿特里蒙特饭店（Tremont）的落成，为整个新兴的饭店行业确立了明确的标准。这座饭店设有 170 套客房，其规模在当时来说十分可观。据说它也是一座建有前厅的饭店，宾客不用在酒吧柜台上登记入住。餐厅设有 200 个座位，供应法式菜肴，服务人员训练有素，饭店不仅有单间客房，而且房间可以加锁。客房里备有脸盆、水罐和肥皂，旅客再也不必到饭店后院从水泵里接水洗澡。特里蒙特饭店就此闻名，成为饭店发展历史的一个里程碑，推动了美国各地现代饭店的蓬勃发展。

3. 商业饭店时期

20 世纪初，美国的埃尔斯沃思·弥尔顿·斯塔特勒（Ellsworth M. Statler），被公认为商业饭店的创始人，当时世界上最大的饭店业主，建造了斯塔特勒饭店。20 世纪 20 年代至 50 年代，由于商业旅行的增长对饭店的需求急剧增加，饭店业得到了迅速发展。商业饭店时期的饭店设施方便、舒适、清洁、安全；服务全面但较简单；经营方向开始以顾客为中心；价格合理。

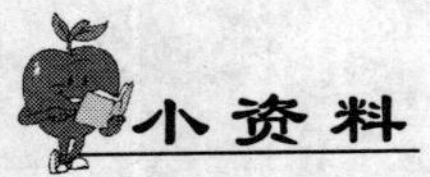
小资料

商业饭店管理之父——斯塔特勒

斯塔特勒 13 岁起开始在饭店当服务员，这位农家孩子虽然只读过两个冬天的书，但是对于饭店业却异乎寻常地热衷。他敏而好学，从进入饭店当服务员的时候起，便随身携带着一个小笔记本，随时随地记录自己对于饭店经营管理的想法。两年后他升任领班，不久他承包饭店弹子房的经营，又率先在饭店内代理火车票。接着他独立经营一家可供500人同时用餐的餐馆。20世纪初，斯塔特勒在水牛城开始创业，建造以他的名字命名的第一家饭店，又先后在克利夫兰和底特律等地投资建造并经营当地的斯塔特勒饭店。他总的出发点是：饭店的一切设施、设备和服务都必须从客人的需要出发，而不只考虑建筑美、外观美。

斯塔特勒在服务标准化方面的最大贡献在于他提出的服务哲学：顾客永远是正确的。从1876年他提出起迄今100多年，这句话已经成为世界饭店业和其他一切服务行业共同遵循的服务哲学。他主张“雇用善良、快乐的人，生性温厚的人，不是这样的人就不要”。他认为服务人员必须“和蔼可亲、态度热情、爱笑常笑”。他劝告服务员：“千万不要过分自信、不要说话尖刻、不要别出心裁。”由此我们也可以看到，斯塔特勒把主要精力集中在服务的态度上，至于服务的技巧，尽管也重要，却是第二位的。

4. 现代饭店时期

第二次世界大战结束后，世界经济高速发展，新的工业革命进一步增加了人民大众的可支配收入，为外出旅行提供了物质条件，随着汽车、航空、铁路交通的工具的快速发展，人们外出变得更加的便利，对饭店的需求剧增，世界饭店业迎来了发展的黄金时期。

这一时期的新兴饭店，其规模、数量、功能、豪华程度大大超过了传统饭店。同时根据市场发展需要，饭店经营管理模式不断创新和变革，20世纪60年代，饭店联营和特许经营得到发展，一些大的饭店集团采取管理合同或特许经营等方式，在国内、国际进行连锁经营，逐渐形成统一名称、统一标识、统一标准、联网促销的饭店集团公司。例如：希尔顿饭店公司（Hilton Hotel Corp.）、喜来登饭店公司（Sheraton）、假日饭店集团公司（Holiday Inns Corp.）、凯悦国际饭店公司（Hyatt International）等。现代饭店时期的饭店规模逐步扩大，饭店类型多样化，饭店服务综合化，可以提供住、食、旅游、通信、商务、康乐、购物等服务。

二、中国饭店业的发展

1. 中国古代饭店设施

中国最早的饭店设施可追溯到春秋战国或更早的时期，唐、宋、明、清时期我国饭店业得到了较快发展，主要有官办住宿设施和民办旅店两大类。

（1）古代官办住宿设施。在中国古代，官方开办的住宿设施主要有驿站和迎宾馆两类。驿站是中国历史上最古老的一种官办住宿设施。在古代，驿站主要接待往来信使和公差人员，并为其提供车、马交通工具。后来，也可为过往商旅及民办旅行者提供食宿服务，逐渐扩大了接待范围。迎宾馆是中国古代另一种官办住宿设施，主要用于接待各国使者及商客。“迎宾馆”这种称谓最早见于清末，在此之前，这类官办住宿设施有很多称谓，如春秋战国时期，称为“诸侯馆”“传舍”；西汉时称为“蛮夷邸”；

南北朝称为“四夷馆”；唐宋时期称为“四方馆”；元明时期称为“会同馆”。

(2) 古代民办旅店。在中国商周时期，专门为客人提供旅途休息食宿的场所被称为“逆旅”。随着社会的不断发展，从事商贩贸易的人越来越多，频繁的商贸活动增加了对食宿设施的需求，为民办旅店的发展提供了市场。在唐、宋、明、清的经济迅速发展时期，民间商贸交易和社会交流活动更加频繁，为满足社会需求，民办旅店业得到了快速发展，各地出现了众多的“客栈”“会馆”“旅店”等民间住宿设施。

2. 中国近代的饭店业

19 世纪初，外国资本进入中国，建造了建筑式样、设施设备、内部装饰、经营方法、服务对象等方面与中国传统旅店完全不同的饭店，我们将这些外来的饭店业统称为“西式饭店”。这些西式饭店规模宏大、装饰华丽，内部有客房、餐厅、酒吧、舞池、球房、电梯、理发室、会客室、小卖部等设施，客房内有电话、暖气，卫生间有冷热水。西式饭店主要接待来华外国人，也是当时上层社会人物、达官贵人的聚会场所。

西式饭店的大量出现，刺激了中国民族资本投资于饭店业，民国时期开始，各地兴建了一批具有中西合璧风格的新式饭店，多以“旅馆”“饭店”“宾馆”命名，建筑式样、店内设施、服务项目与经营方式上都受到了西式饭店的影响，这类饭店通常被称为“中西式饭店”。20 世纪 30 年代，中西式饭店的发展达到了鼎盛时期，当时各大城市均建有此类饭店。

3. 中国现代饭店业

自 1978 年我国开始实行改革开放政策以来，旅游业得到快速发展，这为我国现代饭店业的兴起和发展创造了前所未有的良好机遇。1978 年至今，我国饭店业大体经历了四个发展阶段。

(1) 第一阶段（1978—1983 年），由事业单位招待型管理走向企业单位经营型管理。

这一时期的饭店，很大部分是从以前政府的高级招待所转变而来的。原来的政府招待所在财政上实行统一收支，实报实销制度，基本没有上缴利润，也没有任何经营风险，服务上只提供简单的食宿，谈不上满足客人要求的各种服务项目。1978—1983 年，旅游行政管理部门重点围绕三个方面做了大量工作，即如何使我国饭店业从招待型管理转轨为企业型管理、如何提高饭店管理水平和服务水平、如何提高管理人员素质以使之掌握现代化饭店管理知识等。经过几年的努力，一大批原来的事业单位招待所实现了企业化，饭店经营管理水平和服务质量有了显著的提高。

(2) 第二阶段（1984—1987 年），由经验型管理走向科学管理。

1984 年，我国饭店业在全行业推广北京建国饭店科学管理方法，走上与国际接轨的科学管理的轨道，这是我国饭店业在发展中迈出的第二步。建国饭店是北京第一家中外合资、聘请外国饭店管理集团管理的饭店，开业时间不长，就以符合国际水准的服务蜚声中外，并取得了良好的经济效益。

(3) 第三阶段（1988—1994 年），借鉴国际饭店业做法，推行星级评定制度，我国饭店进入国际现代化管理新阶段。

20 世纪 80 年代中后期，我国饭店业经过持续的高速发展，到 1988 年，已拥有旅游涉外饭店 1496 个，客房 22 万间。为使我国迅速发展的饭店业能规范有序地发展并与国际饭店业的标准接轨，1988 年 9 月，经国务院批准，国家旅游局颁布了饭店星级评定标准，并开始对旅游涉外饭店进行星级评定。1993 年经国家技术监督局批准，该标准定为国家标准。我国饭店业实行星级制度，可以促使饭店的服务与管理符合国际惯例和国际标准，也使我国饭店业进入规范化、国际化、现代化管理的新阶段。

（4）第四阶段（1994 年至今），我国饭店业逐步向专业化、集团化、集约化经营管理迈进。

20 世纪 80 年代以来，国际上许多知名饭店管理集团纷纷进入中国饭店市场，向我国饭店业展示了专业化、集团化管理的优越性以及现代饭店发展的趋势。1994 年，我国饭店业已形成了一定的产业规模。经国家旅游局批准，我国成立了第一批饭店管理公司，这为迅速崛起的中国饭店业注入了新的活力，引导我国饭店业向专业化、集团化管理的方向发展。在饭店业追求总量扩张、注重外延型发展的同时，更向追求质量效益、强化内涵发展方向转变，走集约化发展道路成为我国饭店业的共识。

三、饭店业的展望

随着社会经济的进一步发展，市场环境的不断变化，科学技术的进一步发展和应用，饭店业也必将发生深刻变革，今后饭店业将呈现以下几种发展趋势。

1. 饭店产品的多元化趋势

20 世纪 80 年代初，饭店产品十分相似，包括客房的类型、客房内部的摆设以及向客人提供的服务等都大同小异。随着饭店市场上日益激烈的竞争以及消费者需求的不断提高，饭店业不断推出了新的产品以满足人们不断增加的个性化需求。例如，女性商务客房、女性楼层、绿色客房等各种类型的产品相继出现，不仅满足了消费者多样化的需求，也在一定程度上顺应了时代发展的需要。

2. 饭店服务的个性化趋势

个性化服务意味着向客人提供更为灵活、更能满足客人需求的服务。饭店的产品和服务能否让顾客满意，在很大程度上取决于饭店能否从顾客的角度出发，提供相应的产品和服务。比如针对带小孩的客人提供托婴服务；针对商务客人提供贴身管家服务和秘书服务等。

3. 饭店管理的智能化趋势

随着信息化进程的不断加快，饭店业也不断引进以电子信息技术为代表的现代科技，饭店的信息化、智能化程度越来越高。目前很多饭店都配备有较为完善的饭店管理信息系统，信息技术被用于饭店的前厅接待、收银、问询、客房预订、销售、餐饮、康体娱乐、保安、报表管理以及库存管理等各个方面，对提高饭店的服务效率和管理效率起到非常重要的作用。

4. 饭店产业的集团化趋势

饭店集团化经营无论在品牌传播上、管理上、技术上都显示出单体饭店无法比拟的优势。尤其是规模经济优势成为饭店集团在激烈竞争中取胜的法宝。随着饭店业竞争的不断加剧，为了更好地生存和发展，会有更多的饭店走向集团化经营模式。我国饭店企业应加快集团化步伐，尽快摆脱各自为政的经营管理模式，积极参与到国际饭店市场的竞争中去。

5. 饭店营销的网络化趋势

一方面很多饭店集团拥有自己的集团营销网络，同时很多饭店集团之间以及和其他的旅游相关企业推出联合促销活动，饭店业的网络化营销趋势越来越明显。旅游电子商务的快速发展为饭店企业借助互联网开展网上营销插上了腾飞的翅膀，更多的饭店走进网络，开展网上预订和在线销售活动。

6. 饭店发展的可持续化趋势

饭店企业在发展中要顺应时代可持续发展的要求，注重生态环境保护，促进经济和生态环境协调发展，以实现企业利益、顾客利益和社会利益及生态环境利益的协调统一。营造绿色饭店，强化绿色意识，培育绿色文化，营造绿色环境，引导绿色消费，成为了饭店企业发展的重要战略取向。

任务三　饭店的类型和等级

一、饭店的类型

按照不同的划分标准，饭店的类别有很多。我国一般按照饭店的功能、规模和计价方式等进行分类。

（一）按功能进行分类

1. 商务型饭店

商务型饭店（Commercial Hotel）是主要接待商务宾客，为其提供商务活动所需的设施设备及服务的饭店。饭店一般比较豪华、舒适，服务设施齐全，交通、通信便利。客人主要看中其地理位置和设施设备，消费水平较高，客流量的季节性波动较小。这类饭店多建在城市较为繁华、交通便利的地段或商业中心。

2. 度假型饭店

度假型酒店（Resort Hotel）是以接待度假旅游客人为主的饭店。这类饭店又常被称作“度假村”“度假山庄”“俱乐部”等。顾客的消费目的主要是放松身心、享受大自然、休闲健身等，因此，这类饭店设备设施要舒适、安全、实用，常设有娱乐休闲、健身康体等项目，多建于风景名胜区、海滨、温泉、名山大川等旅游胜地附近。

3. 会议型饭店

会议型饭店（Convention Hotel）除了具备食宿设施及服务外，还配备了会议及附属设施设备，如大小会议室（厅）及其扩音设备、视听设备、录放像设备、多媒体设备以及会务服务等。这类饭店以接待各类会议旅客为主，为政府机构、各类企事业单位、社会团体等举办各种会议提供场所和服务。会议型饭店一般建在城市中具有良好基础设施的地方，现在会议型饭店也会向地处旅游胜地的城镇发展，以满足客人在紧张会务之余放松身心、恢复精力的需要。

4. 长住型饭店

与其他类型的饭店不同，长住型饭店（Residential Hotel）主要接待居住时间较长的客人。常住客人由于居住时间较长，要求生活设施齐全，适应居家需要，所以这类饭店客房常以套房为主，具有家庭式结构特征。有的长住型饭店为居住者提供较长时间的食宿服务和家政服务，有的饭店则只提供住宿而不提供餐饮服务。

5. 汽车饭店

汽车饭店（Motel）是以接待驾车旅行投宿者为主，提供停车位的饭店。这类饭店多见于欧美国家，是 20 世纪 50 年代开始随着欧美国家公路的高速发展和汽车的普及而迅速发展起来。这类饭店发展早期在设施上比较简单，价格便宜，但现在与非汽车饭店并无根本区别，也趋向豪华高档，其主要特点是适应客人驾车远行的需求。这类饭店初期都分布于公路两旁，但现在也向城镇中心发展。

以上类别只是就饭店基本功能而进行划分。由于现代饭店业竞争越来越激烈，因而各类饭店在功能上趋向多元化，如商务型饭店在设计和市场方面引进度假型饭店的构思，度假型饭店也积极争取旅行团体和会议团体，许多长住型饭店也接待暂住客人，有的甚至专门安排一定比例的客房来接待暂住客人。因此，饭店接待功能类型之间的区别已趋向模糊化。

（二）按规模划分

对于饭店规模的理解有不同的角度，从形体上理解，就仅指饭店的占地面积和建筑物大小；从经营上理解，就是指其销售额和纯利润的多少；从生产上理解，就是指其接待量的多少，因此，饭店规模也就是诸项衡量标准，如占地面积、客房数、销售额、纯利润等。目前国际上并没有统一的衡量饭店规模的标准。

从饭店的本质看，饭店是一种接待设施齐全的服务性企业，其规模一般以接待量来反映，不论饭店建筑体量和占地面积大小，客人都是按房间或床位来安排住宿的，因而客房或床位是决定其接待规模的主要因素，所以，饭店的规模通常以其拥有的客房或床位数来表示。一般根据饭店客房数的多少将饭店划分为大型饭店、中型饭店、小型饭店三类，但各类饭店的客房数量在国际上亦无统一规定，各国都根据自己的国情和习惯来划分饭店规模。较为普遍的划分方法如下。

1. 大型饭店

大型饭店客房数在 600 间以上，与其相应的建筑物体量及其占地规模也较大。

2. 中型饭店

中型饭店的客房数在 300～600 间，与其相应的建筑物体量及其占地规模也稍小。

3. 小型饭店

小型饭店的客房数在300间以下，与其相应的建筑物体量及其占地规模也小。

（三）按计价方式划分

1. 欧式计价饭店（European Plan，EP）

客房价格仅包括房租，不含食品、饮料等其他费用。世界上大多数饭店都采用这种计价方式。

2. 美式计价饭店（American Plan，AP）

客房价格包括房租以及一日三餐的费用。多为远离城市的度假型饭店或团队客人采用。

3. 修正美式计价饭店（Modified Americon Plan，MAP）

客房价格包括房租和早餐以及一正餐（午餐或晚餐）的费用。

4. 欧陆式计价饭店（Cortinental Plan，CP）

客房价格包括房租及一份简单的欧陆式早餐（咖啡、面包、果汁）的费用。

5. 百慕大式计价饭店（Bermuda Plan，BP）

客房价格包括房租及一份美式早餐的费用。美式早餐除了包含欧陆式早餐的内容外，通常还包括鸡蛋和火腿（或香肠或咸肉）等肉类。

除上述几种划分标准外，饭店还可以按照所有制性质、按级别、按档次、按饭店建设投资规模等进行划分。同时随着旅游业的不断发展，新型饭店不断涌现，例如青年旅馆、观光农场、活动中心、豪华游轮、博彩酒店等，饭店类别也会随之发展。

二、饭店的等级

饭店等级系指一家饭店的豪华程度、设备设施水平、服务范围和服务质量而言的。对消费者来说，饭店分等定级可以使他们了解某一饭店的设施、服务情况，以便有目的地选择适合自己要求的饭店。因而，饭店等级的高低实际上反映了不同层次消费者的需求。在一般情况下，对于同规模、同类型的饭店来说，客房平均房价是饭店等级高低的客观标志。

1. 国际上饭店的等级划分

饭店分级制度在世界各国已广泛使用，但不同的国家和地区采用的分级制度和标准不尽相同，用以表示级别的标志与名称也不一样。目前国际上采用的饭店等级制度与表示方式大致有以下几种。

（1）星级制。星级制是把饭店根据一定的标准分成的等级分别用星号（★）表示出来，以区别其等级的制度。比较流行的是五星级别，星越多，等级越高，这种星级制在世界上，尤其是欧洲，采用的最为广泛。

（2）字母表示法。许多国家将饭店的等级用英文字母表示，即A、B、C、D、E五级，A为最高级，E为最低级。有的虽是五级却用A、B、C、D四个字母表示，最高级用A1或特别豪华级来表示。

(3) 数字表示法。用数字表示饭店的等级一般采用最高级用豪华表示，继豪华之后由高到底依次为1、2、3、4，数字越大，档次越低。

最奢华的七星饭店——伯瓷饭店（Burj Al-Arab）

开业于1999年12月的伯瓷饭店是世界上建筑高度最高的七星级饭店（因为饭店设备实在太过高级，远远超过五星的标准，只好破例称它为七星级），浓烈的伊斯兰风格和极尽奢华的装饰在伯瓷发挥到了极致，饭店的豪华程度令人叹为观止。伯瓷位于阿拉伯联合酋长国第二大城市迪拜，在迪拜王储的提议之下，当地知名企业家Al-Maktoum在离海岸线280米处的人工岛Jumeirah Beach Resort上投资兴建了伯瓷饭店。伯瓷的兴建工程历时5年，其中2年半在阿拉伯海填出人造岛，2年半用在建筑本身，使用了9000吨钢铁，并把250根基建桩柱打在40米深海下。饭店由英国设计师W. S. Atkins设计，外观如同一张鼓满了风的帆，共56层、321米高。

伯瓷拥有202套复式客房，客房面积从170平方米到780平方米不等，最低房价也要900美元，最豪华的780平方米的总统套房则要18000美元。饭店内部极尽奢华，连门把、厕所的水管，甚至是一张便条纸，都"爬"满黄金。餐厅更是让人流连忘返：从饭店大堂出发直达AI-Mahara海鲜餐厅的过程绝对会是令人难忘的经历——要动用潜水艇接送，虽然航程只有短短3分钟，却能把人带入一个神奇的海底世界，沿途有鲜艳夺目的热带鱼在潜水艇两旁游来游去，美不胜收。海里有餐厅，空中也有餐厅，客人只需乘搭快速电梯，33秒内便可直达屹立于阿拉伯海湾上200米高空的太空设计餐厅——AI-Mahara餐厅。

2. 我国饭店的等级划分

中国饭店业为了与国际惯例、规范接轨，1988年9月，国家旅游局正式颁布了《中华人民共和国旅游涉外饭店星级标准》，开始推行饭店星级评定制。饭店分为一星、二星、三星、四星、五星共五个等级，星越多，档次级别越高。

五星级饭店：属豪华饭店，其设备设施与服务均体现现代化特色。

四星级饭店：也称为一流饭店，其设备设施与服务均满足经济地位较高的上层消费者的需求。

三星级饭店：一般为中档饭店，服务质量较好。

二星级饭店：为中低档饭店，能满足一般社会公众或家庭旅游者的需求。

一星级饭店：属经济档饭店，其设备设施和服务能满足普通消费者的基本需求。

2003年，随着我国对外开放的深入，为了适应我国饭店业发展的新要求，进一步规范饭店等级评定，促进饭店业进一步发展，国家旅游局对原有标准进行重新修订，将饭店星级评定标准更名为《旅游饭店星级的划分与评定》（GB/T 14308—2003），并设立了“白金五星级”（Platinum 5-Star Hotel），它是中国自1988年出台饭店星级标准以来第三次修订，首次出现自行设计的标准，白金五星的饭店缀有五颗星的标牌选用白金色。

小资料

我国首批白金五星级饭店

2006年7月，国家旅游局正式启动创建白金五星级饭店的试点工作，北京中国大饭店、上海波特曼丽嘉酒店、广州花园酒店和济南山东大厦4家饭店入围首批白金五星级饭店创建试点名单。2007年1月，中国首批白金五星级饭店验收工作结束，4月，国家旅游局通过官方网站公示北京中国大饭店、上海波特曼丽嘉酒店、广州花园酒店3家饭店达到白金五星级饭店标准要求，批准为白金五星级饭店。2007年8月，国家旅游局局长、全国旅游星级饭店评定委员会主任邵琪伟为获得白金五星级的3家饭店颁发了证书和标牌。

任务四　现代饭店业的经营创新

一、饭店的经营

纵观世界著名饭店企业的发展，无一不是以创新的经营理念引导企业发展，适应市场发展需求，从而使饭店企业不断提升，逐步迈上饭店发展史上一个个更高的台阶。例如希尔顿的“七大信条”、里兹·卡尔顿的“黄金标准”、马里奥特的“经营哲学”、喜来登的“十诫”等，这些全新的经营思想和理念，引导这些饭店企业进入了世界最著名的饭店行列，推动着整个饭店业不断向前发展。

（一）饭店的经营理念

1. 企业形象理念

企业形象理念“CI”（Corporate Identity），是一种以塑造和传播企业形象为宗旨的经营理念，成型于20世纪50年代，70年代风靡全球，80年代中后期传入我国，并被我国企业所接受。

企业形象理念是指企业为了使自己的形象在众多的竞争对手中让顾客容易识别并留下良好的印象，通过对企业的形象进行设计，有计划地将企业自己的各种鲜明特征向社会公众展示和传播，从而在市场环境中形成企业的一种标准化、差异化形象的活动理念。“CI”理念对饭店企业增强企业竞争力确实发挥了一定的作用，但随着市场竞争的进一步加剧，“CI”理念也暴露出它的局限性。“CI”理念的整个运作过程完全是饭店企业按照自己的意志进行设计、包装，通过各种渠道和途径展示给社会受众，“强迫”顾客加以识别并接受企业的形象，而不考虑顾客在消费过程中真实感受到的企业形象。

2. 顾客满意理念

顾客满意理念“CS”（Customer Satisfaction），是在“CI”理念的基础上发展而来的。在20世纪80年代末期，“CS”理念超越了“CI”理念在世界发达国家盛行，并于90年代中期被我国饭店企业认识和接受。

顾客满意理念是指饭店企业为了不断满足顾客需求，通过客观地、系统地测量顾客满意度，了解顾客的需求和期望，并针对测量结果采取措施，一体化地改进产品和服务质量，从而获得持续改进业绩的一种企业经营理念。“CS”理念关注的焦点是顾客，核心是使顾客满意，其主要方法是通过顾客满意度指数的测定来推进产品和服务，进一步满足顾客需求。

在“CS”理念中，顾客满意的内涵具有某种特定的意义：

(1) 横向层面上的顾客满意包括五个方面，即企业的理念满意、行为满意、视听满意、产品满意和服务满意。

(2) 纵向层面上的顾客满意包括三个逐次递进的层次，即物质满意层、精神满意层和社会满意层。

3. 顾客忠诚理念

顾客忠诚理念“CL”（Customer Loyal），是“CS”理念不断拓展和延伸的结果。从“CI”到“CS”，再到“CL”，这是人类经济发展和社会进步的一种反映，是市场经济发展规律的一种体现。

顾客忠诚理念是饭店企业以满足顾客需求和期望为目标，有效地消除和预防顾客的抱怨和投诉，不断提高顾客满意度，在企业和顾客之间建立起一种相互信任、相互依赖的“质量价值链”。“CL”理念侧重于饭店企业的长远利益，注重于将近期利益与长远利益相结合，着眼于营造一批忠诚顾客，并通过这个基本消费群去带动和影响更多的潜在消费者接受本企业的产品和服务。

顾客忠诚度的衡量标准一般有以下六个方面。

(1) 重复购买次数。在一定时期内，顾客对某一产品重复购买的次数越多，则顾客忠诚度越高；反之，则顾客忠诚度越低。

(2) 购买周期。购买周期是一个非常关键的衡量因素，是顾客两次购买产品的间隔时间。顾客购买周期越长，可能会逐渐淡忘原有的消费经历，顾客忠诚度就会降低。

(3) 购买挑选时间。一般情况下，顾客购买某一产品的挑选时间越短，则顾客忠诚度越高；反之，顾客忠诚度越低。

(4) 价格敏感程度。顾客对饭店企业产品价格的敏感度越低，则反映出顾客对该企业产品的忠诚度越高；反之，顾客忠诚度越低。

(5) 对产品质量问题的承受能力。若顾客对某企业产品忠诚度较高，则对该企业产品出现的质量问题会以宽容和同情的态度对待，不会因此而拒绝购买该企业产品。若忠诚度不高，则顾客对产品出现质量问题非常反感，很可能从此不再购买该企业的产品。

(6) 对竞争产品的态度。如果顾客对饭店企业的竞争产品有好感，兴趣浓厚，则说明顾客对该企业产品的忠诚度较低。如果顾客对竞争产品没有兴趣，则对该饭店企业的忠诚度较高，购买指向比较稳定。

4. 员工满意理念

员工满意理念“ES”（Employee Satisfaction），是“CL”理念的升华。在以服务为主的饭店企业，员工满意与顾客满意有着不可分割的联系，满意的顾客源于满意的员工，企业只有赢得员工的满意，才能赢得顾客的满意。因为员工是联系企业与顾客的纽带，他们的行为及行为结果是顾客评价服务质量的直接依据。“ES”理念注重企业文化建设和员工忠诚度的培育，把人力资源管理作为饭店企业竞争优势的最初源泉，把员工满意作为达到顾客满意这一企业目标的出发点。

CI、CS、CL、ES这四种饭店经营理念之间是相互关联的，其关系如图1-1所示。

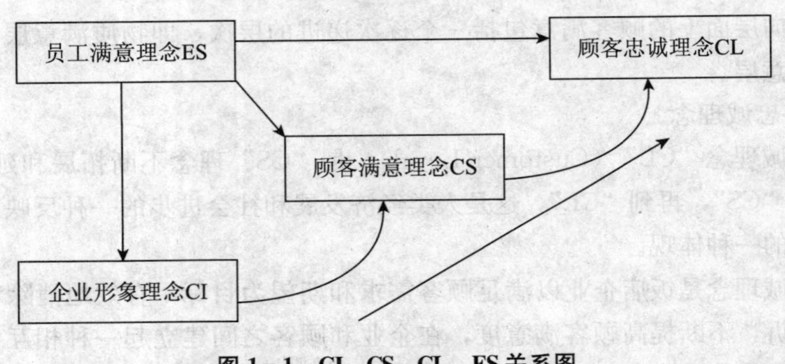

图1-1 CI、CS、CL、ES关系图

小资料

希尔顿饭店的经营信条——你今天对顾客微笑了吗

希尔顿饭店的服务是世界上任何饭店都无法比拟的，而“微笑”是这种举世无双的服务的核心体现。自1919年希尔顿用他借来的5000美元创办了第一家希尔顿饭店以来，到1976年他的饭店资产达数十亿美元，在世界的各大都市拥有希尔顿命名的饭店70多家，并且吞并了世界上许多著名的大饭店。但在1930年，美国爆发经济危机，全美国几乎80%的饭店倒闭，希尔顿饭店也受到了极大的冲击，一度负债高达50万美元。就是在这种情况下，希尔顿巡视每一家饭店时都会告诫员工：千万不可把愁云摆在脸上！无论饭店的困难有多大，希尔顿饭店员工的微笑永远是属于顾客的阳光。

“你今天对顾客微笑了吗?”成为希尔顿经营的名言。希尔顿每天至少要与一家希尔顿饭店的服务人员接触，经常从一个洲飞往另一个洲，从一个国家飞到另一个国家，视察他在那里开设的希尔顿饭店，了解情况，解决问题。但他对各级服务人员问的最多的一句话依然是：“你今天对顾客微笑了吗?”希尔顿的母亲玛莉曾在希尔顿开创饭店经营大业时告诫他：“除了对顾客诚实之外，还要想办法使每一个住过希尔顿饭店的顾客还想再来住，你要想出一种简单、容易、不花本钱而行之有效的办法去吸引顾客。这样你的饭店才有前途。”希尔顿的“微笑”信条正是那种“简单、容易、不花本钱而行之有效”的吸引顾客的办法。

（二）饭店的经营战略

饭店经营战略是饭店企业为了求得持续、稳定发展，在预测和把握企业外部环境和内部条件变化的基础上，对饭店企业发展的总体目标做出的谋划和根本对策。

1. 饭店经营战略的主要内容

（1）战略方向。饭店企业的战略方向是指在饭店管理者经营思想的指导下，决定出企业长远的发展方向，是对饭店企业未来的构思和设想，主要包括饭店企业的发展方向、企业发展规模和发展水平。

（2）战略目标。饭店企业的战略目标是以一个或两个目标为主导的一组相互联系和相互制约的目标体系，其核心是以销售利润为主导的战略目标体系。

（3）战略方针。饭店企业的战略方针是饭店企业经营战略的重点，是围绕饭店为实现战略目标所制定的行为规范和政策性的决策。战略方针涉及饭店经营的目的和方法，饭店企业和顾客、饭店员工合作关系等。

（4）战略措施。饭店企业的战略措施是饭店企业为实现其战略目标，在战略方针的指导下，对饭店发展中的局部的、中短期的经营问题所采取的各种对策与措施的总称。战略措施是饭店经营战略的具体体现和实际运用，是确保战略目标实现的有效手段和保证。

2. 饭店经营战略的基本模式

（1）发展型。饭店企业在经营范围的广度和深度上进行全面的渗透和扩大的一种战略形式。

（2）稳定型。饭店企业在现有的经营条件下，以安全经营为宗旨，不冒大的经营风险的一种战略形式。

（3）紧缩型。饭店企业采取缩小经营范围和经营规模，减少投资，以谋求摆脱困境的一种经营战略形式。

（4）多角化。饭店企业利用现有资源和优势，向不同行业的其他业务发展的一种经营战略形式。

二、现代饭店的经营模式及创新

饭店经营模式是指饭店采用何种方法经营企业。饭店选择何种经营方式经营饭店受很多因素的影响，如饭店所有者的意愿、经营者的意愿和能力、企业资源状况和企业使命等。目前，饭店企业采用的经营模式一般有以下几种形式。

（一）独立经营

独立经营形式是饭店经营模式中最传统的一种。这种经营模式常规有自有经营和租赁经营两种类型。

1. 自有经营

自有经营就是饭店企业的所有权和经营权是一个主体，企业所有权人自己经营该饭店，或者聘请“职业经理人”经营饭店。这种形式的饭店发展初期很普遍，在目前中国的饭店企业中很多中小型饭店属于这种经营方式。

2. 租赁经营

租赁经营是饭店经营者通过租赁土地、建筑物等生产要素，从事饭店企业服务经营活动的一种方式。租赁经营还有直接租赁和盈利分享租赁两种类型。直接租赁是承租人使用饭店的建筑物、土地等生产要素，从事饭店经营活动，按照事先签订的租赁协议向出租方交纳租金的一种方式。盈利分享租赁是承租方将租金的数额与饭店经营的业绩挂钩，按照协议约定，按营业额或营业利润一定的百分比作为租金支付给出租方的一种方式。

（二）集团化经营

饭店集团化经营，或称为连锁经营，是目前世界饭店业的主流经营形式。

1. 集团化经营的形式

（1）拥有形式。饭店公司直接投资建造，或购买、兼并饭店，直接从事饭店的经营管理活动的一种饭店集团经营形式。

（2）特许经营。特许经营又称联号经营，是 20 世纪 60 年代流行的一种饭店连锁经营方式。特许经营通常是指跨国饭店管理集团将其具有知识产权性质的国际品牌，包括先进的全球订房网络与营销系统，成熟定型的国际管理模式与服务标准等的使用权出售给饭店所有权人，由饭店所有权人依照国际品牌的质量标准与规范营运要求自主经营管理饭店。

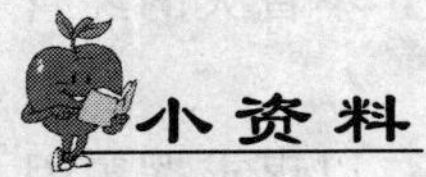

饭店集团特许经营使用权的收费标准

喜来登公司的收费标准：

基本费：30000 美元，超过 100 间每间加收 150 美元。

特许权费：5%的客房毛收入。

广告促销：1%的客房毛收入。

预订费：每间客房每月8.60美元，外加0.8%的客房毛收入。

最佳西方国际饭店的收费标准：

基本费：前100间客房为每间250美元；其后每增加一间客房增加100美元；超过300间客房以后，每增加10间客房增加100美元。

特许权费：低于100间客房的为20258美元；第101～150间为每间每天50美元；其后逐减。

广告促销：前100间客房每年2815美元；第101～300间客房的每间增加14美元；其后逐减。

预订费：第一年每间客房每天23美元；以后根据前一年通过预订系统预订的客房数而确定。

（3）管理合同。管理合同是通过饭店所有权人与饭店管理公司签署管理合约来约定双方的权利、义务和责任。饭店所有权人雇用饭店管理公司作为自己的代理人，承担饭店经营管理职责。作为代理人，拥有饭店的经营自主权，负责饭店日常经营管理，并根据合同约定获得管理酬金。饭店管理合同的费用结构一般为3%的经营毛收入，外加10%的经营毛利润。

（4）联营组织。联营组织是一些独立经营饭店为了拥有和饭店集团一样的市场营销和预订网络的优势，而联合在一起，使用统一的公认的标识、同一预订系统、统一的经营标准、集中市场营销，并由此形成一种新的饭店连锁经营方式。

饭店联营组织和其他的连锁经营方式相比，有以下几个特点：第一，联营组织成员之间是一种松散的联合，相互保持独立的经营管理权；第二，联合的目的是创造整体形象以增强营销力度和效果；第三，联营组织所需费用由组织成员单位按协议规定分摊，联合组织本身不以营利为目的。

2. 集团化经营的优势

饭店集团的发展与饭店集团化经营的优势密切相关，一般认为，饭店集团化经营的优势主要有以下几个方面：

（1）管理优势。饭店集团的管理优势主要表现在人力资源优势、技术优势和信息优势。饭店集团的较大规模和较强实力成为吸引社会人才的主要因素，同时饭店集团的人才培训系统为集团在人才挑选和储备上有足够的空间；而饭店集团在经营理念、管理技术上又有着中小型饭店所不具备的技术优势；饭店集团的信息优势既有在预订系统方面的优势，还具有获得更多相关信息的渠道优势。

（2）品牌营销优势。饭店集团一般规模较大，经营上较为成功，在国际上享有较高的声誉。饭店集团中的一切单体饭店都可以使用集团的品牌，从集团的广告营销中获益。同时集团内各单体饭店为饭店集团在世界范围内开展适合的营销活动提供资金支持和保证。这些优势是单一饭店所不具有、也无法达到的。

(3) 规模经济优势。规模经济优势首先表现在集中采购和集团营销上，这样有利于降低经营成本，提高收益水平；其次表现在雄厚的实力和良好的信誉有利于筹集资金，更好地掌握市场投资机会；再次是饭店集团的市场范围覆盖面广，有利于抵御局部市场经营风险。

(三) 公寓化经营

1. 公寓化经营的含义

公寓化经营是度假型饭店的经营方式之一，主要有两种形式：

(1) 开发商按饭店经营的特点和要求建造公寓式居所，然后按单元出售给投资人，投资购买人拥有该单元的所有权，但并不作为自己的固定住所，而是交由饭店管理公司负责经营管理，出租给度假旅行消费者，租金按照饭店管理公司和投资购买人签订的协议分享。

(2) 在旅游度假胜地拥有公寓或别墅，而又不长期居住的产权所有人，委托饭店管理公司在所有权人不使用时向度假旅行者出租，并按照所签协议分享租金的一种经营方式。

2. 公寓的发展

公寓的概念起源于欧洲，最早在20世纪50年代中期，当时的"Multi－Hotel"在法国、瑞士、德国都拥有提供饭店服务的公寓式饭店。公寓式饭店传入美国后得到迅速发展，最具代表性的是位于南卡罗来纳州希尔顿海角的"Sea Pine Plantation"，这里是著名的度假胜地，许多有钱人在此拥有别墅或公寓，但是他们每年在此度假只逗留2～3周的时间，其余的时间就委托"Sea Pine Plantation"管理并出租给度假旅游者。公寓化经营方式近几年在我国得到了迅速发展，许多著名沿海度假区都有这种经营形式的饭店公寓。

3. 公寓化经营的优势

公寓化饭店对于开发商来讲，可以尽快地收回投资，减少投资风险，同时还可以获得后期的管理租金收益。而对于投资者来讲，在满足自己休闲度假的需求外，在不需要住宿期间还可以获得租金收益。

(四) 时权经营

1. 时权经营的含义

时权经营又称做分时度假，是公寓化经营的一种变型。发展管理商在旅游度假胜地购买或建造包含各种居住单元的寓所，然后将每一居住单元的使用权以"周"为单位出售给购买者。管理者通常出售每年50周的使用权，剩余2周用于维护、彻底清洁或装修保养。购买者可以购买某一单元一周或数周的使用权。一个居住单元可以有一个或数个"时权主人"。购买者购买某一单元的时权以后，在其时权范围内，可以自己居住，也可以通过中介机构进行交换和流通。购买人按照比例分摊每年的维护费和税收。

2. 时权经营的发展

时权经营同样起源于欧洲，20 世纪 70 年代中期在美国得到迅速发展。据 20 世纪 80 年代末的统计，当时美国有时权寓所 2400 家，世界其他地区有 750 家。世界著名的 Marriott Corporation 在 20 世纪 80 年代中期开始涉足时权经营，到 1996 年，在美国共销售 22000 个时权单位，销售额达 23 亿美元。目前比较成功的两个时权交易公司是“Resort Condominiums International”和“Interval International”，据称他们交换的成功率为 85%，收益相当可观。时权经营在我国是一个新鲜事物，是我国饭店业未来发展可借鉴的经营方式之一。

3. 时权经营的优势

对于发展管理商来讲，时权经营主要可以降低投资和经营风险，提高饭店的出租率，提高投资回报率，同时还可以降低促销费用。而对于购买者来讲，时权寓所主要集中在旅游度假胜地，给喜爱旅游度假的顾客带来极大的利益，在每年相似的时段内，可以用自己所拥有的“时权”与其他人进行异地交换。

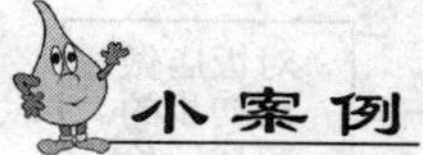

雅高带来的启示——中国饭店发展之路

雅高先从饭店行业中端的诺富特，开发出了低端经济型饭店宜必思，通过收购索菲特、希尔顿等进入了高端豪华饭店领域，通过收购 6 号旅馆、一级方程式等又进入了更低端的领域。从雅高的发展可以看出，如果真正想做一个世界饭店集团，它首先必须是具备高、中、低端饭店品牌的公司。是什么支撑了雅高在全球 140 多个国家，4000 多家饭店的运营？答案只有四个字：系统、标准。饭店行业是传统的服务业，规模化的服务越来越要求其有一套良好的系统。可以说饭店行业标准化要求越来越高，对于连锁型企业来说，需讲究全面的质量控制和质量管理，使所有的连锁饭店都能按照一个标准来进行管理是一门很大的学问。

在我国，各大饭店集团基本处于中端，高端饭店基本被国外品牌所管理，低端饭店目前还没有形成良好的品牌。从这个角度来看，海航饭店、世贸饭店、开元、金陵的饭店集团要发展成具有一定品牌影响竞争力的饭店，必须使自身的产品线更加丰富，在高、中、低端都具备优势。我国经济型连锁饭店发展迅速，但产品层次相对单一。拿如家、莫泰、锦江之星来说，目前基本上还集中于做经济型饭店的中端产品，更高端的商务型连锁饭店和更市场细分的百元左右的低端连锁饭店应是它们的发展方向。目前，如家的和美饭店品牌可能将是未来走向中、高端的一个伏笔，同时莫泰在原有的 MOTEL168 基础上推出的 MOTEL268 也是这样一个趋势。对于经济型饭店来说，管理是规模的基础，品牌高于有形资产。只有在若干个知名品牌的旗下聚集了一定规模的企业群，才可以说经济型饭店已经发展到了相对成熟的业态。在未来的连锁化经营中，布局连锁化、客源系统的连锁化、标准化是支撑连锁化的最重要的三个因素。中国饭店的品牌影响力相对来说还是比较弱的，规模也是比较小的。

在学习雅高成功经验的同时，雅高在其发展中所遭遇的失败和挫折也是值得学习的。雅高在饭店和其相关的领域，具有很多良好的创意，也发现了很多的商业机会，然而，最终的尝试可谓得失参半。中国的饭店行业从 20 世纪 90 年代的中后期才开始真正走向市场化，在发展过程中，可能面临着很多发展机会，也可能面临着很多诱惑。如何能够保持“定力”，保持自身品牌和服务的特点，并不断地给品牌注入新的内涵，集中精力发展具有自身竞争力的领域，等待时机成熟通过收购等方式进入这些领域，可能是明智之举。

任务实施

认识饭店的程序如图 1－2 所示。

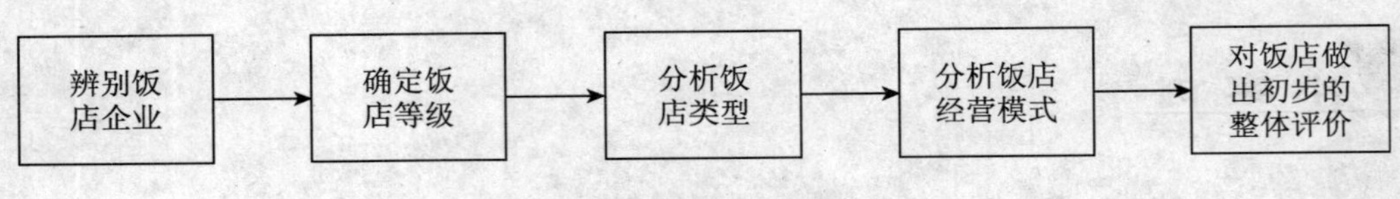

图 1－2　认识饭店

第一步：辨别饭店企业

首先要能够熟练判断你所接触的企业是否为饭店企业。在我国，以“饭店”命名的企业并非都是饭店企业，而真正的饭店企业很多并不是以“饭店”命名。要能够正确区分饭店企业和非饭店企业，尤其是要区分以饭店、大酒店、酒楼等命名的纯餐饮服务企业与饭店企业的不同。

第二步：确定饭店等级

通过筛选，在真正的饭店企业中，根据饭店规模和标志，判断饭店等级。我国星级饭店一般会在醒目的位置直接悬挂星级标志，或在饭店的宣传资料中加以说明。

第三步：分析饭店类型

通过饭店所处的地理位置、饭店档次、规模、饭店产品、客人类型等要素，初步判断饭店的类型。此阶段的指导原则是“多角度划分”。一家饭店从不同的角度分类就会同时属于多种饭店类型形式。

第四步：分析饭店经营模式

根据饭店的资料初步分析判断饭店的经营模式，是属于独立经营还是集团化经营，或是更新颖的公寓经营和时权经营。若是集团化经营，再进一步分析是哪种具体的集团经营模式。

第五步：对饭店做出初步的整体评价

经过调查分析，对饭店企业有了初步的认识和判断。整体评价饭店，将饭店企业的概念转化成认识饭店企业的能力。

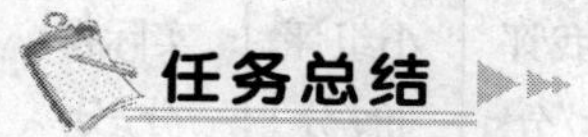

任务总结

通过对饭店的含义、发展历程、等级、类型的理解以及对饭店经营理念和经营模式的分析，全面了解饭店的特征，正确认识饭店企业，了解每步过程的内容及基本要求。

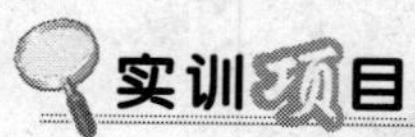

实训项目

内容与要求

选择学生所在城市的企事业单位作为研究对象，根据自己所收集的相关资料与数据，分析判断其是否为饭店企业，是饭店企业的指出是何种类型和等级，并根据所掌握的资料和信息初步分析饭店的经营模式。

组织与实施评价

1. 以项目团队为学习小组，小组规模一般为 5～8 人，分组时以组内异质，组间同质的原则为指导，小组的各项工作由小组长负责指挥协调；

2. 建立沟通协调机制，团队成员共同参与、协作完成任务；

3. 各项目团队根据实训内容互相进行交流、讨论，并点评；

4. 评价与总结：各项目团队提交实训报告，并根据报告进行评估。

评估指标及标准

如下表所示。

饭店辨析设计评分表

被考评人			考评地点			
考评内容		考评标准	分值/分	自我评价/分	小组评价/分	实际得分/分
专业知识技能掌握	饭店的概念和功能	了解	10			
	饭店的发展历程	掌握	20			
	饭店的类型和等级	掌握	20			
	饭店经营理念和经营模式	了解	10			
	总结报告	内容完整，分析透彻	10			

续 表

考评内容		考评标准	分值/分	自我评价/分	小组评价/分	实际得分/分
能力培养	学习态度	积极主动，不怕困难，勇于探索，态度认真	10			
	运用知识的能力	能够熟练运用所学的知识进行分析和判断	10			
	团队分工合作	能融入集体，愿意接受任务并积极完成	10			
合　计			100			

注：实际得分＝自我评价（占40%）＋小组评价（占60%）

思考题

一、填空题

1. 饭店作为综合性服务企业，除具有一般企业的共性特征外，还有着其他企业不同的性质和特点，它们是________、________、________、________等。

2. 世界饭店业的发展大体经历了________、________、________、________阶段。

3. 一般认为，饭店集团化经营的优势主要有________、________和________三个方面。

二、选择题

1. 被称为商业饭店管理之父的是________。

A. 马里奥特　　B. 希尔顿　　C. 斯塔特勒　　D. 凯撒·里兹

2. ________饭店的客房价格中仅包括房租，不含食品、饮料等其他费用。

A. 欧式计价饭店　　B. 美式计价饭店

C. 欧陆式计价饭店　　D. 百慕大式计价饭店

3. 饭店企业利用现有资源和优势，向不同行业的其他业务发展的一种经营战略形式是________。

A. 发展型　　B. 稳定型　　C. 紧缩型　　D. 多角化

4. 饭店企业以满足顾客需求和期望为目标，有效地消除和预防顾客的抱怨和投诉，不断提高顾客满意度，在企业和顾客之间建立起一种相互信任、相互依赖的“质量价值链”的经营理念是________。

A. CI　　B. CS　　C. CL　　D. ES

5. 跨国饭店管理集团将其具有知识产权性质的国际品牌及成熟定型的国际管理模式与服务标准等的使用权出售给饭店所有权人，由饭店所有权人依照国际品牌的质量标准与规范营运要求自主经营管理饭店的经营形式是________。

A. 拥有形式　B. 特许经营　C. 管理合同　D. 联营组织

三、简答题

1. 现代饭店有哪些主要功能？
2. 饭店职业有哪些特点？
3. 简述饭店经营理念的发展历程及其内涵。

项目二　饭店结构

知识目标

- 了解饭店组织的含义；
- 理解并掌握饭店组织的设计原则及基本结构类型；
- 了解饭店主要部门的划分；
- 了解饭店建筑结构类型及特点。

能力目标

1. 能够设计简单的饭店组织结构图；
2. 能够正确判断饭店的基本建筑结构类型。

任务导入

饭店制度执行难问题

某饭店是一家开业近半年，按三星级标准建设和管理的旅游饭店。开业前夕，饭店各部门制订了一系列规章制度，并于开业后正式实施。半年来，饭店制度管理的实行情况不尽如人意，主要问题有两个方面：一是由于开业准备仓促，饭店及部门的制度基本上是根据国外饭店管理公司专理的一家中外合资饭店的制度制订的，有些条文缺乏实施的客观条件，导致执行上有困难。二是由于在制度管理问题上思想认识不一致，导致处理意见有分歧或感到左右为难。一天，一位饭店管理专家来到饭店，临走时，对饭店的盛情款待表示感谢。并提出了几条建议作为回报，其中提到从管理人员到普通员工，行为举止比较随便，如手插口袋，工作场所拨弄头发，二三人并行等，饭店总经理听后觉得很有道理，当天就拟订了一个员工行为规范，并于第二天下午召开部门经理会布置贯彻执行，第三天下午发到每个员工，第四天开始正式执行，为了加强执行的力度，规定凡违反行为规范者，扣发当月奖金。但遗憾的是执行的第一天就有相当一部分人违反了规范。

饭店组织的规章制度应该具有可行性，就是说制度必须符合客观实际。饭店的规范不能千篇一律，而必须考虑绝大数员工的思想觉悟水平、心理承受能力以及饭店实施的客观条件，要符合员工的行为规律。当制定的制度决策违反了基本的行为规律时，该制度的执行必将受挫。这个案例中，员工的行为习惯并非一朝一夕形成的，而习惯的改变也不是一夜之间就可以完全改变的。

任务一　饭店组织结构

一、饭店组织结构的内涵

组织是饭店存在的基本保证，是饭店运转的前提和纽带。

1. 饭店组织和组织结构

饭店组织是指饭店企业为了达到经营目标，把必须要做的各项业务活动进行分类分层，形成职位结构，赋予各个职位恰当而明确的责任和权限，规定相互之间协调的关系，形成正式的人际结构。组织结构是指企业组织这一系统的构成形式，是目标、协同、人员、职位、职责、相互关系和信息这七个要素的有效排列组合。

2. 饭店组织管理结构

饭店组织结构通常采用四级管理体制，按照各机构在管理中所处的地位不同一般可划分为决策管理层、职能管理层、执行管理层和操作层。饭店组织管理结构如图2－1所示。

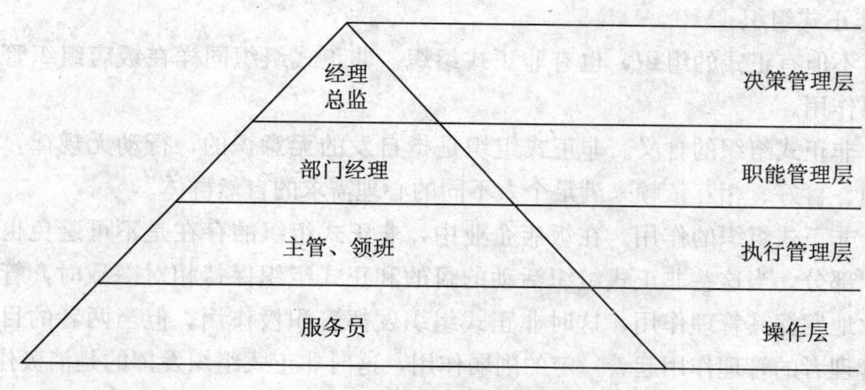

图2－1　饭店组织管理结构

（1）决策管理层。又称最高管理层和战略管理层。一般由饭店的董事长、总经理及其副职和总监组成，是饭店中最重要的管理层次。决策层负责饭店企业全面的经营管理，对饭店企业进行统一的指挥和综合管理。

(2) 职能管理层。又称中间管理层和专业管理层。一般由饭店部门经理及其助手组成，是饭店承上启下的管理层。职能层是具体实施饭店经营管理战略决策的层次。

(3) 执行管理层。又称基层管理层和作业管理层。一般由部门主管和领班组成。执行管理层面对的是饭店企业的一线员工，主要是组织完成计划任务，处理业务操作中出现的问题。

(4) 操作层。一般由饭店一线员工组成。操作层是直接依照任务计划实际进行操作的层面。在饭店企业中，直接面对顾客，为客人提供服务的多数都是属于操作层的一线员工，他们工作的结果直接影响客人的满意度。

3. 饭店组织管理制度

(1) 股东代表大会。饭店最高权力机构是股东代表大会，股东代表大会具有管理、监督饭店各级管理人员的职责。同时要处理好股东和饭店管理者之间的权责关系。

(2) 总经理负责制。饭店组织管理中总经理是饭店经营和管理的负责人，是饭店的法人代表，总经理拥有对饭店经营管理的决策权、饭店资源的配置权，对饭店的投资方和业主负全面责任。

(3) 经济责任制。整个饭店组织的经营管理目标以指标的形式按照部门、班组、岗位和个人进行逐级分解，在权、责、利相一致的原则指导下，实行岗位个人效益和饭店整体效益挂钩的一种管理制度。

(4) 岗位责任制。以岗位为单位，具体规定每一个岗位及该岗位人员的职责、工作内容和范围、作业标准和工作量、拥有的权限和协作要求等的责任制度。

(5) 员工手册。员工手册是饭店对每一位员工所拥有的权利和义务、应遵守的行为规范和规章制度予以规定的条例性文件。既有对饭店的简单介绍，又有员工应该享有的权益说明，同时还包括对员工的行为规范的纪律、违纪处分条例等。

4. 非正式组织

饭店不但有正式的组织，也有非正式组织。非正式组织同样在饭店组织管理中发挥着重要作用。

(1) 非正式组织的含义。非正式组织是指自发的无意识的，行动无规律，仅以感情、习惯、喜好、相互依赖来满足个人不同的心理需求的自然群体。

(2) 非正式组织的作用。在饭店企业中，非正式组织的存在是不可避免也不可缺少的组织部分。当这些非正式组织活动的目的和正式组织保持相对一致时，管理者便能更有效地发挥其管理作用，这时非正式组织发挥着积极作用。但当两者的目的相悖时，对管理者的管理作用起着一定的削弱作用，这时非正式组织发挥的是消极作用。

(3) 非正式组织的管理。非正式组织多形成于员工较多的基层单位或部门，其领导人是群体中自然形成的，而不需要任命或选举。为了避免或消除非正式组织对饭店和部门管理所造成的不利影响，饭店企业应建立通畅的正式沟通渠道，保持与非正式组织领导者之间的良好关系，并不断培养团队协作文化来影响非正式组织，引导非正式组织的目标与饭店目标相一致，从而发挥非正式组织的积极作用。

二、饭店组织原则和组织结构类型

（一）饭店组织设计的原则

饭店组织具有实体性，是人们为实现共同目标而协作劳动、努力拼搏，通过某种形式的结构关系形成的集合体。组织中产生了人与人之间的关系，产生了协作形式、劳动组织形式、人员管理等一系列的组织问题，需要饭店的组织管理原则来作为解决这些问题的准则。

1. 有效性原则

组织应有明确的目标，组织所属的每一个部门也应有明确的为完成总体目标而制订的具体目标。离开目标的组织毫无意义。因此，组织的建立必须贯彻有效原则。一个组织及其分支机构，从建立到调整、增设、取消或合并，都必须紧紧依靠目标，以是否对实现目标有利作为衡量标准。这种从目标、任务出发设置机构的形式叫做“因事设职”。组织不但要讲效果，还要讲效率，机构是精简的，办事才能高效率。

2. 统一指挥原则

统一指挥是组织理论的一项重要原则。早期的管理学者已明确提出用这一原则处理上下级之间的关系。现代饭店企业虽然由于经营组织结构的多样化而使指挥系统分工复杂化、具体化，但统一指挥仍是饭店企业组织设计与管理的重要原则。

3. 管理幅度适度原则

管理幅度是指管理者能够直接地、有效地管理下级的人数。管理幅度与组织层次呈反比例关系，由于一个管理者的精力和知识是有限的，所以管理幅度也不是无限的。影响管理幅度的主要因素有：

(1) 能力因素。下级管理能力较强，管理素质较好，上级管理者的管理幅度可以大些，反之，管理幅度要小些。另外，上级管理人员自身能力的强弱，也会影响管理幅度的确定。

(2) 工作形式因素。如果下级工作内容比较复杂、作业空间较大，则管理幅度不宜过大。反之，下级工作程序化与标准化程度较高，则管理幅度也可相应增加。

(3) 信息沟通因素。如果饭店组织内部信息沟通方式较好，信息传递速度较为迅速和准确，则管理幅度可放宽。否则，管理幅度就应小些。

(4) 环境因素。如饭店外部环境的变化比较快，并要求管理人员必须迅速作出反应以适应环境的变化，势必造成管理者需要较多的精力关心和研究环境。因此，在这种情况下，管理幅度就应小些。

4. 权责相符原则

职权和职责是组织的两个基本要素。职权是人们在一定职位上拥有的权利，主要是人、财、物等方面的决策权和执行权；职责就是承担任务的义务。现代组织理论认为，管理等级链上的每一个环节、每一个岗位，都应该毫无例外地贯彻权责相符原则。

因此，在饭店组织设计中，为了保证“事事有人做”，“事事都能正确地做好”，则不仅要明确各个部门及人员的任务和责任，还要规定相应的取得和利用人、财、物等工作条件的权力。如果权力的应用范围小于工作的要求，则可能使责任无法履行；而如果权力大于职责的要求，会导致权力的滥用，甚至危及整个饭店组织系统的运行。

5. 分工协调原则

一般来说，饭店企业规模越大，专业化要求越高，分工也就越细。在一个有效的组织中，做好协调工作十分重要，特别是在组织规模日益增大、专业化不断发展、相互联系广泛密切、员工心理因素十分复杂的现代饭店企业中，协调显得尤为重要。

饭店的协调包括纵向协调与横向协调。提供上下级直接沟通对话等，有利于搞好饭店的纵向协调。而要改善饭店的横向协调，则可以采取这样一些措施：使各项职能业务规范化，明确横向流程，通过工作体系进行协调；把职务相近的部门与岗位加以合并，通过减少工作摩擦进行协调；设立系统管理机构进行横向管理与协调。

6. 弹性原则

饭店组织的客观环境是不断变化的，管理的目标、措施也常发生变化。这就要求组织结构不僵化，不要一成不变，而应有较大的弹性，以适应经营环境的不断变化。根据这一原则，设计和建立组织一定要留有适当的余地，制定某些带有伸缩性的规定，设立一些富有弹性的组织体，这样才能更好地适应可能出现的变化。

（二）饭店组织结构类型

饭店组织结构，是指饭店内各个部门和机构之间从属和并列关系的组织状态。饭店企业的组织结构形式，主要有下列四种基本类型：

1. 直线制

直线制（Line System）的组织结构又叫军队式结构，最早来自于军队的组织形式。其特点是：从最高管理层到基层，自上而下建立垂直领导关系，不专门设立职能机构，形成直线。直线制组织结构如图 2-2 所示。

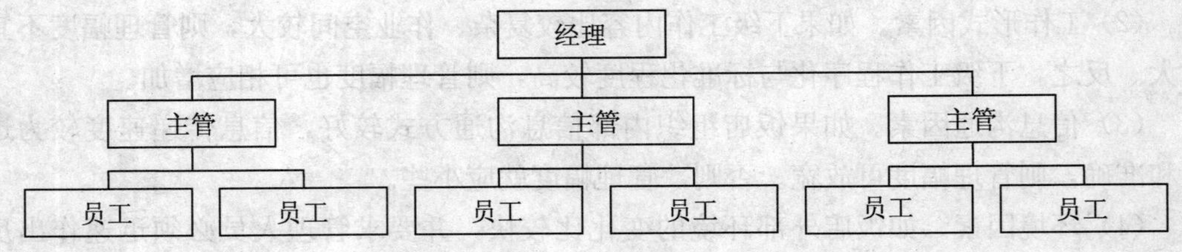

图 2-2　直线制组织结构

直线制组织结构的优点是：指挥统一、责任明确、信息沟通迅速、工作效率高。但由于没有专业分工，要求企业经营管理者是“全能型”的人物，有关经营管理的各项工作都要亲自处理。对于规模大、业务繁重的企业，企业经营者从时间、精力到专业知识上，都很难适应提高经营管理效率的要求。因此，这种类型的组织结构只适用于小型饭店。

2. 职能制

职能制（Functional System）是将管理工作按职能进行分解，分别由不同的职能管理人员或部门实施，而执行者同时接受几个职能管理人员（部门）领导。这种组织模式促进了管理职能向专业化发展，弥补了直线制的不足。但它的先天性缺陷是破坏了统一指挥原则，造成了多头指挥的问题。因此，职能制形式从未被真正普遍采用过。

3. 直线职能制

直线职能制（Line-Functional System）是将直线统一化原理和职能分工专业化原理有机结合起来的组织形式。这种组织结构的特点是：将经营管理机构和人员分为两类，一类是直线指挥人员，拥有对下级指挥和命令的权力，并对主管工作全面负责；另一类是参谋和助手，有对业务部门实行指导、控制的权力，但无权直接对下级发布命令进行指挥。直线职能制组织结构如图 2－3 所示。

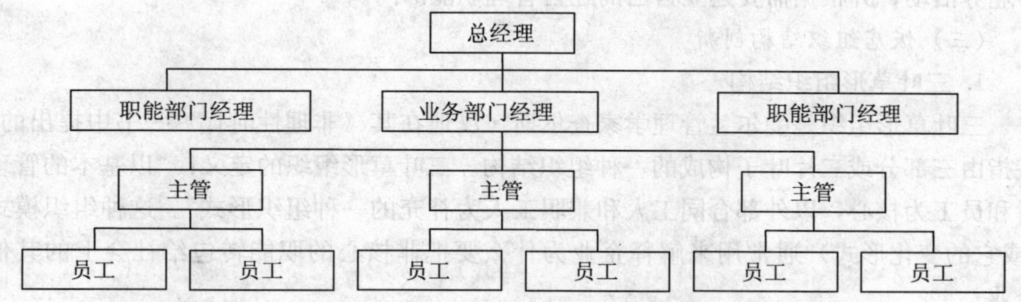

图 2－3　直线职能制组织结构

这种组织结构既有指挥命令统一化的好处，又具有职能分工专业化的长处。但缺点是权力高度集中，下级缺乏必要自主权，各直线指挥系统之间沟通较少，协调比较困难，难以从企业内部培养提拔掌握全面情况的经营管理人员。这种类型的组织结构比较适合大中型饭店，我国大多数饭店都采用这种组织结构形式。

4. 事业部制

事业部制（Federal System）又称为分权结构。它是 20 世纪美国通用汽车公司首先创立的，现为许多大型企业广泛采用。其基本特点是：按产品大类或地区的不同设立事业部；各个事业部在公司统一领导下实行独立核算，自负盈亏；统一管理所属产品或地区的业务活动，是有相当自主权的“自治单位”。事业部制式组织结构是一种适用于大型饭店和集团化经营的连锁饭店的组织形式。事业部制式组织结构如图2－4所示。

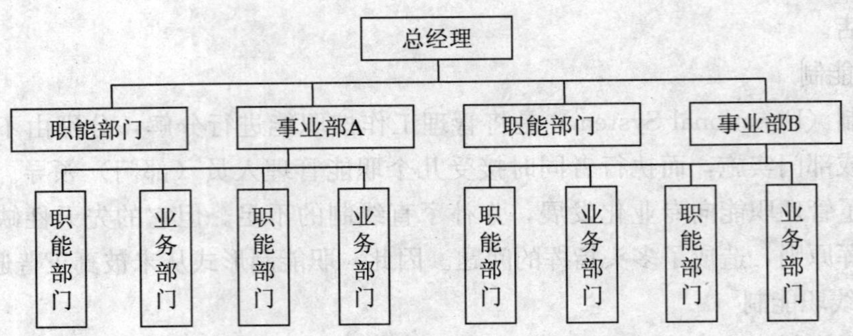

图 2-4 事业部制式组织结构

事业部制式结构实行"政策制定与行政分开"的原则，最高管理层主要负责研究和制定各项政策，制定总目标和长期计划，并对职业部的经营、人事、财务实行监督，不管日常的具体行政事务；各个事业部在既定的政策、目标、计划的控制和指导下从事业务活动，并根据需要建立自己的经营管理职能部门。

(三) 饭店组织结构创新

1. 三叶草形组织结构

三叶草形组织是爱尔兰管理学家查尔斯·汉迪在其《非理性时代》一书中提出的，特指由三部分或三片叶子构成的一种组织结构。三叶草形组织的定义："以基本的管理者和员工为核心，以外部合同工人和兼职工人为补充的一种组织形式"。这种组织模式（或它的变化形式）通常用来解释企业为什么要把非核心的职能转包给社会上的其他企业。

三叶草是爱尔兰的国家象征，它的每根茎上长有三片叶子，查尔斯·汉迪使用这种植物来说明今天的组织模式，组织由核心人员、外包人员与弹性人员三组迥然不同的人组成，这三组人各怀不同的期望，接受三种不同的管理，领不等的工资，并且被以不同的方式组织起来。三叶草形组织结构如图 2-5 所示。

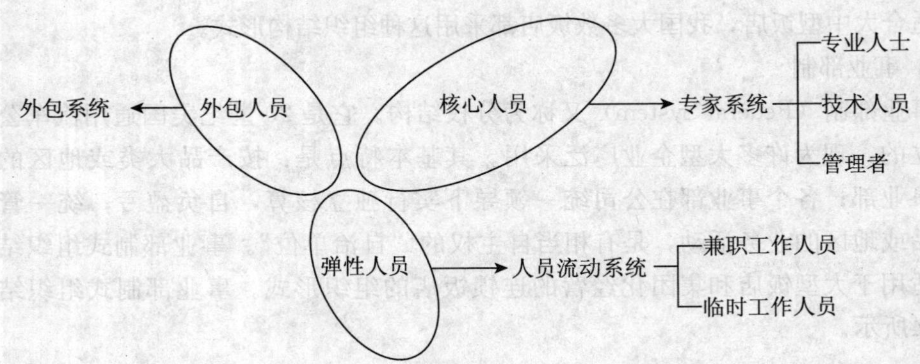

图 2-5 三叶草形组织结构

（1）核心人员。核心人员是饭店组织中具有相应资质的专业人士、技术人员和管理者。核心人员处于权力文化氛围，控制其规模是关键，饭店组织的真正特性附着在这些人身上，他们负责设计、控制和协调等饭店组织的关键职能。

（2）外包人员。核心人员剥离之后的工作就交由外包人员接手。外包人员处于任务文化氛围，对规则和程序的遵从、对职责的全力履行，这是饭店组织卓越绩效的保证。外包人员的组织原则是：根据结果而不是时间拿报酬，收取的是费用而不是工资。

（3）弹性人员。弹性人员也就是就业市场上的兼职人员和临时工作人员。弹性的兼职或临时工作者则处于个性文化氛围，让他们享有自由、保留自身的特质，他们的能力和责任才能充分发挥。饭店雇用这些临时工作人员来度过高峰期，虽然麻烦，却很便宜。饭店组织要把他们视为是自己有价值的组成部分，乐于在他们身上投资，提供培训，并给他们一定的地位和权利。也只有这样，饭店才能得到符合自己标准的临时或兼职工作人员。

三叶草统一于一个饭店组织系统，但同时要看到它们之间的分离。在饭店组织目标的统筹之下，三片叶子要充分利用外部资源，尽可能地吸引优势资源为饭店所用。这种整合，不局限于饭店组织、区域、国家，应该将眼光放远。

2. 网络虚拟组织结构

网络型组织是由多个独立的个人、部门和企业为了共同的任务而组成的联合体，它的运行不靠传统的层级控制，而是在定义成员角色和各自任务的基础上通过密集的多边联系、互利和交互式的合作来完成共同追求的目标。

网络型企业组织结构中，企业各部门都是网络上的一个节点，每个部门都可以直接与其他部门进行信息和知识的交流与共享，各部门是平行对等的关系，而不是以往通过等级制度渗透的组织形式。密集的多边联系和充分的合作是网络型组织最主要的特点，而这正是其与传统企业组织形式的最大区别所在。这种组织结构在形式上具有网络型特点，即联系的平等性、多重性和多样性。网络型组织的适用前提：经济全球化，环境高度不确定性。

根据组织成员的身份特征以及相互关系的不同，网络型组织可以分为四种基本类型，分别是内部网络、垂直网络、市场间网络和机会网络。

3. 扁平化组织

传统组织的层级结构表现为高层、中层、基层管理者组成一个金字塔式的形状。当企业规模扩大时，原有的办法是增加管理层次，而现在是增加管理幅度，当管理层次减少而管理者幅度增加时，金字塔状的组织形式就被“压缩”成扁平状的组织形式。扁平化组织，需要员工打破原有的部门界限，绕过原来的中间管理层次，直接面对顾客和向公司总体目标负责，从而以群体和协作的优势赢得市场主导地位的组织。

知识团队构成了扁平化组织内部组织的基础。扁平化组织本质上可被视为是一个知识体系，其竞争优势的建立主要在于如何通过在一个精益的组织内，对组织所拥有的知识、信息进行整合、创造和管理，从而更直接地面向市场、面向用户。为了支持这种知识、信息的整合、创造和管理，扁平化组织内部不是以职能为单位，而是形成一个个动态的知识团队，这种团队将个体和组织结合起来，促进用户知识的显性化和实体化，最终形成完整、统一的市场知识和转化机制。扁平化组织具备以下几个特点：

(1) 以工作流程为中心而不是部门职能来构建组织结构。公司的结构是围绕有明确目标的几项“核心流程”建立起来的，而不再是围绕职能部门，职能部门的职责随之逐渐淡化。

(2) 纵向管理层次简化，削减中层管理者。组织扁平化要求企业的管理幅度增大，简化烦琐的管理层次，取消一些中层管理者的岗位，使企业指挥链条最短。

(3) 企业资源和权力下放于基层，顾客需求驱动。基层的员工与顾客直接接触，使他们拥有部分决策权，能够避免顾客反馈的信息在向上级传达过程中的失真与滞后，大大改善服务质量，快速响应市场的变化，真正做到“顾客满意”。

(4) 现代网络通信手段。企业内部与企业之间通过使用 E-mail、办公自动化系统、管理信息系统等网络信息化工具进行沟通，大大增加管理幅度与效率。

(5) 实行目标管理。在下放决策权给员工的同时实行目标管理，以团队作为基本的工作单位，员工自主作出自己工作中的决策，并为之负责，这样就把每一个员工都变成了企业的主人。

三、饭店主要部门划分

1. 饭店服务系统

一般来说，饭店的业务部门主要是包括前厅部、客房部、餐饮部、康乐部和营销部等部门，它们是饭店的主要经营活动部门，是饭店业务的第一线，是饭店主要的盈利部门，同时它们也是直接对客服务的形象部门，其业务水平和管理方法直接代表着饭店经营和管理水平。

(1) 前厅部。销售产品、接待顾客、客账管理、客史档案、商务服务等。

(2) 客房部。客房清洁、住客接待、客房维护、洗衣服务、客房安全等。

(3) 餐饮部。饮食供应、就餐接待和服务等。

(4) 康乐部。健身、娱乐、休闲项目的提供和服务。

(5) 营销部。客户关系、业务推广、市场调查、产品开发等。

2. 饭店职能系统

(1) 总经办。制订饭店计划、对外协调、日常行政事务等。

(2) 人力资源部。员工的招聘、任用、考核、奖惩、工资、福利、保险、培训、晋升、岗位编制等工作。

(3) 财务部。主管筹资、投资、资本运营、成本、财务评估、收支核算等工作。

(4) 质保部。主管饭店的质量管理工作。

3. 饭店保障系统

(1) 安保部。保证顾客、员工的人身、财产安全，保证饭店财务安全，处理突发治安事件等。

(2) 工程部。饭店设备设施的申购、运行、维护、保养和修理等。

(3) 采购部。饭店所需物品的采购、验收、入库、保管和发放等。

(4) 后勤服务部。负责员工的食、宿、娱乐等生活安排工作。

任务二 饭店建筑结构

饭店建筑是饭店投资的主体和重要的经营资源，是饭店产品的重要组成部分。饭店建筑本身又是饭店外在形象和品位的重要评判指标，它所在的位置、造型、风格特点以及结构布局对饭店的经营管理有着至关重要的影响。

一、饭店建筑的位置

1. 饭店建筑位置的重要性

"商业饭店管理之父"斯塔特勒曾将经营饭店的诀窍归结为：地点、地点、还是地点。由此可见，饭店的位置对于饭店的经营起着非常重要的作用。如何选择适合的饭店位置，必然成为饭店投资经营者首先要考虑的问题。

2. 影响饭店位置选择的因素

影响饭店位置的因素有很多，比如饭店的类型、饭店的规模等，通常情况下，饭店位置的选择应符合以下几个条件：①经济发达地区。②交通便利地区。③商贸繁华地区。④环境优美地区。⑤风景名胜地区。

二、饭店建筑的造型

饭店建筑表现了艺术与科学的和谐统一。不同国家、不同地区在建筑造型上形成了各自的民族特色和风格。

1. 按照饭店建筑高度，饭店建筑有低层建筑和高层建筑之分

(1) 低层饭店建筑造型。低层饭店建筑一般采用群楼组合方式，运用传统的庭院式布局，结构自由，造型多样，形式多变，往往会依据饭店所在位置的实际地形进行修建。

(2) 高层饭店建筑造型。饭店高层建筑一般以单幢建筑为主，组合以裙楼的形式，但不直接反映建筑内部结构空间特色。但从高层建筑的主建筑来讲，常规造型有"I"形建筑、"回"形建筑、"工"形建筑、"E"形建筑、"S"形建筑、"L"形建筑、"Y"形建筑、"T"形建筑、"X"形建筑和"U"形建筑等多种形式。饭店在此基础上根据实际情况进行建筑形式的再设计，形成千变万化、造型各异的建筑结构类型。常见的高层饭店建筑造型如图 2－6 所示。

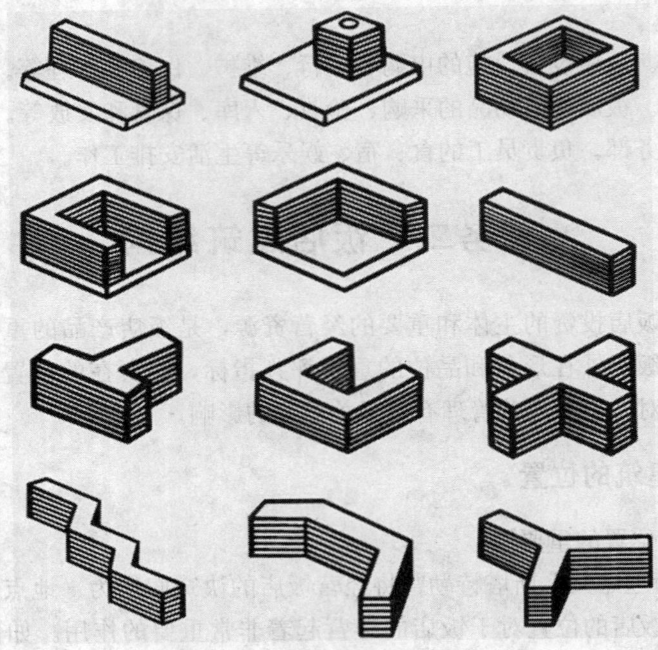

图 2－6　高层饭店建筑造型

2. 按照饭店客房的平面布置手法，饭店建筑结构造型可分为板式结构、塔式结构和内天井式结构三种

（1）板式结构。板式结构的饭店建筑外观基本为条形结构，呈直线形、L 形或弧形，饭店客房依走道单向或双向排列，与后勤服务区和疏散楼梯呈平面布置。是客房面积利用率最高的一种形式，在板式结构形式中，内走廊型建筑的设计指标最高，客房层的有效率可达到 70%。一般服务区设在中间位置，但依然会出现顶端客房的走廊过长，对客服务时间相对较长的缺陷。

（2）塔式结构。一般是以服务区为中心，客房和走廊围绕在周围。这种建筑的平面布置与立面处理手法多种多样，一般有正方形、十字形、圆形、三角形和多边形等形式。采用塔式建筑结构，每层客房数量有限（一般为 16～24 间），但每间客房离服务区的距离都不会太远。

（3）内天井式结构。客房依楼道单向排列，客房前的走道就像是开放式的阳台，客人可以从那儿俯视大堂。最基本的模式是四方形的大楼中间装有观光电梯，也有圆形、多边形等形状。内天井式是所有建筑结构中最不经济的建筑形式，但非常有气派，主要强调饭店的精神功能和饭店的特点。

三、饭店建筑的风格

饭店建筑的风格特点可以说是“有法无式”，即在建筑风格上有基本法则，但无固定模式。饭店要根据所处环境，运用建筑的基本法则，建造独具个性的饭店建筑。

1. 古典中式风格

在饭店建筑中的局部处理上，运用传统中国建筑风格，通过抽象化、提炼的手法，将中式风格体现在建筑的细节上。如借鉴中国传统木构架建筑的屋顶，采用中式花窗，平面上突出中国传统庭院风格等。同时也可将当地文化融合到饭店建筑设计中。

2. 外来异域风格

借鉴国外建筑文化，采用突出异国建筑特色的手法，从造型、色彩、材质等要素将外来风格体现出来。如采用欧式、法式建筑风格等。

3. 现代简约风格

饭店建筑外观简单大方，细节上不刻意突出建筑的造型风格特点。根据社会发展潮流，饭店设计更加突出人文关怀的思想，更加符合消费者的需求。现代简约风格的饭店在简化建筑外观的同时，更加注重装饰，往往会采用大面积、大尺度的装饰来突出自身的特点。

四、饭店建筑结构布局

1. 饭店建筑结构布局的原则

(1) 方便宾客原则。根据客人的需求，满足客人入店至离店的一系列活动顺序为设计主线。

(2) 效率和效益的原则。合理布局，兼顾效率和效益。

(3) 宾客与员工用设施两分离原则。前后台明确区分功能空间，为保证服务质量和规格，应严格区分客用和员工用的设施，互不交叉干扰。

(4) 饭店功能设计和结构布局的规范原则。必须按照国家有关建筑、设备、装修和施工的标准和规定，并符合有关饭店经营业务和操作规范的要求。

(5) 美感和文化色彩原则。饭店设计应突出人文关怀的特色，营造出优雅的生存空间，同时人们在饭店中活动消费，追求一种浪漫与潇洒氛围感受，所以设计应满足人们审美的需求和对文化的渴求。

2. 前台部分的功能和结构布局

(1) 饭店外环境。饭店外环境的塑造，主要涉及景观、风向、朝向、交通、消防、出入口、防噪声、绿化和相关公共工程，在设计中应尽量美化绿化、形象突出，内外环境协调一致。符合城市规划要求，交通组织合理，庭院绿化讲究，饭店出入口标志明显，门厅外应有停车场、回车道、人行道和遮雨棚等。

(2) 前厅大堂。大堂是客人办理入住登记、休息、会客和结账的地方，是客人进店后首先接触到的公共场所，所以大堂必须以其宽敞的空间、华丽的装潢，创造出一种能有效感染客人的气氛，给客人留下美好的印象。入口气派，有吸引力；宽敞舒适、高度适宜、采光良好；整体布局合理，装饰华丽有风格；温度、湿度适宜，有良好的隔音效果；灯光柔和，音乐舒缓；同时根据饭店情况可设有休息区、酒吧、咖啡厅、商场、美容室、商场、书店等，各种功能区域标识明显，突出氛围和文化品位。

总服务台位置要明显、醒目，一般都位于正对大堂的入口处。总台的外观可采用半圆形、“L”形或直线形，总台的大小应根据酒店规模和接待人数确定。同时应设有办公室、贵重物品保管室、预定处、行李房、大堂副理办公区和相关设施等。

（3）电梯。饭店的电梯分为客梯、货梯、观光梯、杂物梯等几种类型。客用电梯应和其他电梯严格分开，客用电梯位置适中，有明显标识和引导示意图，货梯和杂物梯应设计在相对隐蔽处。

（4）客房。客房是饭店的主体，是客人休息、工作、会客的主要场所，客房设计应主要体现安全、舒适和经济的特点。客房区由客房、交通枢纽和服务区构成。客房在走廊的一侧或两侧；交通枢纽居中，明确、简捷；服务区主要有楼层服务台、开水间、清洁工具间、储藏室、机房及员工卫生间等。

（5）餐饮设施。餐饮设施是为客人提供饮食的场所，布局应根据饭店整体布局进行合理安排。餐饮区应布置在饭店公共活动部分中客人最易到达的区域。餐厅和厨房应符合餐饮业务流程。

（6）娱乐、康乐设施。娱乐、康乐设施是现代饭店的重要场所，也代表了饭店的等级和形象。一般饭店会将娱乐康乐区放置在建筑底层的侧面或后面。因场地要求、设施繁简、技术差别很大，布局上根据饭店实际情况进行合理安排。

3. 后台部分的功能和结构布局

（1）洗衣房。主要是洗涤饭店所有客房棉织品、客衣、工作服，并保管棉织品。一般设置在地下室或高层饭店的设备层，平面布局应遵照工艺流程，分设员工出入口，并避免噪声干扰。

（2）供热系统。饭店需要有提供热能的设备和装置，饭店的热能设备主要是锅炉，供热系统由锅炉、给水设备和管道构成。锅炉房一般设置在饭店后部或裙房内。

（3）空调设备。大多数饭店采用的集中式空调系统，空气处理设备集中放置在空调机房内，经过处理达到要求的空气，由通风管系统输送到饭店各个区域。饭店的空调设备一般设置在饭店的底层后部或地下室和裙房。

（4）供电系统。饭店的用电负荷主要有照明、制冷及空调、动力和弱电系统四大类。饭店的供电系统主要由配电设备、输电设备和各类用电设备组成。结构布局需占用专门场地，适宜放置在饭店后部或地下室。

（5）给排水系统。给水系统应满足宾客、员工和相关设施的需要，设计安装要符合相关规范，并兼顾美观。水的洁净度、水压和水质要符合相关规定。给水系统分生活用水和热水系统。高档饭店应配备饮用水系统。

饭店排水系统主要分为雨水系统和污水系统。雨水不经过处理可直接排放到城市下水道，而污水需经过处理才能排放到下水道。

（6）其他工程用房。如维修中心、电工房、木工房、消防中心、监控中心等面积紧凑，应根据饭店自身特点布局在适合的场所。

（7）仓库。在布局上采取分合并用，按需设置的原则。客用消耗仓库、低值易耗品仓库、行政总仓库、棉质品仓库可采用大空间集中设置，各部门专用仓库则靠近部门设置。

（8）办公室。各部门办公室应该按照方便工作的原则设置，但往往和宾客服务区隔离。

（9）职工用房。是用于职工日常住宿和生活的地方。一般放置在与酒店主建筑有一定距离、相对独立的空间区域。

小案例

广州花园酒店的建筑设计

广州花园酒店是由已故香港知名人士利铭泽先生及廖承志先生共同倡导，广州岭南置业公司与香港花园酒店有限公司合作建造的，酒店整体建筑由香港司徒惠建筑事务所设计，广州珠江实业总公司承包建造，总投资额接近10亿港币。

广州花园酒店整体设计隽逸、高雅，糅合中西文化特色，是艺术与建筑的完美结合，屡次获得建筑业的评奖。广州花园酒店建筑面积170万平方米，前后花园共各约2万平方米，由东西两座从地下层至平台层相连的“Y”形大楼组成，巍峨耸立，这两座“Y”型建筑物，以一定距离分别坐落于同一平台上的两端，可有多的单边面向，能获得最佳视野、更多的阳光及更佳的通风效果，酒店主楼高30层，与之相对的是一幢21层的花园大厦。

酒店被命名为“花园酒店”，在整体布局上着重于创造一个园林式绿化效果。进入酒店的门前大道便可见一片翠绿的草地，绿树葱郁，将酒店的大门遮蔽起来，增添幽静的情趣和美感。酒店大堂之内，处处植有鲜花、盆栽，使客人有置身园林之感。酒店后庭有一个面积达1公顷、具有中国传统特色的花园，精心布置了大壁画、假山嶙峋、瀑布奔泻、流水、亭台楼阁及花草树木掩映其间，各具特色而又相互配合，使酒店春色满园，令人心旷神怡，成为一座名副其实的大“花园”。

花园酒店设计上的另一特色，就是处处将中国传统艺术、民间特色或历史故事应用在室内装饰美化上。酒店大堂是东南亚最大的酒店大堂之一，总面积为3800平方米。一进大堂顿觉豁然开朗，给人带来一种富丽堂皇、气派非凡的感受。大堂中央的巨幅大理石贴金壁画“大观园”，用20万片金箔贴成，取材于中国文学巨著《红楼梦》，生动体现了金陵十二钗的生活情趣，隐含着酒店的景物令人目不暇接，也代表着酒店可提供豪华瑰丽的生活享受，令人叹为观止。

酒店客房设计贯彻了优雅的模式，并以不同的色调划分不同的风格，以行政楼层为例，均以优雅和谐为基调，室内用色以米白、奶白为主，配以金色点缀，尽显高贵典雅，设计以法国传统背景为依据，加入时代感的元素，如不同款式的沙发、一幅色彩丰饶的地毯等，室内家具及配饰等豪华而不夸张，不经意间散发出融融的暖意，给客人留下友好亲善、舒适安稳的感觉。

酒店的餐厅既有属于法国古典别墅式设计的名仕阁西餐厅，亦有以三国时代“桃园三结义”为主题的中餐厅桃园馆，以及充满东瀛情调的故乡日本料理餐厅，装饰得极具异国情调的LACASA意大利餐厅，洋溢青葱气息的绿茵阁咖啡厅，富有地道南方色彩的大排档式设计荔湾亭风味餐厅，传统英式酒吧设计绅士轩等，各适其式，不胜枚举。

花园酒店拥有用全国一流水平的硬件服务设施，近1000间豪华客、套房，800多间写字楼及公寓，AMF保龄球馆、大型综合型娱乐中心——花园梦幻娱乐城、室外游泳池、网球场、壁球室、健身及美容美发中心，还有地下三层的停车场。此外，酒店还备有银行、邮局、票务旅游服务、保险库、洗衣店及24小时送餐服务、出租车服务等一系列服务。

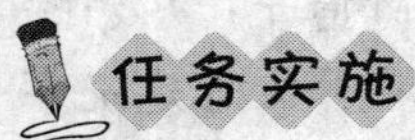

饭店组织结构设计程序如图2-7所示。

图2-7 饭店组织结构设计

第一步：确定饭店规模

根据饭店所拥有的客房数量、接待能力以及建筑结构特点大致确定饭店的经营规模。经营规模的大小直接影响饭店组织人员数量。

第二步：选择组织结构类型

根据饭店规模，选择最适合的组织结构类型。组织结构类型的确定受很多因素的影响，如人员数量和素质、饭店规模的大小、饭店所处经营环境等。国际型饭店连锁集团采用事业部制式的较多，而我国很多单体饭店采用直线职能制式。

第三步：确定管理层次

饭店组织结构类型的确定也为饭店管理层次的确定奠定了基础。根据饭店实际经营情况，以优化饭店管理为前提，找出适合饭店发展的管理层次。

第四步：制定管理幅度

在人员数量和管理层次基本确定的基础上，管理幅度也基本确定。人员数量不变，管理层次越多，管理幅度相对越小。当然每个管理层相对应的管理幅度都不相同，一般情况下，管理层次越高，管理幅度相对越小。

第五步：设计组织结构

经过前四个步骤的设定，为饭店正常经营设计出完整的组织结构图。岗位的设立和人员的配备要符合饭店经营要求。

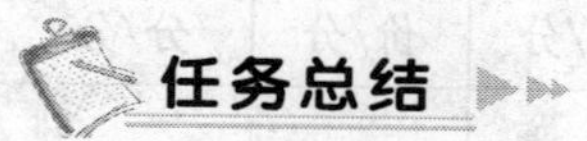

通过对饭店组织的含义、饭店组织结构的类型和特点的学习，全面了解饭店组织结构的特点和适用性，并能根据饭店情况进行初步的组织结构设计，同时了解每步过程的内容及基本要求。掌握饭店基本建筑结构的基本内容，能够正确判断饭店建筑结构类型。

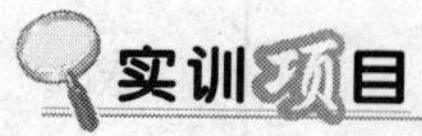

内容与要求

选择某熟悉的饭店企业作为研究对象，根据自己所收集的相关资料与数据，分析其采用了哪种组织结构类型。参观饭店建筑的外观和内部空间，判断该饭店的建筑结构类型。

组织与实施评价

1. 以项目团队为学习小组，小组规模一般是5～8人，分组时以组内异质，组间同质的原则为指导，小组的各项工作由小组长负责指挥协调；

2. 建立沟通协调机制，团队成员共同参与、协作完成任务；

3. 各项目团队根据实训内容互相进行交流、讨论，并点评；

4. 评价与总结：各项目团队提交实训报告，并根据报告进行评估。

评估指标及标准

如下表所示。

饭店结构设计评分表

考评内容		考评标准	分值/分	自我评价/分	小组评价/分	实际得分/分
专业知识技能掌握	饭店组织的含义	了解	10			
	饭店组织的设计原则及基本结构类型	掌握	20			
	饭店建筑结构类型及特点	掌握	20			
	报告完成情况	内容完整，分析透彻	10			

续 表

考评内容		考评标准	分值/分	自我评价/分	小组评价/分	实际得分/分
通用能力培养	学习态度	积极主动，不怕困难，勇于探索，态度认真	15			
	运用知识的能力	能够熟练自如地运用所学的知识进行分析	15			
	团队分工合作	能融入集体，愿意接受任务并积极完成	10			
合　计			100			

注：实际得分＝自我评价（占40%）＋小组评价（占60%）

思考题

一、填空题

1. 饭店组织管理制度一般包括________、________、________、________和________。

2. 饭店组织结构通常采用四级管理体制，具体分成________、________、________、________。

3. 三叶草组织由________、________与________三组迥然不同的人组成。

二、选择题

1. 负责饭店企业全面的经营管理，对饭店企业进行统一的指挥和综合管理的管理层次是________。

A. 决策管理层　　B. 职能管理层

C. 执行管理层　　D. 操作层

2. 饭店各部门经理等构成饭店的________。

A. 决策管理层　　B. 职能管理层

C. 执行管理层　　D. 操作层

3. 影响管理幅度的主要因素有________。

A. 能力因素　　B. 工作形式因素

C. 信息沟通因素　　D. 环境因素

4. 我国大多数大中型饭店采用的组织结构形式是________。

A. 直线制　　B. 职能制　　C. 直线职能制　　D. 事业部制

5. 按照饭店客房的平面布置手法，________是所有建筑结构中最不经济的建筑形式，但非常有气派，主要强调饭店的精神功能和饭店的特点。

A. 板式　　B. 塔式　　C. 内天井式　　D. 混合式

三、简答题

1. 饭店组织设计应遵循哪些原则？
2. 扁平化组织有哪几个特点？
3. 饭店建筑结构布局应遵循哪些原则？

项目三　饭店前厅管理

知识目标

- 了解饭店前厅部的工作职能、组织结构、业务范围和业务流程；
- 知晓饭店前厅部与饭店其他部门之间的相互协作联系；
- 初步熟悉并掌握前厅部服务的运作与管理。

能力目标

1. 能够掌握饭店前厅部相关岗位职能、组织结构和管理运作；
2. 能够学会正确处理前厅服务事项。

任务导入

××饭店预订责任事故

某日晚上9时30分，一位客人到店说已有预订，要求办理入住手续。前台接待员查询计算机后告诉客人，没有查到客人的预订信息。客人很不高兴地说："我已通过网络公司订好了。"前台接待员再次查询仍然没有查到，便请客人先按门市优惠价入住，待次日与网络公司联系后再更改房价。客人无奈，入住后投诉网络公司为什么不给预订。随后网络公司查询相关情况以后，投诉饭店未给客人及时办理预订手续。后经查，网络公司于当日晚8时36分将传真发至饭店预订部，此时前厅的预订人员已下班，而前台接待员在计算机里既没查到预订通知也没有到预订部查看有无传真，便直接告诉客人没有预订，从而造成客人投诉网络公司，进而投诉饭店的事件发生。

任务分析

凡提前有预订的客人都希望到达饭店后能够尽快按约办理入住手续，而服务员应立即核对预订资料为客人办理入住手续。该案例中的接待员在计算机中没有查找出预订资料时，应该到预订部再进行详细查找看有无传真，并且，遇到这种情况时，接待员应及时向领班或主管汇报，不能简单地告诉客人没有预订。上述做法说明预订员缺乏工作责任心，导致客人投诉网络公司，网络公司投诉饭店。最终导致饭店在网络公司和客人心目中的服务形象受到严重影响。领班和主管应加强对员工的培训，注意进行现场督导检查，以便能及时发现问题并解决。

任务一 前厅部概述

前厅部工作区域是对客服务开始和最终完成的场所，是客人对饭店产生第一印象和最后印象之处，人们常常把前厅比喻为饭店的“门面”和“橱窗”。前厅部是饭店服务和管理的关键部门，业内人士常用“神经中枢”来形容前厅部在饭店管理中的地位、任务和业务特点。

一、前厅部基本工作职能

（一）前厅部的地位和作用

前厅部工作效率、服务质量和管理水平的高低，会直接影响饭店的整体形象、市场竞争力和经济效益。前厅部是饭店组织机构中的关键部门，其地位十分重要，不容忽视。

1. 前厅部是饭店的门面，是饭店神经中枢

前厅部的主要结构单元集中设在饭店大堂，是所有客人抵、离店的必经之处和活动场所。前厅部员工与客人接触面最广，所提供的服务贯穿于客人到店、住店和离店的全过程。

2. 前厅部是饭店的信息中心，是信息集散枢纽和服务协调中心

前厅部担负着销售客房及其他服务，各种信息都会集中到前厅部来，如客房供求信息、消费需求信息、客人对饭店服务评价信息、投诉信息、档案信息、旅游团队团员信息、饭店内外活动信息、饭店本身运行状态信息等。前厅部的工作在对客服务接待过程中起着联系内外、沟通上下左右，发挥着承上启下、信息集散和总体协调的关键作用。

3. 前厅部是主客关系纽带，管理机构代表

前厅部在客人到店、住店和离店的全过程中始终与客人保持密切联系，通常客人遇有疑难问题或疑惑之处时，都会找前厅部员工联系解决。同时前厅部掌握全部住宿客人的相关资料和信息，并将这些信息反馈到饭店管理机构和相关经营服务部门，以便更好地对客提供优质的和针对性的服务。前厅部的服务工作就像一条无形的情感纽带，维系并加深饭店与客人之间互相信赖关系。

4. 前厅部是饭店管理和决策的参谋，是经营和促销的助手

前厅部通过对所保存的大量经营管理数据认真整理和分析，向饭店决策和营销机

构提供反映市场信息的报表及数据，以此作为制订和调整饭店经营计划及策略的参考依据。前厅部及时收集客人对饭店管理和服务的意见及反映，并反馈给饭店质检部门进行有针对性和有成效地分析，为制定改进管理和提高服务的措施提供真实可靠的信息。前厅部还参与市场调研和市场预测，房价及促销计划的制订，并配合营销部进行宣传促销活动，配合财务部制订年度客房营销预算计划等。

（二）前厅部主要工作任务

1. 客房销售

客房是饭店的主要产品，前厅部的首要工作任务是销售客房。其主要由以下三个方面组成。

（1）预订推销。前厅部下设预订部处理订房工作。订房是否成功往往取决于预订人员的服务态度、推销意识与技巧、熟练程度以及对饭店产品的熟悉程度。

（2）接待推销。总台接待员对那些未经预订、直接到店的客人需要表现出强烈的服务意识，适时推销客房或其他服务产品，进行二次推销。实践证明这种促销行为及结果会提高饭店的综合效益。

（3）合理排房与价格控制。客房营业收入高低取决于客房销售的数量、价格及时间。总台接待员不仅要注意客房销售的数量和价格，执行饭店的价格政策、优惠政策及促销政策，还要注意合理排房，将符合需求的房间安排给客人，以利于提高客房使用率和客人满意度。

2. 提供各类前厅服务

作为直接对客提供各类相关服务的部门，前厅服务范围涉及接送服务、门童迎接、行李搬运、钥匙问讯服务、票务代办服务、邮件报刊服务、电话通信服务、商务文秘服务、贵重物品寄存、外币兑换、处理宾客投诉、建立客户账目等，实际上是“大前厅服务”理念，其核心思想是：在完成前厅各项服务过程中，促使前厅服务与饭店其他服务（诸如客房服务、餐饮服务等）方面共同构成饭店整体服务体系。

3. 提供信息服务

对于饭店来说，前厅部要及时处理接触到的大量信息（如客源市场信息、产品销售、营业收入、客人需求及反馈意见等），并将各项信息资料收存归档，定期统计分析，形成以前厅部为中心的收集、处理、传递及储存信息的系统。同时向管理机构报告，与其他有关部门沟通，以便采取对策，适应经营管理上的需要。相对客人活动而言，前厅服务人员与客人保持着最多的接触，应随时准备提供客人所需要的和感兴趣的信息资料。例如：饭店近期推出的美食周、艺术品展览等活动，以及有关商务、交通、购物、游览、医疗等信息。

4. 进行协调沟通

前厅部根据客人需求和饭店营销部门的销售计划衔接前、后台业务以及与客人之间的联络、沟通工作，达到使客人满意以及内部业务运作顺畅的目的。前厅部处理客人投诉也是同客人协调沟通的一种有效方式，成功地处理好客人投诉对于双方都有益。

5. 控制客房状态

正确反映并掌握客房状况是做好客房销售工作的先决条件，也是前厅部管理的重要目标之一。前厅部应及时向客房部通报实时及未来的预订情况，便于其安排卫生计划或调整劳动组织工作。要做好这项工作，除了实现控制系统计算机化和配置先进的通信与联络设备等设施外，还必须建立和健全完善的、行之有效的管理规章制度，以保障前厅与相关部门之间的有效沟通及合作。

客房状态分类

(1) 住客房（Occupied)。住店客人正在使用的房间。

(2) 空房（Vacant)。已完成卫生清扫工作，可随时出租的房间。

(3) 走客房（Check out)。客人已结账离店，待清扫或正在清扫的房间。

(4) 待修房（Out of Order)。因房间设施设备故障，待修或正在修理而不能出租的房间。

(5) 保留房（Blocked Room)。为接待会议、团队或重点客人而提前预留的房间。

(6) 外宿房（Sleep out)。客人在外留宿未归，总台接待作记录并通知大堂副理和客房部，由大堂副理双锁客人房间，客人返回时，大堂副理为客人开启房门。

(7) 携带少量行李住客房（Occupied with Luggage)。只携带少量行李的客人居住的房间。为了防止客人跑单逃账等意外情况，客房部应将此情况通知总台。

(8) 请勿打扰房（DND)。客房门口“请勿打扰”灯亮，或门把手上挂有“请勿打扰”牌，员工不能进房间提供服务。超过饭店规定时间，则由总台或客房部打电话与客人联系，以防发生意外事件。

(9) 双锁房（Double Locked)。客人从房内双锁客房，服务员使用普通钥匙无法打开门，对这种客人要加强观察和定时检查；另外，饭店发现客人外宿未归或客房内有特殊情况时也会采取双锁客房的措施。

6. 建立客史档案

前厅部为更好地发挥信息集散和协调服务的作用，一般都要为住店客人建立客史档案，将客人姓氏、身份、公司、抵（离）店日期、消费记录及特殊要求作为主要内容予以记载，作为提供周到、细致、有针对性服务的依据，这也是寻求和分析客源市场、研究市场走势、调整营销策略、产品策略的重要信息来源。

(三) 前厅部业务工作特点

1. 劳动量大，时间连续性强

作为为客人提供综合性服务的部门，前厅部承担着主要接待服务和运营责任，必须 24 小时正常运转，保证不间断地为客人服务。

2. 接待业务涉及面广，岗位专业要求较高

前厅部业务包括销售、预订、接待、迎宾、行李、问询、寄存、客务关系、总机话务、商务中心、收银结算、客史管理、委托代办、服务协调等，各项业务都有较强的专业技能要求。从从业规范、服务礼仪到具体操作方法，员工都必须了然在胸，才能在复杂的接待工作中使客人高兴而来，满意而归。

3. 信息量大，需求随机性强

在前厅部工作，每天都要面对各种各样、形形色色的客人。客人的要求是不一样的，为其提供的信息和服务内容也是不一致的，这就要求前厅部工作人员要掌握大量信息，反应要快，才能适应不断变化的客人需求。

4. 原则性与针对性

规范化是优质服务的基础，规章制度是管理的基础。但现在客源市场表现出向定制化方向发展的趋势，因此要特别注意随时处理好客人的特殊需求与饭店固定产品服务的关系、工作制度原则性与服务灵活针对性的关系、客人心理变化与相应服务调整的关系等，以便尽最大力度让客人满意。

5. 计算机管理化强，操作技术要求高，外语使用率高

饭店总台实行计算机管理，各岗位员工均需要进行计算机专业培训才能上岗操作，而且饭店前台员工大多时候需要使用外语，因此对员工的素质修养、文化程度、外语水平及专业技术水平提出了较高的要求。

6. 展示饭店形象

前厅是饭店的“门面”和“橱窗”，同时又是一个具有特殊意义的舞台。前厅部员工的仪表仪容、言谈举止、待客接物等行为，时时处处都在展示饭店文化特点和员工的礼貌修养、文明程度、服务技能技巧的熟练程度等，实质上也是在展示饭店经营管理水平。

二、前厅部组织机构

（一）饭店前厅部组织机构设置

一般而言，饭店的组织机构设置会因饭店的实际情况的不同而有所不同，但其差异不会太大，可能是个别岗位的合并，或根据实际需要增设一些岗位。

1. 大型饭店前厅部组织机构设置

大型饭店前厅涉及岗位层次众多，职能划分细致，人员配置相对较多，关系繁杂。常规大型饭店前厅部组织机构设置如图 3－1 所示。

2. 中型饭店前厅部组织机构设置

中型饭店前厅岗位设置较多，人员结构相对复杂。中型饭店前厅部组织机构设置如图 3－2 所示。

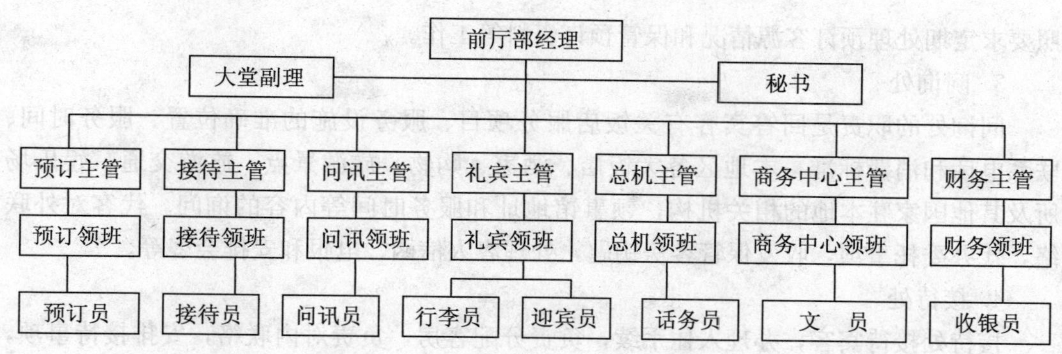

图 3-1　大型饭店前厅部组织机构设置

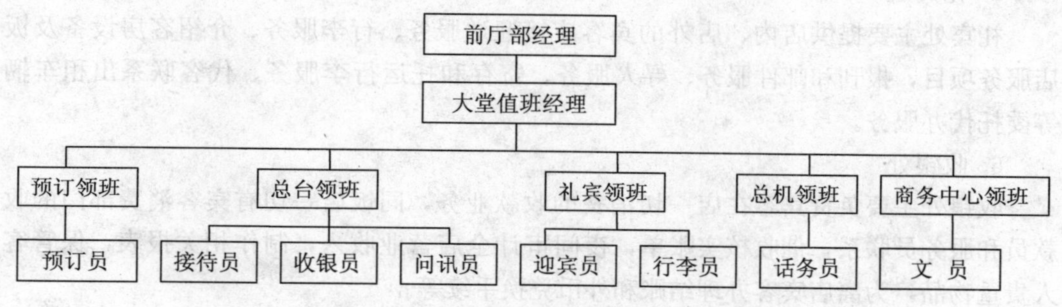

图 3-2　中型饭店前厅部组织机构设置

3. 小型饭店前厅部组织机构设置

小型饭店前厅往往设置在客房部中，人员较少，结构简单。小型饭店前厅部组织机构设置如图 3-3 所示。

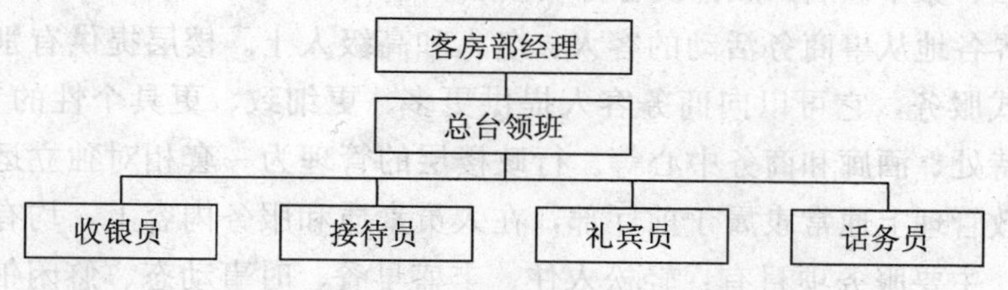

图 3-3　小型饭店前厅部组织机构设置

（二）前厅部各机构的主要工作范围与任务

1. 部室

部室是部门处理行政和日常事务的办公场所。一般有经理办公室、秘书办公区域、文件档案保管场所等。

2. 预订处

预订处负责接受预订，办理预订手续，制作预订报表，对预订进行计划安排，按照要求定期处理预订客源情况和保管预订资料等工作。

3. 问询处

问询处的职责是回答宾客有关饭店服务项目、服务设施的准确位置、服务时间、联系电话和消费标准，本地区各大饭店、酒家、购物、旅游景点、旅游交通、娱乐场所及其他国家驻本地的相关机构，领事馆地址和服务时间等内容的询问。代客对外联络，代办委托事项，收发保管客房钥匙，处理客人信函、电报和安排会客等。

4. 接待处

接待处接待宾客，办理入住手续，负责分配客房，负责对内联络，安排接待事项，掌握并控制客房出租状况，制作客房出租报表，保管有关保密资料等。

5. 礼宾处

礼宾处主要提供店内、店外的宾客应接迎送服务、行李服务、介绍客房设备及饭店服务项目，报刊和邮件服务、寻人服务、寄存和托运行李服务、代客联系出租车辆等委托代办服务。

6. 收银处

收银处主要负责宾客在店一切消费的收款业务，同饭店一切有宾客消费部门的收款员和服务员联系，催收核实账单，夜间审计全店营业收入，制作相关报表，保管客人贵重物品，为离店宾客办理结账和外币兑换手续等。

7. 大堂副理（大堂值班经理）

大堂副理的工作岗位设在大堂，直接面向广大宾客，是饭店与客人之间密切联系的纽带，协调饭店各部门的工作，检查大堂卫生和员工的工作状况，代表饭店处理日常发生的事件，帮助客人排忧解难，并监督问题的处理等。

8. 行政商务楼层

现代高档、豪华饭店一般都设有行政楼层（The Executive Floor），专门接待往来于国内及世界各地从事商务活动的客人、名人和高级人士。楼层提供有别于普通客房楼层的贵宾式服务，它可以向商务客人提供更多、更细致、更具个性的专业化服务，单独设置接待处、酒廊和商务中心等。行政楼层的管理为一套相对独立运转的接待服务系统，行政管理上通常隶属于前厅部，在人员素质和服务内容上，均有不同于总台的特殊要求。主要服务项目有：轻松入住、丰盛早餐、时事动态、悠闲午茶、鸡尾酒会、商务洽谈、委托代办、快速结账等。

9. 电话总机

电话总机接转市内电话，承办国内外长途电话业务，为客人提供问询服务、联络服务、叫醒服务、通知紧急和意外事件等。

10. 商务中心

商务中心为客人提供商务洽谈、秘书翻译、设施设备出租、打印复印文件、上网浏览、接发电子邮件和接收发送图文传真等文秘服务。

（三）前厅部与其他部门的协作

要搞好前厅部的经营管理，不但要作好前厅部的内部协调和前厅部与饭店其他部门之间的外部协调，还要协调好与饭店以外其他相关组织的关系。客人从入住到离开，接待的整个过程就牵涉销售、饭店代表、汽车、前厅、保安、公关、客房、餐饮、洗涤、商场、总机、娱乐和财务等部门。

1. 前厅部与客房部

前厅部与客房部是销售与生产的关系，客房部是饭店最主要产品客房的生产者，前厅部是客房产品销售的最主要承担者。两个部门关系最为密切，信息传递最为频繁，联系也最多。在小型饭店，二者合为一体。客房部随时从前厅获取客人入住信息，以便做好楼层接待工作。根据前厅提供的客情预测情况，安排客房的维修、保养、改造和定期清洁计划。客房部应在最短的时间将走客房清洁完毕，及时通知前厅部更新房态，协助前厅部做好行李服务、留言服务、邮件服务、叫醒服务等工作。前厅部员工和客房部员工需要进行交叉培训学习，有利于饭店跨部门的临时人员调配。

2. 前厅部与餐饮部

前厅部必须向餐饮部通报客情，以便做好相应采购、接待计划，发放团队客人的用餐券，书面通知订房客人的用餐要求及房内布置要求，随时掌握餐饮部各营业点的服务内容、服务时间及收费标准的变动情况，将接到的订餐、酒会、宴会及其他有关任务及时通知餐饮部。接到海内外客户有关餐饮预订内容的电话、传真时，应填写有关通知单送交餐饮部，对特殊团队、散客需要免费、优惠用餐的，经审批同意后送交餐饮部执行。涉及在餐饮场所进行的重大促销活动或经营活动，应事先向餐饮部送达任务通知单，并进行协调、拟写备忘录。

3. 前厅部与康乐部

前厅部及时向康乐部传递信息，满足宾客的健身需求。前厅部必须向康乐部通报客情，以便作好相应接待计划。了解客人的康乐要求，随时掌握康乐部的服务项目、服务时间及收费标准的变动情况，将客人的娱乐健身需求及时通知康乐部。接到团队预订康乐服务内容的电话、传真时，应填写有关通知单送交康乐部，以便康乐部提前做好相关接待准备工作。康乐部在接待客人消费时，应及时将各部门客源情况通知前厅部，以便前厅部有针对性地向客人推介。

4. 前厅部与营销部

前厅部与营销部都对饭店的客房销售工作负有责任，都承担销售客房的任务，只是前厅部更侧重于散客或临时入住客人的销售工作，营销部则在开拓客源市场，开展长期的、团体的销售方面负有更多责任，更重要的是对饭店长期的、整体性销售，尤其是对团队、会议的客房销售负责。因此两个部门必须加强联系，加强信息沟通，才能圆满完成客房销售任务。前厅部应向营销部递送“客情预报表”“客源比例分析表”“客房营业表”等有关报表。前厅部通过营销部了解抵店客人的日程安排，以便答复、、提供叫醒服务等。

5. 前厅部与人力资源部

前厅部根据本部门工作需要和人力资源培训部安排，做好员工岗位调整工作和岗位培训工作。根据工作需要向人力资源部提出用工申请，参与员工面试并做好新进员工培训；除做好自身各项业务培训外，应积极配合人力资源部做好员工岗位资源培训，提高员工的业务能力和素质；配合人力资源部做好考勤、业绩考核和工资奖金的评议和发放工作以及部门员工福利性待遇和医疗费用的审核等。

6. 前厅部与财务部

前厅部的工作归根结底是为饭店取得经济效益，为了保证对客服务的质量及客房销售的经济效益，要加强与财务部（包括前厅收银处）保持信息沟通与密切联系，保证结账收银的及时无误。前厅部要根据饭店政策决定客人付款方式、优惠房价、是否预先付款及消费信用限额，制作账单，连同信用卡签购单交收银处建立客账，同财务部对客房营业收入进行夜审核对，与相关单位签订的收款协议需符合财务部的有关规定。

7. 前厅部与其他部门

前厅部还同饭店的其他部门有着密切联系：接到重要团队或重大接待任务需临时增加设备设施时，应将有关计划和要求预先通知工程部；对营业场所进行必要的装修改造时，应与工程部共同研究提出实施方案，报总经理批准后由工程部实施；做好长包房的住宿登记管理，积极配合保安部做好长包房承租人有效证件的查验和安全协议书的签订工作；由饭店组织大型活动时应事先将活动方案报告保安部，请其协助维持治安秩序和现场安全检查；客房钥匙遗失后应与保安部沟通处理。

（四）前厅部主要岗位职责

1. 前厅部经理岗位职责

（1）主持前厅部的管理工作，制订前厅部计划，协调前厅所属机构的工作。

（2）负责制定本部门各岗位的职责及工作程序。

（3）负责前厅部员工的聘用、培训及工作评估。

（4）协调、联络其他部门，确保前厅部各项工作顺利进行。

（5）负责有关住房、房价、饭店服务设施以及查找住客等方面的部分问询工作。

（6）参与接待重要客人（VIP）。

（7）执行上级指令，严格按照饭店的政策、规章制度办事。

（8）及时处理上级主管部门交办的其他相关工作。

2. 大堂副理岗位职责

（1）检查落实贵宾抵店前的准备工作，协调各部门满足客人的特殊要求。

（2）代表总经理迎、送贵宾及团队客人。

（3）与相关部门合作，妥善处理客人投诉。

（4）处理饭店各种突发事件。

（5）出席相关例会，提出改进管理与服务的意见和建议。

（6）检查饭店，保证饭店的安全及服务水准。

（7）尽量发展与客人及员工的良好关系，保证工作顺利进行。

（8）代表饭店慰问住店客人。

3. 前厅部主管岗位职责

（1）协助前厅部经理开展工作，督导员工为客人提供优质高效的服务。

（2）协助大堂副理开展相关工作。

（3）主持前厅日常工作例会，与相关部门沟通、协调。

（4）检查员工的仪容仪表及工作情况，对员工进行培训和评估。

（5）制作各种相关报表，必要时协助夜审工作。

（6）完成前厅经理交办的其他相关工作。

4. 总台领班岗位职责

（1）协助主管的日常工作。

（2）检查督导前台员工工作，为客人提供优质的服务。

（3）每天检查和准确控制房态，确保入住登记无差错。

（4）处理客人的要求和投诉。

（5）详细记录交班事项。

（6）完成经理或主管交办的其他事项。

5. 接待员岗位职责

（1）负责接待客人入住，办理客人入住登记和离店的手续。

（2）为客人提供分房、换房等服务。

（3）控制房态，向其他相关部门提供房态信息。

6. 问讯员岗位职责

（1）熟悉饭店的各种服务项目和营业时间，随时准备为客人提供问讯服务。

（2）掌握饭店当天宴请和会议安排等重要活动信息。

（3）了解商业和旅游等方面的资料和活动，作好回答客人问讯的准备。

（4）为客人提供气象、交通等方面的查询服务。

（5）与饭店其他部门保持联系，协调合作。

（6）服从上级的其他工作安排。

7. 收银员岗位职责

（1）管理住店客人账目。

（2）办理客人离店的结账手续，负责应收账款的转账等。

（3）同饭店其他营业部门的收银员保持联系，登录、催收、核实账单。

（4）提供外币兑换及零钱兑换服务。

（5）负责夜审工作，制作饭店当日营业报表。

（6）提供、保存客人消费构成信息资料。

8. 门童岗位职责

（1）迎送客人。

（2）回答客人问讯。

（3）指挥门前交通，并做好门前的安保工作。

（4）代客泊车。

9. 行李员岗位职责

（1）按规定位置站立，注意客人动态，随时准备为客人提供行李服务。

（2）保持与接待员的联络，热情为客人带路、运送行李，并主动为客人介绍各项服务设施。

（3）确保客人行李的安全，并及时、准确地帮客人将行李运送到指定地点。

前厅部管理人员必须具备的基本素质和基本知识

前厅部管理人员必须具备的基本素质：

1. 良好的职业道德；

2. 较高的业务水平；

3. 较好的管理能力；

4. 良好的人际关系；

5. 较好的语言能力；

6. 健康的体魄。

前厅部管理人员必须具备的基本知识：

1. 掌握现代饭店经营管理知识，熟悉旅游经济、旅游地理、公共关系、经济合同等知识；

2. 掌握前厅各项业务标准化操作程序、客房知识，了解客人心理和推销技巧；

3. 掌握饭店财务管理知识，懂得经营统计分析；

4. 熟悉涉外纪律，了解我国及客源国旅游法规；

5. 熟练运用一门外语，能阅读、翻译专业文献，并能流利准确地与外宾交流；

6. 具有一定的计算机管理知识；

7. 了解宗教常识和国内外民族习惯与礼仪要求，了解国际时事知识；

8. 能够根据客源市场信息和历史资料预测用房，根据不同情况决定客房价格，果断接受订房协议；

9. 能够合理安排前厅人员有条不紊地工作，能够处理好与有关部门的横向联系；

10. 善于在各种场合与各阶层人士交往，并能够积极与外界建立业务联系；

11. 能够独立起草前厅部工作报告和发展规划，撰写与饭店管理有关的研究报告；

12. 遇事冷静，感情成熟，有自我控制能力；

13. 善于听取他人意见，能正确地评估他人的能力，能妥善处理客人的投诉。

任务二 前台销售服务与管理

一、前台预订服务与管理

客房预订主要是指饭店为住店客人在抵店前与饭店预订部门所达成的订约。饭店订房部是调节和控制整个饭店房间预订、销售的中心机构岗位，是服务于宾客的超前部分。

（一）客房预订的种类

客房预订按不同的划分标准可以划分为不同的种类。

1. 按照预订人数划分

（1）散客（自由零散旅游者）。散客是相对于团队而言的客源类型，通常是指已办理预订或未办理预订、直接抵店的零散客人。饭店中每日平均价的高低很大程度上取决于散客的多少。饭店的服务质量也主要体现在对散客的接待上。值得注意的是，散客并不是单纯数字意义上的“一个人”，只要不具团队性质的来客都可称散客。

（2）团体客人。团体客人是由多人因同一种目的而在一起组成的集团，是和散客相对应的称呼，人数一般较多。很多饭店都努力经营团体客人的生意，因为团体客人虽然消费相对较散客要低，但因客人数量多，相对费用就大，积少成多，对饭店增收有很大帮助。

2. 按照接待等级划分

（1）普通客人。并不是饭店对宾客有所歧视，而是相对 IP 客人和 VIP 客人而言，普通客人一般是同饭店没有密切或特殊关系的客人，以常规方式接待即可。但不意味着在接待上会有所不周，只要是客人，饭店都会按照服务规程接待。

（2）IP 客人。相对普通客人而言，指对饭店的经营和管理有帮助和影响的客人。

（3）VIP 客人。主要是指身份高，知名度高，对饭店的经营和管理有极大帮助和影响的人，此类客人根据身份的不同还可以区划出等级，不同等级的客人的接待规格及服务标准也是不一样的。

3. 按照预订方式划分

（1）面谈预订。预订员与客人面对面地洽谈订房事宜。能使预订员获得详细了解客人要求的机会，还可以根据客人喜好、行为特点，进行有针对性的促销和推销，但要尽可能避免承诺入住的具体房号。

（2）电话预订。电话订房比较普遍，客人与饭店沟通快捷。但由于区域和语言障碍、电话的清晰度以及受话人的听力等影响，容易出现听不清或理解错误的情况。因此，预订员必须首先听清客人的要求，并及时记录，然后向对方完整地复述，得到客人的确认。近年来，受付电话（Collect Call）业务发展迅速，并成为国际、国内促销，扩大预订业务的新手段，被称为“免费预订热线”，例如“800”电话，既省时、快捷，又无须费用。

(3) 电传预订。传真订房是当前较先进的图文传真订房方式，具有方便、迅速、完整的特点，可以使远隔千万里的客人与饭店之间完整地、毫无遗漏地交换资料及要求，同时还可以成为客史档案资料及合同的证明文件。

(4) 信函预订。信函订房的方式比较古老，但很正式，以邮寄或托人转交的形式传递订房信息。由于是“白纸黑字”，并附有客人本人的签名和已备案的代理机构印章及负责人签字，同样可以作为预订客房、客史资料的相关文件。

(5) 互联网预订。互联网订房是目前较先进的订房方式。随着计算机技术迅速发展以及互联网不断扩展，越来越多的客人乐于使用这种成本低廉、操作快捷、又具有个性化的预订方式。利用网络预订客房，改变了传统预订方式，逐渐成为争取客源的重要渠道。全球客房预订主要有专业预订组织系统、中央预订系统、专有预订系统等三种网络系统。

4. 按照预订的效力程度来划分

(1) 临时性预订 (Advanced Reservation)。临时性预订是预订种类中最简单的一种类型，是指客人在即将抵达饭店前很短的时间内，或在当天才联系预订。由于时间紧迫，饭店也无法要求客人预付定金，也没有时间进行书面确认，但可以口头确认。接受此类预订时，通常做法是重复客人订房要求，问清客人抵达饭店的航班、车次及时间。

(2) 确认性预订 (Confirmed Reservation)。通常是指饭店同意为客人预订并保留所订的客房到双方事先约定的某一个时间。这是一种比较重信誉的预订方式。如果客人错过了商定的截止日期 (Cut-off Time) 而未到店，也未提前通知饭店，在用房高峰阶段，饭店可另租给其他客人。确认预订的方式有口头确认和书面确认两种。

(3) 保证性预订 (Guaranteed Reservation)。这是饭店在任何情况下必须保证客人预订实现的承诺，同时客人也要保证按时入住，否则要承担经济责任的一种信誉最高的预订方式。通常有三种具体实施方式：①预付定金担保。即客人或其代理人（机构）在住客抵店入住前须先行支付预订金或预订间/天数全额预付款。对于饭店而言，客人预付定金是最理想的保证性预订方式。②信用卡担保。指客人将所持信用卡种类、号码、失效期及持卡人姓名等以书面形式通知饭店，达到保证性预订目的。即使因某种原因客人不能按时抵店，饭店仍可通过银行或信用卡公司获取房费收入，减少饭店经济损失。③合同担保。指饭店与有关公司、旅行社等就客房预订事宜签署合同，以此确定双方的利益和责任。

(二) 客房预订的一般工作流程

预订工作可能因为预订者的类型、性质和预订方法等方面的不同而在操作上有所不一致，但一般而言，订房部工作流程比较接近。订房部工作流程如图 3 - 4 所示。

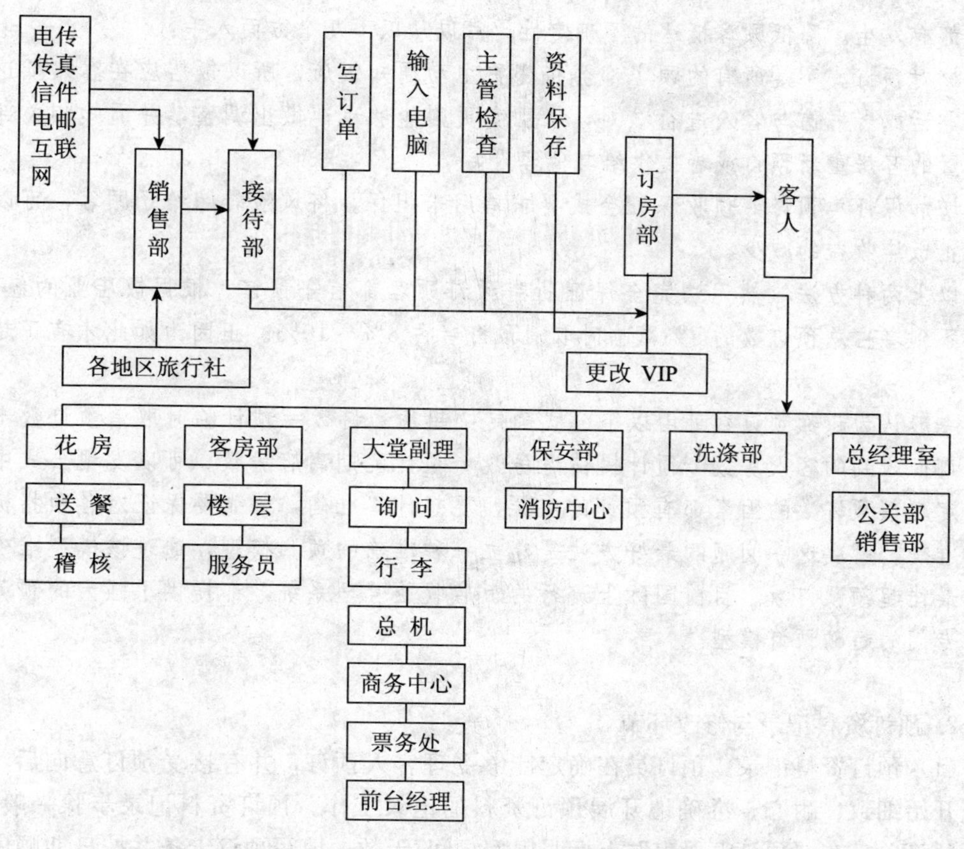

图 3－4 订房部工作流程

1. 预订受理与确认环节

客人前来预订，预订员应该在明确客源类型、抵离日期、听取客人预订要求时，迅速查看预订资料，根据客房实际情况来确定是否能够接受预订。若能够满足客人的预订需求，应向客人作简要的产品介绍，描述各类型房间的区别和房价，讲清房价所含项目，复述客人要求，并进行预订意向确认。若不能接受客人的预订，应婉拒客人。值得注意的是，不能因为交易未成而停止服务，在婉拒客人后应及时主动地提出若干可供客人参考或选择的建议，或征得客人同意，将其列入“等候名单”（Waiting list）中，并要对客人表示相应的歉意和感谢。

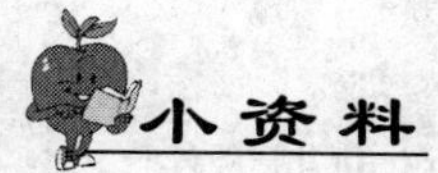

超额预订（over booking）

对于饭店而言，如果事先预订的顾客在抵达之前突然取消预订，或者延迟抵达，甚至根本就没有出现，以上任何一种情况都会减少饭店的收入。事实上，这样的事情每天都有发生。降低顾客抵达的不确定性，可以从以下几个方面入手：

核对预订。不是所有的顾客都会将变更主动通知饭店，所以饭店应在客人抵达前通过电话或者书信与客人进行核对，一旦变更则能够迅速做出调整，并通知相关部门将闲置的客房重新预订或者提供给其他客人。

增加保证类预订，预收保证金或要求信用卡担保。将风险转嫁给了顾客，可以有效防止饭店收益的减少。

以上两种方法依然无法完全保证所有预订顾客都信守预订。根据饭店业的经验，订房不到者占总预订数的5%，临时取消预订者占8%～10%。正因为如此才有了超额预订。

一般认为超额预订数可由以下公式确定：超额预订数＝预计临时取消预订数＋预计预订而未到的客人房数＋预计提前退房数－预计延期离店房数。可以发现公式中每个决定超额预订数的因素都有预计的字样，要想计算准确，首先要保证对各项指标的预测准确。解决这一问题的最好方法是建立一种准确的预测模型，通过该模型准确预测出最佳超额预订数。目前国际上流行的饭店收益管理系统，都提供了强大的预测功能和专门的超额预订模型。

2. 预订资料记录与修改环节

（1）预订资料记录。预订员在确定能够受理客人预订，并有接受预订意向后，就应该开始细致、耐心、准确地开展预订资料的记录工作。预订资料记录步骤一般是：填写预订单，在“预订汇总表”上标明房型、间/天数；填写预订卡条并按日期顺序放入预订架；存放其他预订资料，包括确认书、变更单、交付定金收据、客史档案卡等。

（2）预订资料修改。客人对已经完成的意向内容不满意，或者是在客人抵店前出于某种原因要对原预订作补充或修改，甚至取消原有预订，这时就要对原预订资料进行修改和更新。

3. 预订录入与检查环节

预订资料的录入。使用计算机处理预订时，根据前面人工填写的预订单进行计算机资料的增加（或是更新）的过程。这是计算机原始资料采集的过程，值得注意的是，录入计算机中的资料若是有错误或是不完整，最终将会影响统计、分析工作，也会影响其他岗位和部门的服务工作。由于录入资料的重要性，要求预订员自己核查资料的准确和完备性，发现错误及时纠正。

4. 抵店前的准备环节

按计划实施预订客人抵店前的准备工作，是前厅服务过程中重要的前期工作。客人抵店前的准备工作内容如下。

（1）预报客情。按规定的预报周期及时段，依据预订资料统计和对开房率的预测，由预订部将贵宾（VIP）、团队/会议、散客等各类型客人的预报表、接待计划等及时予以送达或通知相关部门。

(2) 预分排房。即按预订要求、接待标准，提前为已办理预订的客人分配房间、确定房号，并将有关变更或补充的通知传达至相关部门。出租高峰或房源紧张时，应加强与客房部的协调沟通。

(3) 实施计划。在客人抵店前一天，将已经批准的各项接待及安排计划（例如派车通知单、礼宾鲜花、贵宾水果篮等通知单）送达相关部门。

5. 上级检查核对环节

由于客房预订在客人入住前会发生变更、取消等情况变化，为提高预订准确性和达到理想开房率，同时避免预订员出现工作疏漏，要求上级领导对预订工作情况进行核对和检查，这是对录入资料进行再核实过程，确保资料的有效、正确、完整，避免因预订资料的失误影响整个服务工作。

6. 预订资料存档环节

预订资料的存档，是将预订资料进行保存的过程。每一笔预订单完成后，就要妥善放置，以备下一班次核查和调用。预订资料存放主要是按客人抵达饭店日期的顺序放置。

二、前台接待服务与管理

前台接待工作任务主要包括为不同类型客人（散客或团队）办理入住登记及建账、处理相关业务及客人离店结账等服务。接待服务具有面对面接触、规程严谨、内容多且复杂、工作效率要求高等特点，而且对前厅客房销售、协调服务、建账结账、客史建档等工作产生重要的影响，是前厅服务全过程的关键阶段。

1. 散客接待服务程序

散客接待程序如图 3－5 所示。

(1) 对于预订的客人。可通过查看订房记录，查出预订号码，找出相应订单，并复述订房要求、核对当日抵店客人名单。请客人填写登记表，检查登记卡并核对证件。再次征求客人意见后确认房价、房间种类、退房日期及付款方式；制作钥匙，预先开启房间的国际直拨电话功能；拿出预先准备好的住房卡，填写齐全后请客人签名，并介绍其用途；钥匙交给行李员（由行李员带领客人到房间），并祝愿客人住得开心；整理入住登记资料，制作客人账单；将登记资料输入计算机，然后交给询问、结账等相关部门和岗位。

(2) 接待持订房付款凭证入住的散客（预付了房租的客人）。应该首先问好，仔细阅读订房付款凭证。看清凭证是否有效，还要看清服务内容（如房数、天数），是否要接送车及订餐。查出订房，找出订单并核实订单，其后面程序同前面介绍的预订散客的接待程序一致。

(3) 对未办理预订手续直接抵店的客人。接待员在定价、排房过程中，应进一步了解清楚客人对所需房间的类型、位置、朝向等方面的需求，把握住面对面的机会进行推销。热情地介绍饭店现有可供出租的房间类型及价格；确认房价、折扣、房间种类及离店日期；请客人填写登记表并检查；确认付款方式，其后面程序同前面介绍的预订散客的接待一致。

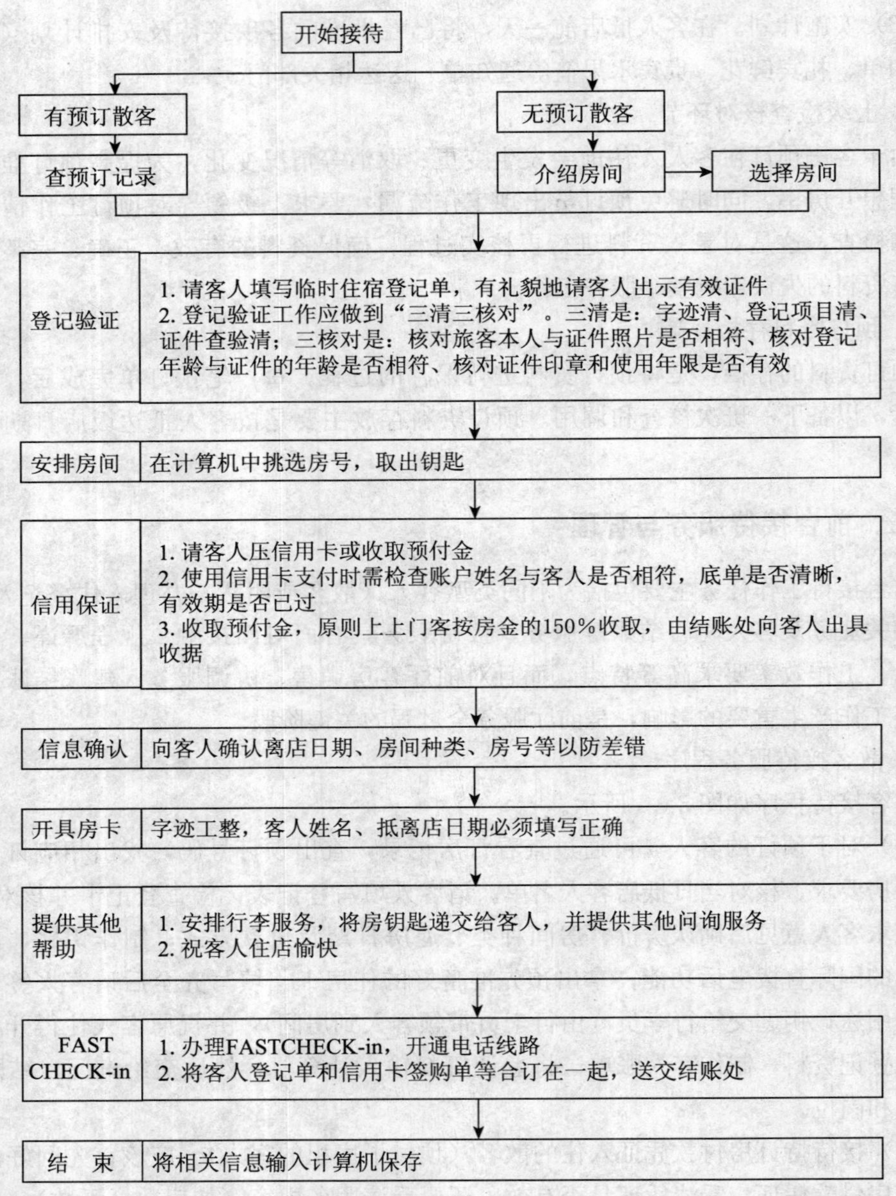

图 3－5　散客接待程序

（4）接待 VIP 客人和商务楼层客人。接待 VIP 客人首先要做好预分房，所分房力求选择同类房间中最好的（包括环境、房间保养、楼面服务水平等）。根据 VIP 的订房资料，用打字机打好信封、登记卡、填好住房卡。房间钥匙放入信封内，夹在订单后，用VIP胶套装好；要求员工熟记VIP资料（姓名、身份、国籍、抵离时间、接待方式、单位、部门等）；与楼层核对房间准备工作。大堂副理将房间检查准备好；VIP到店，负责接待的人员和大堂副理应到门口等候，热情地表示欢迎；将大堂副理介绍给客人，将准备好的信封交大堂副理，由其带客人到房间办理登记手续。入住商务楼层的则由大堂副理带到商务楼层的贵宾休息室办理手续，并通知楼层台班或商务楼层员工作好迎客准备。做好客史存档，输入计算机，以便下次入住时提前登记并作订房参考资料。

2. 团体接待服务程序

团队接待流程如图3-6所示。

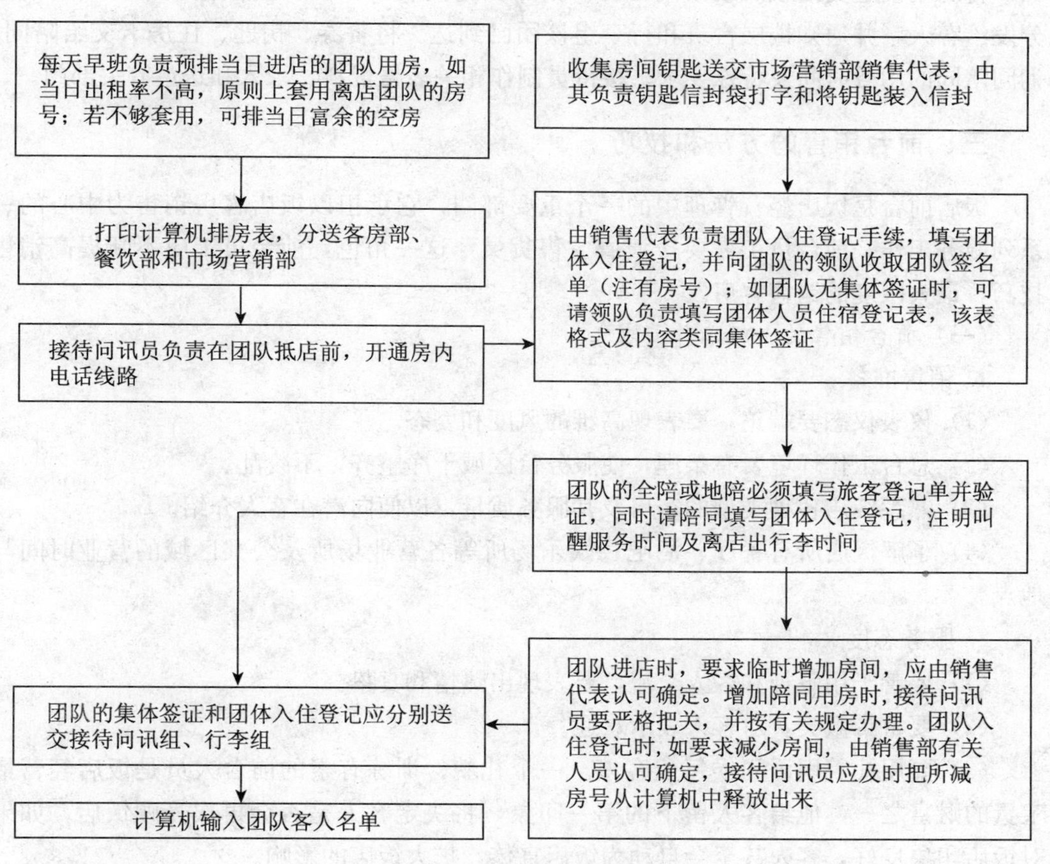

图3-6 团队接待流程

（1）团队抵店前。应当根据团队接待任务通知单中用房、用餐及其他要求，在抵店前与计算机或客房状况显示架核准，进行预排房并确认；提前准备团队钥匙卡、欢迎卡、餐券、宣传品等，并装入信封；制作团队客房状况卡条，插入显示架，控制已预排好的客房；将客人名单按房号予以分配，并将团队客人登记表交给团队陪同；将团队用餐安排提前通知餐饮部或有关餐厅；饭店代表工作人员按预订部所作的计划安排，逐项落实有关车辆、行李员与团队领队和陪同联系接洽等事宜，并与饭店随时保持联系，通报团队抵达或延迟等信息，使接待及相关部门随时作好各种准备。

（2）团队到达时。大堂副理、团队协调员及前厅服务人员迎接团队，引领至团队接待区域，主动向陪同或领队问好，并询问和确认团队名称、人数、房间数、付款方式及范围、接待单位、用餐时间，是否安排叫醒服务、离店要求等事项。

根据团队通知单相关详细项目内容与团队领队或陪同再次核对，查验团体签证或身份证件，填写团队登记表，用打时钟打时，请陪同签名确认。询问并记录该团的叫醒时间，出行李时间，离店航班、车次，退房时间，行李运送方式，领队房号等资料。

将房间钥匙交给领队或陪同分房，由团队陪同或团队协调员依据名单将钥匙信封分发给客人，并通知楼层台班和行李组该团已到达。将餐券、钥匙、住房卡交给陪同，询问陪同的用餐时间及特殊要求。接待员制作相关表格资料、录入和送达有关部门。

三、前台销售的方法和技巧

饭店前台是饭店经营管理中的一个重要部门，它承担以饭店客房销售为中心的一系列服务工作。前台员工需要扮演着“售货员”这一角色，前台员工应不断提高销售技巧，最大限度的销售客房。

（一）前台销售的一般工作要求

1. 销售准备

（1）仪表仪态要端正，要表现高雅的风度和姿态。

（2）总台工作环境要有条理，使服务台区域干净整齐，不凌乱。

（3）熟悉饭店各种类型的客房及其服务质量，以便向潜在客人介绍。

（4）了解饭店所有餐厅、酒吧、娱乐场所等各营业场所及公共区域的营业时间与地点。

2. 服务态度

（1）要善于用眼神和客人交流，要表现出热情和真挚。

（2）要常带微笑，对客人表示欢迎。

（3）要用礼貌用语问候每位客人。一个礼貌、训练有素的前台人员是饭店经营最宝贵的财富之一，他给客人留下的第一印象，将决定客人是否会再次光顾饭店，如果对饭店印象良好，客人甚至会自动为饭店宣传，扩大饭店的影响。

（4）举止行为要恰当、自然、诚恳。

（5）回答问题要简单、明了、恰当，不要夸张宣传。

（6）不要贬低客人，要耐心向客人解答问题。

3. 培训与指导

（1）加强对前台员工的培训。要推销自己的产品，首先要对自己的产品的一切相关信息了如指掌，如房间的类型，房间的价位、特点，相同房间类型之间各自的特点、区别，房间内的设施、功能，房间的折扣情况、优惠政策等。

(2) 现场指导。由大堂副理或前台领班在前台督导前台员工，亲自做示范，或在前台员工销售完房间后，对于其不足之处做点评。

（二）前台销售的一般方法和技巧

前台销售主要是向客人进行推销能够满足其需要的饭店产品与服务，主要是产品和服务宣传以及相关价格协商的过程。要想顺利地销售产品和服务给客人，要掌握一系列对客报价等方面的方法和技巧。其中包含推销技巧、语言艺术、职业品德等内容，在实际推销工作中，非常讲究报价的针对性，只有适时采取不同的报价方法，才能达到销售的最佳效果。饭店常见的报价方法有以下几种。

1. 高低趋向报价

这种报价法是针对讲究身份、地位的客人设计的，首先向客人报出符合其身份的几种较高价位的客房（如女士房、行政套房），让客人了解饭店所报高房价能与提供的环境和设施相配，在客人对此不感兴趣时再转向销售较低价格的客房。接待员要善于运用语言技巧，阐明高价伴随高级享受，诱使客人做出购买决策。当然，所报价格应相对合理，不宜过高。

2. 低高趋向报价

吸引那些对房间价格比较敏感的客人，此类客人由于经济条件等因素属于理智型消费者，他们认为只要能满足基本住宿条件即可，故对于此类客人应尽量推销低价位的房间，如标准间或单人间。

3. 中间报价

根据客人的需求，从中等价位的客房开始报价，介绍房间类型、服务设施、服务项目及特点，从两面冲击价格的强度，避免选择报价时犹豫不决。

4. 利益引诱报价

对已预订到一般房间的客人，采取给予一定附加利益的方法，使他们放弃原预订客房，转向购买高一档次价格的客房。

5. 灵活报价

灵活报价是根据饭店淡旺季及现行价格和规定的价格浮动幅度，将价格灵活地报给客人的一种方法。淡季忌报价位过高，旺季忌报价位过低。此报价一般是由饭店的主管部门规定，根据饭店的具体实际情况，在一定价格范围内适当浮动，灵活报价，调节客人的需求，使客房出租率和经济效益达到理想水平。

（三）前台销售的注意事项

1. 要善于用描述性语言

向客人介绍几种客房的优势，说明能给客人带来好处以供客人选择，但不要对几种客房作令人不快的比较。

2. 必须了解各类客房价格、种类、位置、朝向、面积、设施设备等

不要直接询问客人要求哪种价格的房间，应在描述客房情况的过程中，试探客人

需要哪种产品和服务。

3. 应有敏锐的观察能力

及时地掌握客人的类型及特点，因人而异地推销客房。要善于观察和尽力弄清客人的要求和愿望，有目的地销售适合客人需要的客房。

4. 不要放弃向潜在客人推销客房

在向客人推销客房过程中，应该强调客房的价值而不是价格，使客人感到所销售的客房物有所值，那么客房价值就容易被客人所接受。客人需要实地参观客房时，服务员可以请客人参观景色、环境、采光、设施、房间保养等方面较好的几种不同类型的客房，使客人有直观的感受。同时在参观过程中应巧妙地回答客人提出的各种问题，解除客人的疑虑。

5. 巧妙地引导客人

遇到犹豫不决的客人时，应分析他们的心理活动，耐心地介绍，千方百计地消除他们的疑虑。客人也可能因为不喜欢某类房间而拒绝，服务员不要坚持自己的意见，应尊重客人，对客人的选择要表示赞同支持，使客人感到自己的选择是正确的，并为客人办理入住登记手续。

任务三　前厅服务与管理

一、礼宾服务与管理

礼宾服务是前厅服务的“窗口”，是给客人留下“第一印象”和“最后印象”的关键服务阶段。在服务功能上，礼宾服务主要是向客人提供饭店的应接服务、行李服务、邮件服务以及委托代办服务等。我国中、大型饭店中一般将礼宾服务与前台问讯、接待、结账等作为前厅服务过程中的平行机构而单独设置。在礼宾服务机构名称上有些饭店称为行李部，也有些饭店为了体现其等级、规模不同于其他饭店，设立礼宾部或庶务部，服务范围更广泛且更具个性化。

1. 大门应接服务

大门应接服务程序如图 3-7 所示。

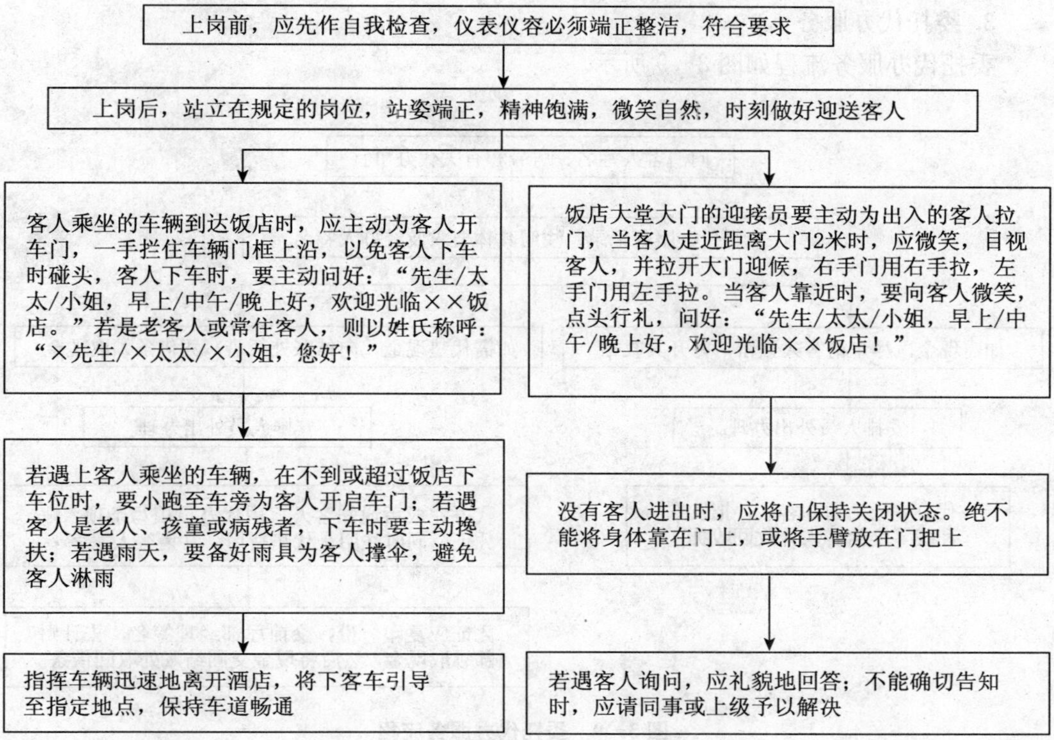

上岗前，应先作自我检查，仪表仪容必须端正整洁，符合要求
上岗后，站立在规定的岗位，站姿端正，精神饱满，微笑自然，时刻做好迎送客人
客人乘坐的车辆到达饭店时，应主动为客人开车门，一手拦住车辆门框上沿，以免客人下车时碰头，客人下车时，要主动问好："先生/太太/小姐，早上/中午/晚上好，欢迎光临××饭店。"若是老客人或常住客人，则以姓氏称呼："×先生/×太太/×小姐，您好！"
若遇上客人乘坐的车辆，在不到或超过饭店下车位时，要小跑至车旁为客人开启车门；若遇客人是老人、孩童或病残者，下车时要主动搀扶；若遇雨天，要备好雨具为客人撑伞，避免客人淋雨
指挥车辆迅速地离开酒店，将下客车引导至指定地点，保持车道畅通
饭店大堂大门的迎接员要主动为出入的客人拉门，当客人走近距离大门2米时，应微笑，目视客人，并拉开大门迎候，右手门用右手拉，左手门用左手拉。当客人靠近时，要向客人微笑，点头行礼，问好："先生/太太/小姐，早上/中午/晚上好，欢迎光临××饭店！"
没有客人进出时，应将门保持关闭状态。绝不能将身体靠在门上，或将手臂放在门把上
若遇客人询问，应礼貌地回答；不能确切告知时，应请同事或上级予以解决

图 3-7　大门应接服务程序

2. 行李服务

行李服务流程如图 3-8 所示。

寄存牌
工作记录
办理行李保管
门童
开车门
卸行李
引领入位
入房
退出
护头
问候
留意遗留物
开车尾箱
记录车牌
卸点行李
进梯
介绍饭店
放好行李
清点行李
介绍房间

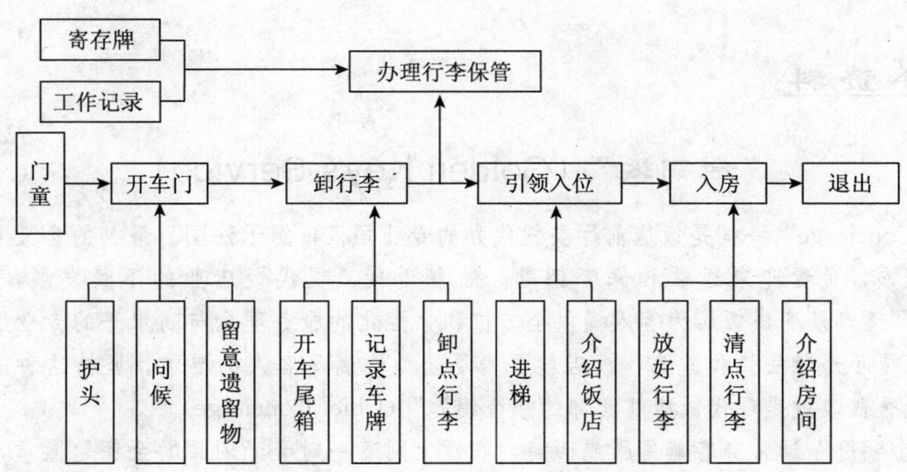

图 3-8　行李服务流程

3. 委托代办服务

委托代办服务流程如图 3-9 所示。

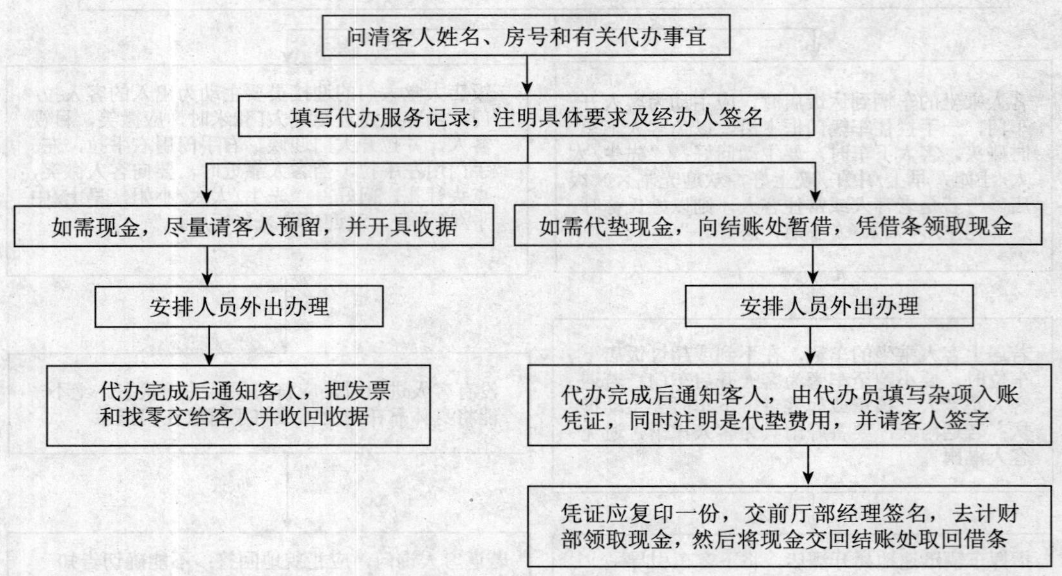

图 3-9　委托代办服务流程

此外，有些饭店为方便客人，在机场、车站及码头设立接待处，安排饭店代表专门负责住店客人的迎接和送行服务。饭店代表的接待工作实际上是前厅礼宾服务的延伸，饭店代表是客人所见到的第一位服务人员。饭店代表的仪表仪容、行为举止、服务效率将给客人留下深刻印象。

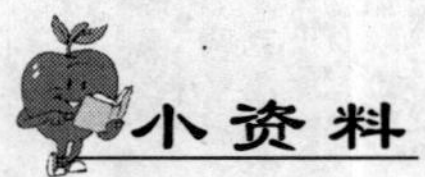

小资料

“金钥匙”(Golden Key's Service)

“Concierge”一词是饭店前厅委托代办的专业词汇，源于法国。最初的含义是指旅店守门人，负责迎来送往和保管钥匙。随着近代、现代饭店业的不断发展，“Concierge”逐渐演变成饭店为客人提供全方位和个性化的服务理念与高水平的专业服务方式。只要不违背法律和道德，饭店就要竭尽全力去满足客人的要求。坚持这种服务理念的优秀代表就是现代饭店礼宾部的“金钥匙”(Chief Concierge)。

“金钥匙”通常身着燕尾服或西装，衣领上别着一对金光闪耀的金钥匙徽章，这是国际金钥匙组织的会员标志。它象征着“Concierge”如同万能的金钥匙，可以为客人解决一切难题。“金钥匙”谦虚热情，彬彬有礼，博闻强记，交际和应变能力极强，外语流利，经验丰富，尤其善解人意。他们站立在饭店前厅，总是面带微笑，热心地回答客人的询问，及时、高效地满足客人提出的各种服务要求。

二、问询服务

大、中型饭店设置问讯员提供问询服务，一般分两班制，夜间工作由接待员完成。小型饭店不设专职问讯员，其工作由总台接待员兼任。问询服务工作的主要内容如下。

1. 访客查询

访客查询是问讯服务的主要内容之一。通常查询客人是否住在饭店和查询客人房号。查询客人房号流程如图 3－10 所示。

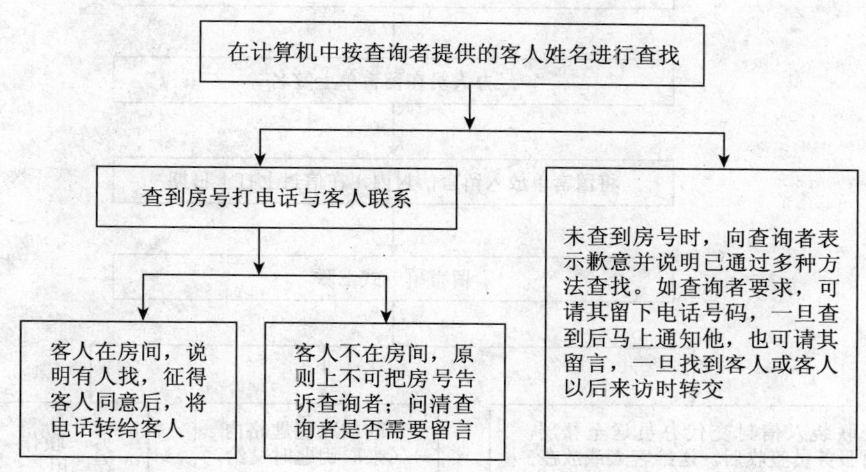

图 3－10　查询客人房号流程

2. 饭店活动查询

这类问讯服务内容通常涉及饭店餐厅、酒吧、咖啡厅等营业场所位置及服务时间；宴会、会议、展览会举办场所具体位置及时间；娱乐健身、医疗服务、洗衣服务等方面的收费标准及营业时间等。

3. 店外情况查询

店外情况查询服务内容通常涉及饭店所在地区的交通和班次概况（如公共汽车、地铁车站、火车站、码头、机场等），著名旅游景点情况（如开放时间、是否有餐厅等），主要商业区（购物中心、维修中心等）、餐饮娱乐（订座、位置、特色等）概况，以及政府部门、办事机构、使领馆的位置、联系电话，近期有关大型文体、会展等活动的组织、位置等情况。

4. 受理客人留言

一般分为访客留言和住客留言两类。访客留言问询流程如图 3－11 所示。

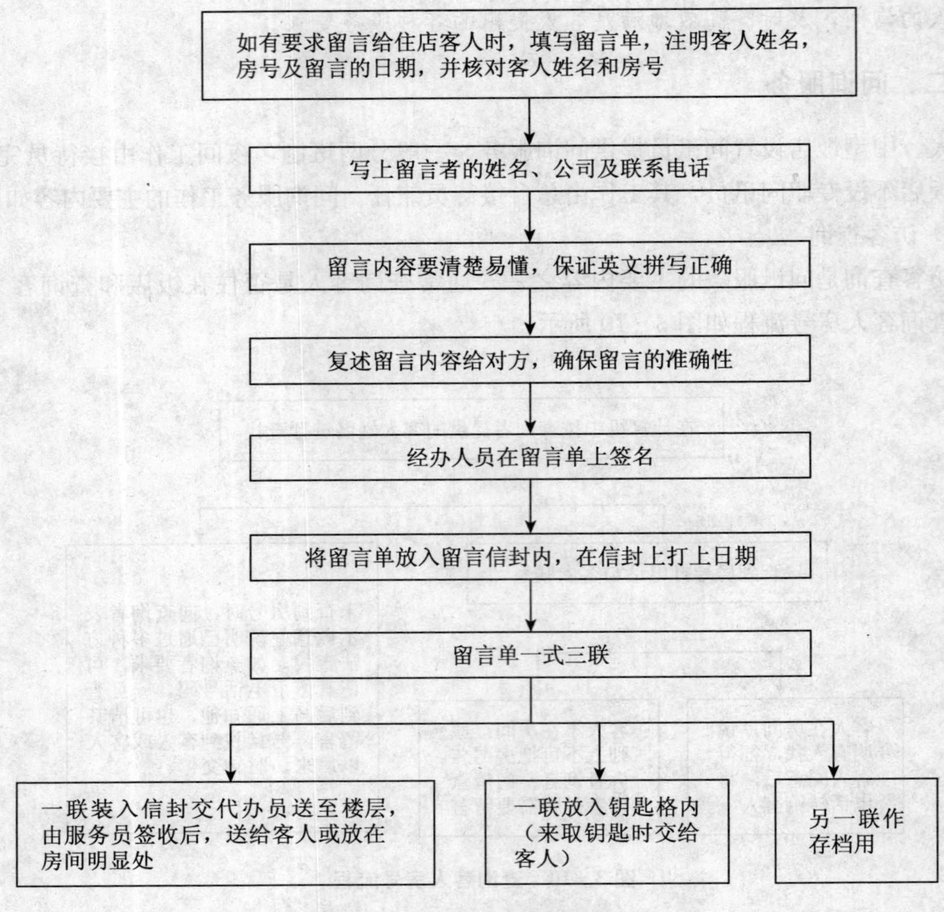

图 3-11　访客留言问询流程

5. 其他服务

客房钥匙服务；客人信函、传真、包裹的记录和转交服务；提供一些简单用品，如回形针、价格表、信封、信纸和服务指南；整理住店客人名单及抵离饭店等情况并存档等。

三、电话总机服务

饭店总机服务台的主要职能有：电话转接服务、挂发长途电话服务、回答电话问询服务、代客留言服务、叫醒服务、勿扰服务和寻呼服务等。叫醒服务流程如图 3-12 所示。

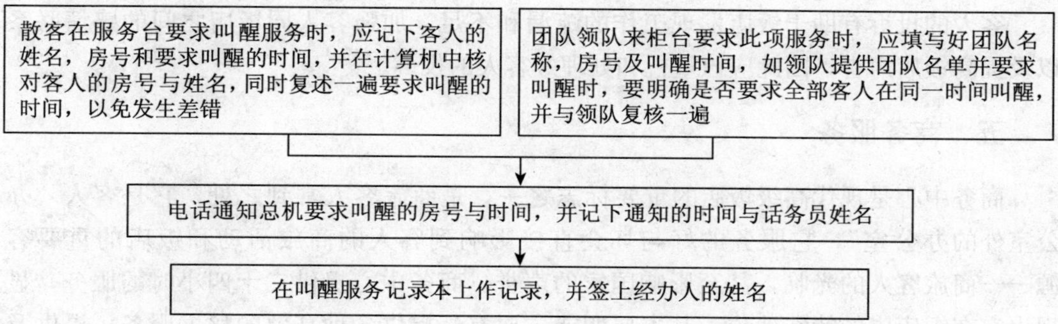

散客在服务台要求叫醒服务时，应记下客人的姓名，房号和要求叫醒的时间，并在计算机中核对客人的房号与姓名，同时复述一遍要求叫醒的时间，以免发生差错
团队领队来柜台要求此项服务时，应填写好团队名称，房号及叫醒时间，如领队提供团队名单并要求叫醒时，要明确是否要求全部客人在同一时间叫醒，并与领队复核一遍
电话通知总机要求叫醒的房号与时间，并记下通知的时间与话务员姓名
在叫醒服务记录本上作记录，并签上经办人的姓名

图 3-12　叫醒服务流程

四、投诉处理

饭店服务中经常会出现客人投诉。造成投诉的原因可能有工作人员不尊重客人，工作不负责等主观原因；服务质量与态度很难量化，旅游者个性差异等客观原因；或者是因为不一视同仁、亲疏有别、社会影响、法制观念淡薄、推卸责任、表现不专业、信息冲突、让客人长时间等候、清洁度低、安全隐患、团队意识差等其他方面造成的原因。处理客人投诉的流程如图 3-13 所示。

（客人不满意）
仔细倾听
用平和的语气向客人道歉
表示理解，承诺追查事情真相
向客人询问，以表示理解问题的真正所在，同时做好投诉记录
找出和确认客人的真正所需
与客人交流协调，解释自己所能或不能做到的
仔细讨论其他选择
采取行动
检查和落实处理结果，再次确认客人的满意程度，听取反馈意见和建议
建立客人投诉档案，防止重犯

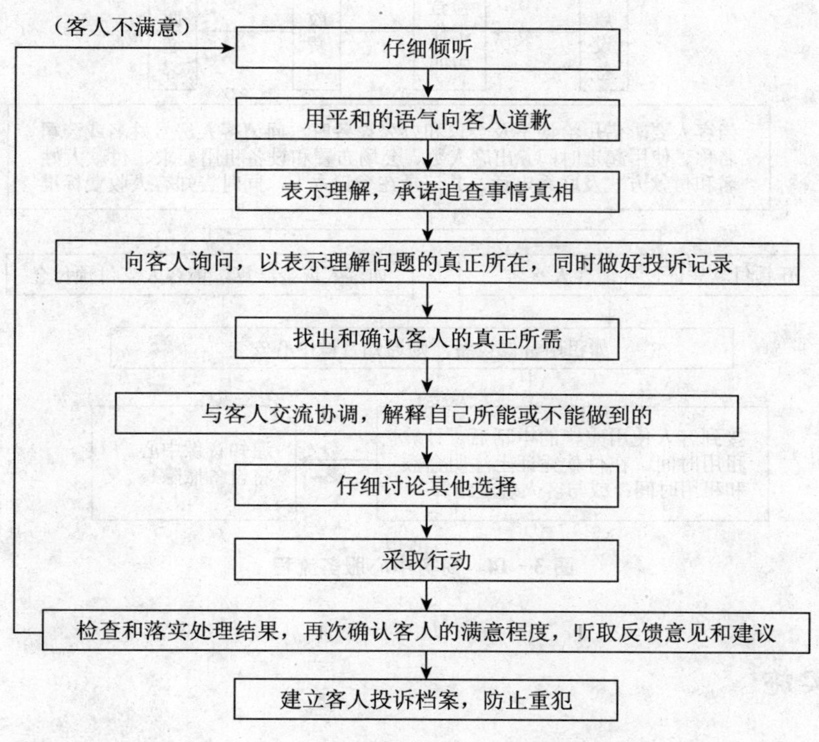

图 3-13　客人投诉处理流程

客人的投诉有助于饭店发现工作的疏漏和不足，加强客人同饭店之间的感情联系以及提高饭店声誉，因此应该重视和处理好客人的投诉。

五、商务服务

商务中心是现代高级饭店的重要标志之一，是商旅客人常到之处，它是客人“办公室外的办公室”，它服务的好与坏会直接影响到客人的商旅活动和饭店的重要客源——商旅客人的光临，甚至影响国家的声誉。商务中心提供二十四小时的服务，显现出它在饭店中的特殊地位。其主要职能主要有：提供各种高效的秘书服务；提供及传递各种信息；直接或间接为饭店争取客源（特别是商旅客人）。商务中心服务流程如图 3－14 所示。

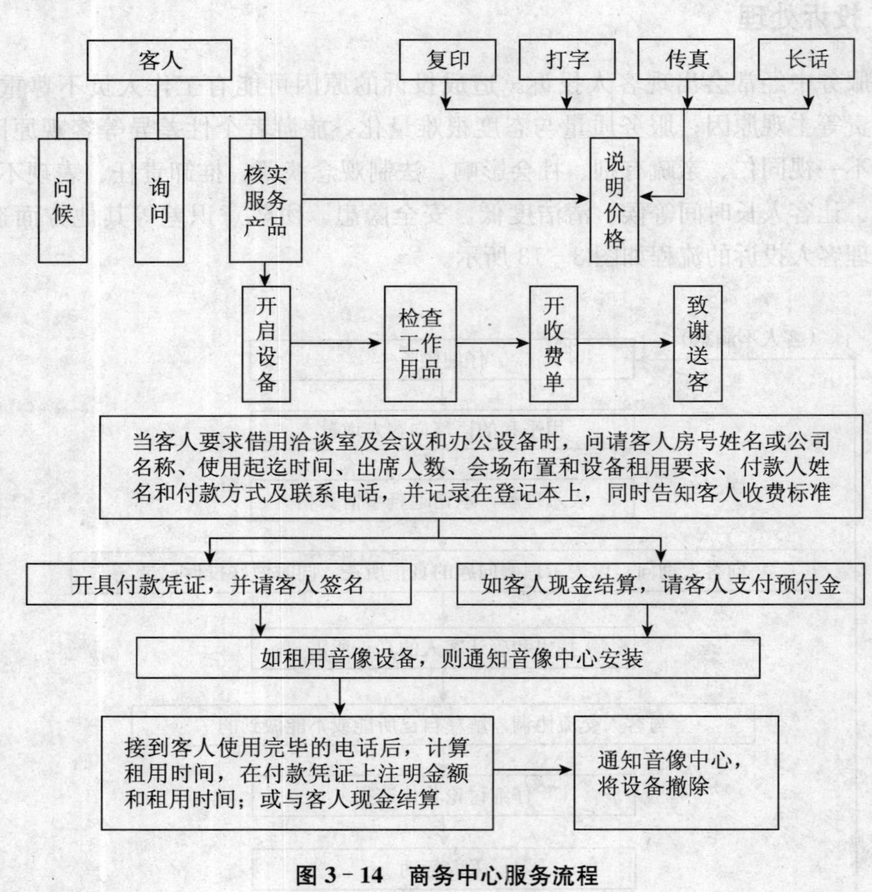

图 3－14　商务中心服务流程

任务实施

饭店前厅接待服务程序如图 3－15 所示。

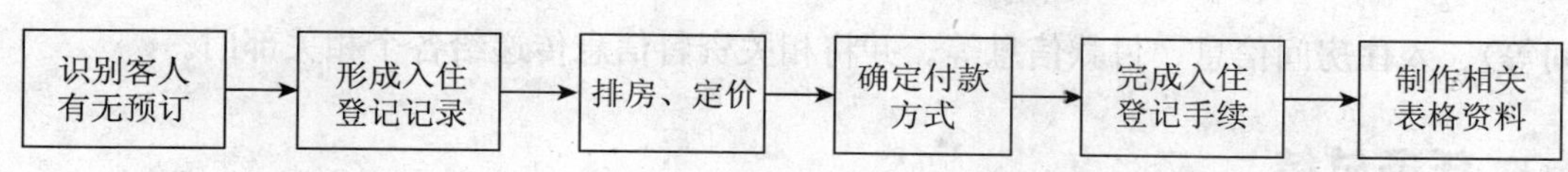

图 3－15 饭店前厅接待服务程序

第一步：识别客人有无预订

对于抵店客人，接待员首先应识别其有无预订。一般抵店的客人有两类：已办理预订手续的客人和未经预订直接抵店的客人。这两类客人办理入住登记手续时是有区别的。如果是有预订的客人，则应迅速查找预订记录，确认预订内容，并请客人填写入住登记表；若客人无预订，则应首先询问客人的住宿要求，并根据客房实际销售状况为客人安排住宿。若不能满足客人要求，则应婉拒客人，并设法帮助客人联系其他饭店。

第二步：形成入住登记记录

客人经确认可以入住饭店，则应办理入住登记手续，填写入住登记表。对于有预订的客人，饭店根据预订资料预先填写入住登记表，客人抵店后在提供有效证件后，直接核对填写内容，并签字确认即可，这样可以节省办理入住手续时间，简化程序。如果客人无预订直接抵店，客人在填写登记表时，应尽量提供相应帮助，并核验有效证件，确保信息准确、安全。

第三步：排房、定价

根据客人住宿要求进行排房和定价。通常，客房分配应讲究一定的顺序和技巧。常规的排房顺序是团队客人、VIP 客人、保证类预订客人、要求延期离店客人、普通预订客人、无预订散客。同时注意排房技巧，如尽量将团队客人安排在相同楼层或相近楼层；内外宾尽量安排在不同楼层；老人、残疾人尽量安排在离电梯较近的房间等。

第四步：确定付款方式

付款方式不同，则客人所享受的信用额度不同。确定付款方式可以明确客人住店期间的信用限额，加快退房结账的速度。通常客人采用的付款方式有信用卡、现金和转账等。对于使用信用卡的客人，应辨明客人所持信用卡是否满足饭店对信用卡的一些规定。对于使用现金的客人，应根据饭店制度判定客人是否需要预先付款和预付款金额。对于转账的客人，则必须事先得到有关负责人的批准。

第五步：完成入住登记手续

在办理好入住登记手续并确认付款方式后，应请客人在准备好的房卡上签字，并领取房间钥匙。根据饭店的服务范围和性质，可以向客人提供餐券、免费饮料及各种宣传品等。并提醒客人注意相关事项。如贵重物品的保管、饭店的退房时间等。在客人离开后，应立即将客人入住信息储存并通知客房中心。

第六步：制作相关表格资料

最后阶段是制作相关的表格资料。比如增补入住登记表的相关项目（入住具体时间等）、入住房间信息、付款信息等。并将相关资料信息传递给各个相关部门。

任务总结

通过对饭店前厅接待程序的基本训练操作，全面了解前厅接待的基本程序和要求，完成简单的前厅接待服务工作，并能根据客人情况选择适合的排房和报价技巧，同时了解每步过程的内容及基本要求。

实训项目

内容与要求

选择一星级饭店的前厅部作为研究对象，根据自己所学习的有关前厅部的知识，对收集到的饭店的前厅部相关资料和数据进行分析，根据掌握的知识，分析该饭店前厅服务的类型、等级标准，以及前厅服务是否规范。

组织与实施评价

1. 以项目团队为学习小组，小组规模一般是5～8人，分组时以组内异质，组间同质的原则为指导，小组的各项工作由小组长负责指挥协调；
2. 团队成员共同参与、共同配合、完成任务；
3. 各项目团队根据实训内容互相进行讨论，并点评；
4. 评价与总结：各项目团队提交实训报告，并根据报告进行评估。

评估指标及标准

如下表所示。

前厅服务操作评分表

被考评人			考评地点			
考评内容		考评标准	分值/分	自我评价/分	小组评价/分	实际得分/分
专业知识技能	观察客人的相关基本知识内容	掌握	10			
	相关岗位操作的服务流程	掌握	20			
	前厅相关部门的实务操作	掌握	20			
	报告完成情况	填写明晰、记录完整	10			

续 表

考评内容		考评标准	分值/分	自我评价/分	小组评价/分	实际得分/分
通用综合能力	学习态度	态度端正，认真参与，积极主动，勇于探索	15			
	运用知识的能力	能够熟练自如地按相关要求进行操作与处理	15			
	团队分工合作	能融入集体，愿意接受任务并积极完成	10			
合　计			100			

注：实际得分＝自我评价（占40%）＋小组评价（占60%）

思考题

一、填空题

1. 前厅部的工作任务有________、________、________、________和________。

2. 按照预订的效力程度饭店预订分为三种，即________、________和________。

3. 前厅部在客人抵店前的准备工作内容有________、________和________。

4. 保证性预订通常有三种形式，即________、________、________。

二、选择题

1. 前厅部的首要工作任务是________。

A. 销售客房　　B. 信息服务

C. 控制房态　　D. 协调沟通

2. ________常常被人们比喻为饭店的“门面”和“橱窗”，是饭店的神经中枢。

A. 客房部　　B. 餐饮部

C. 前厅部　　D. 康乐部

3. 主要提供店内、店外的宾客应接迎送服务、行李服务、介绍客房设备及饭店服务项目的部门是________。

A. 接待处　　B. 礼宾处

C. 问讯处　　D. 预定处

4. 承担叫醒服务的是________部门。

A. 接待处　　B. 问讯处　　C. 电话总机　　D. 客房部

5. 接待 VIP 客人和商务楼层客人时，应该由________带领办理入住登记手续。

A. 行李员　　B. 前厅领班　　C. 前厅经理　　D. 大堂副理

三、简答题

1. 前厅部主要工作任务是什么?

2. 前厅部业务工作有哪些特点?

3. 按照预订手段划分，客房预订包括哪些类型?

项目四　饭店客房管理

知识目标

- 认识客房部的基本职能和机构设置；
- 理解并掌握客房对客服务模式；
- 掌握客房对客服务的内容与程序；
- 了解客房部清洁保养工作的内容。

能力目标

1. 能够掌握饭店客房对客服务流程及基本要求；
2. 能够学会正确处理客房服务事项。

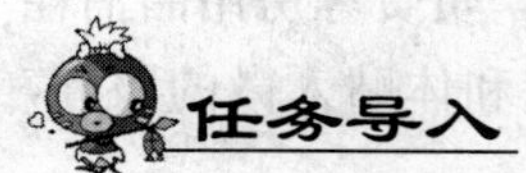

任务导入

标准间里的床变了

某五星级酒饭店客房部值班经理在晚上 9 点接到客房中心的电话，告知客房八楼有紧急事情请求处理。客房部值班经理以最快速度赶到八楼时，看到 803、804、805 等几个房间的客人进进出出，里面有知名艺人王某及陪同该艺人的市级领导等。楼层领班简要地向值班经理讲述了事情经过：知名艺人王某一行今天预订了 803、805 等几个房间，但当他们一行进房时发现 803、805 里面的床居然是大床，而他们预订的是两个单人床的标间。客人们和陪同接待的市级领导对此意见较大，要求立即把大床间改成标间，并对此作出解释。

了解了事情经过后，客房部值班经理当即向客人们道歉，并立即安排服务员以最快速度将 803 和 805 的大床改成单人床。完成后，值班部经理再次向客人们道歉。

经过调查得知，造成这一错误的经过是这样的：客人抵店当日的早上，前厅部通知客房在次日中午 12 点前将 803 和 805 改造成大床间，客房中心将事情告诉楼层当日值班主管，当日值班主管考虑第二天客情较旺，人手不够，于是当天就通知客房服务员将803和805改成了大床间，但改好后，没通知给前厅这一情况。而总台于当日上午将知名艺人王某一行当晚入住803和805通知了客房中心，中心服务员没有及时将这一情况告知当日值班主管，致使主管过早将这两个房间改成大床间，最后造成这一失误。

任务分析

这是一个典型的因信息传达不到位，工作安排不合理，造成严重失误的案例。失误的原因主要有两点：一是主管将标间提前改为大床后没通知总台，自己也没了解清这两间房当晚是否有人入住；第二是客房中心服务员接到王某一行当晚入住这两间房的通知后，没有及时通知当班主管。客房作为一个直接对客服务部门，工作应该考虑周到、安排周全，保证每位客人住店愉快，更应加强重要客人的接待安排，保持信息的畅通，与前厅部的沟通尤为重要。对VIP客人的接待要认真仔细检查，这对高星级饭店的声誉影响很大。

任务一　客房部概述

客房部（Housekeeping Department）又称为房务部、管家部，是饭店接待入住宾客的主要部门，是饭店基本设施和主体部分，是饭店的主要创收和创利部门，承担着整个饭店的客房和公共区域的清洁工作，提供各项客房服务项目，负责客房用品消耗的控制以及设备的维修保养等。客房部能否维持舒适的居住环境和体贴入微的服务，是饭店能否吸引和稳定宾客的关键之一。

一、客房部基本工作职能

客房部的主要商品是客房，这不是单指房屋建筑，而是一个综合性概念。房间形体是它的外壳，精美装修、充足的设施设备是它的实体，客房服务质量是客房评价的主要组成部分。合格的客房商品必须具备五个要素：客房设施、客房设备、客房供应品、客房劳务与服务和客房的有效运转。

（一）客房部在饭店中的地位和作用

1. 客房是饭店的基本设施和主体部分

向客人提供住宿服务是饭店的首要职能，而要住宿必须有客房。客房是住店宾客购买的最大、最主要的产品。客房一般占饭店建筑面积的70%～80%，饭店的固定资产绝大部分在客房，饭店经营活动所必需的各种物资设备和物料用品大部分在客房。

2. 客房部的服务质量影响着饭店声誉及客房出租率

客房是客人在饭店中逗留时间最长的地方，客人对客房应有“家”的感觉。因此，客房的卫生是否清洁，服务人员的服务态度是否热情、周到，服务项目是否周全丰富等，对客人有着直接影响，是客人衡量整个饭店服务质量，维护饭店声誉的重要标准。客房的设施等级以及客房部的服务管理水平往往成为客人决定是否入住的主要因素，从而影响客房出租率。

3. 客房是带动饭店一切经济活动的枢纽

饭店作为一种现代化的综合设施，是为宾客提供综合服务的场所，只有在客房入住率较高的情况下，饭店的综合设施才能发挥作用，组织机构才能运转，才能带动整个饭店的经营管理。客人住进客房，要到前台办入住手续、交房费，要到餐饮部用餐、宴请，要到商务中心进行商务活动，还要进行健身、购物、娱乐等活动，因而客房服务带动了饭店的各项综合服务设施的运转。

4. 客房收入是饭店经济收入和利润的重要来源

饭店的经济收入主要来源于客房收入、餐饮收入和综合服务设施收入。其中，客房收入是饭店收入的主要来源，一般约占饭店总收入的50%，且客房收入较其他部门收入要稳定。客房经营成本比餐饮部、商务中心等都小，所以客房部的利润是饭店利润的主要来源。

5. 客房部是饭店降低物资消耗、节约成本的重要部门

客房商品的生产成本在整个饭店成本中占较大比重，其能源（水、电）的消耗及低值易耗品、各类物料用品等日常消费较大。因此，客房部是否重视开源节流，是否加强成本管理、建立部门经济责任制，对整个饭店能否降低成本消耗，获得良好收益起到至关重要的作用。

（二）客房部的主要任务

客房部作为饭店经营中的一个主要部门，其主要任务是为宾客提供整洁、舒适、安全的住宿环境和细致周到、热诚快捷的服务。

1. 提供整洁、舒适、安全的客房商品

客房是饭店出售的最重要的商品，是客人在饭店停留时间最长的场所。客房要布置得高雅美观，设施完备，日用品方便齐全，服务项目周到，并要保证客人人身财物的安全。只有满足了宾客需求，客房产品才能获得客人认可。这就要求客房服务员每天检查、清扫和整理客房，为客人创造良好的住宿环境。

2. 提供清洁优雅的环境

客房部除了保持客房的清洁以外，通常还要负责饭店公共区域的清洁卫生及园林绿化布置等工作。客人对饭店的第一印象往往是在饭店公共区域看到的和感受到的，公共区域的清洁和服务工作显得尤为重要。饭店的良好氛围和住宿环境都要靠客房部员工辛勤劳动来实现。

3. 提供热情、周到、礼貌的对客服务

对客服务是客房部的一项重要工作，包括常规服务和个性化服务两方面。常规服务包括擦鞋服务、会客服务、托婴服务、洗衣服务、做夜床服务、房内送餐服务等；个性化服务则要根据宾客的习惯、喜好等，有针对性地提供让宾客满意的服务。

4. 提供洁净、美观的棉织品

客房部一般下设洗衣房和布草房，负责饭店的布草用品（包含客房的棉织品，餐饮部的棉织品，饭店所有的窗帘、沙发套等布件）、员工制服及住店客人客衣的洗涤熨烫工作，为饭店全方面对客服务提供保障。

5. 降低客房费用，确保客房正常运转

客房中所用的物品繁多，需求量大。能否合理开支物资用品的费用，对客房部和饭店经济效益有直接影响。客房部要根据客房档次来满足宾客、员工的工作需求。同时，必须控制物品消耗量，减少浪费，加强设施设备的维护与保养，延长其寿命，确保客房的正常运转。

6. 协调与其他部门之间的关系，确保对客服务需要

客房部的员工多，班次多，工种多，所负责的区域和任务大，这就使得客房部与其他部门的交流沟通变得尤为重要。只有建立良好的沟通渠道，才会使各部门的员工了解自己的任务，及时沟通，及时协调合作，对客服务工作才能平衡有序的完成。

（三）客房部的工作特点

1. 时间有效性

客房服务的时间有效性是指宾客购买的客房商品，实际上是购买的在某一时间段内对客房商品的使用权。饭店是把客房的使用权在双方签订的时间期限内出售给宾客使用，客房的所有权和使用权暂时分离。这就要求客房部员工及时为宾客提供令宾客满意的服务，同时，切实维护好饭店的所有权，维护好饭店的利益。

2. 灵活多样性

由于住店宾客身份地位、兴趣爱好、生活习惯、个人需求等不同，对客房服务的要求也是多方面的。客房部员工在为宾客服务时应根据宾客的实际需求采取多样的服务态度，随机应变。在饭店发生特殊情况和意外事故时，能随机处理，避免和减少饭店损失。

3. 隐秘性和安全性

饭店是对大众开放的，而客房作为宾客的“家”是有隐秘性的，其他人不能随意进入宾客的客房。因此，客房员工在服务时应做好敲门，征求意见等工作，自觉保护好宾客的私人财产，尊重宾客的隐私。建立好安全防御机制，加强安全管理，为宾客提供安全舒适的休憩环境。

4. 工作强度大，协作性强

客房部的清扫工作，涉及客房和饭店的公共区域，工作范围广。客房部员工必须在指定的时间内完成工作，劳动强度较大，但必须及时，不得拖延和推迟。因此，客房部内部（楼层、洗衣房、布草间等）要保持信息畅通，协调一致，对饭店的其他部门要保持好密切的联系，相互合作。

二、客房部组织机构设置

客房部组织机构设置是否科学、职责制定是否合理、人员配置是否完善，都直接

影响着客房管理的效率和效益。因此，客房部的组织管理就是要建立起一个统一指挥、专职分工、层次分明、结构精简、行动高效、沟通良好的有机整体。

（一）客房部组织机构

科学、合理的组织机构是客房部搞好管理工作的重要保证。设置客房部的组织机构要考虑到饭店的性质、档次、规模、内部功能布局、客源结构和层次、服务模式、建筑设计、员工素质等各种因素。

1. 大中型饭店客房部机构设置

高档的大、中型饭店的客房部的基本特点是分支机构多、工作岗位全、用工数量大。这种结构设置分工明确、层次分明，较受高档客人的欢迎。大中型饭店客房部机构设置如图 4－1 所示。

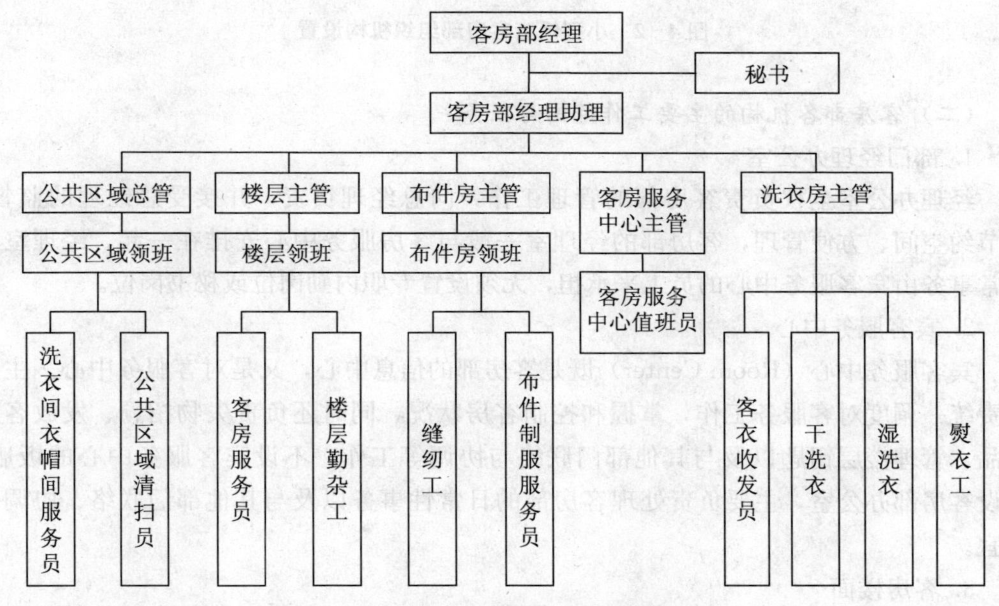

图 4－1　大中型饭店客房部组织机构设置

2. 小型饭店客房部机构设置

小型饭店一般设施较少，客房部的管理范围也较小，因此，客房部组织机构的层次和分支机构也较少。楼层设有服务台，楼层服务员要打扫房间卫生，做好接待工作，负责楼层的安全保卫工作。一般公共区域不设专职清洁工种，专业性的清洁工作由清洁公司承担。不设洗衣房，饭店所有布件由专业洗衣公司承担。小型饭店客房部机构设置如图 4－2 所示。

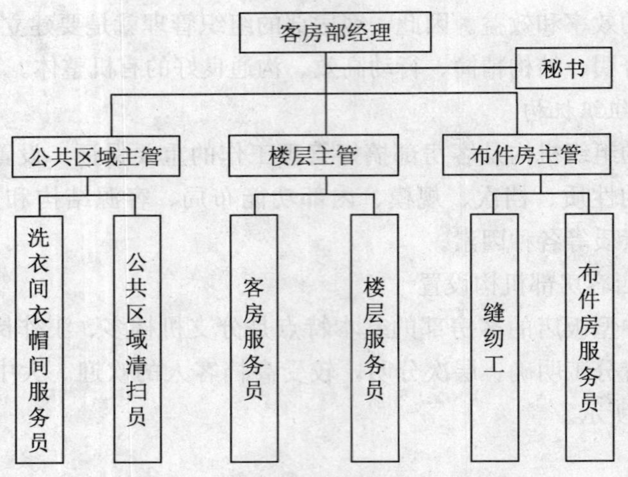

图 4-2　小型饭店客房部组织机构设置

（二）客房部各机构的主要工作范围与任务

1. 部门经理办公室

经理办公室全权负责客房部的管理工作，向总经理负责，并接受总经理的监督。为节约空间、方便管理，客房部的经理室一般与客房服务中心安排在一起。经理室的日常事务由宾客服务中心的员工来承担，无须设置专职内勤岗位或秘书岗位。

2. 宾客服务中心

宾客服务中心（Room Center）既是客房部的信息中心，又是对客服务中心。主要负责统一调度对客服务工作，掌握和控制客房状况，同时还负责失物招领、发放客房用品、管理楼层钥匙以及与其他部门联络与协调等工作。不设宾客服务中心的饭店，改设客房部办公室，主要负责处理客房部的日常性事务以及与其他部门联络、协调等事宜。

3. 客房楼面

客房楼面（Floor）由各种类型的客房组成，是客人休息的场所，与其他区域隔开，每一层楼都设有供服务员使用的工作间。楼面人员负责全部客房及楼层走廊的清洁卫生，以及客房内用品的替换、设备的简易维修和保养等，并为住客和来访客人提供必要的服务。每一层楼面设有服务柜台，最佳位置是设在能看到整个楼层的走廊和出入口（包括电梯口）的位置，以便随时能为客人提供服务，保证楼面的安宁。

4. 公共区域

公共区域（Pablic Area）工作人员负责饭店各部门办公室、餐厅、公共洗手间、衣帽间、大堂、电梯、各通道、楼梯、花园和门窗等公共区域的清洁保养工作。在部分饭店里，他们还负责饭店的园林绿化。小型饭店为了保证前台服务质量，可将后台区域、饭店员工工作和生活区域的清洁卫生工作划归其他部门负责。一些大中型饭店的公共区域管理机构已成立对外服务的专业清洁公司，可以在保证完成饭店内清洁保养工作的前提下，对外开展经营业务，增加饭店的收入。

5. 制服与布件房

布件是行业对饭店用棉织品的统称，制服与布件房（Uniform & Linen Room）负责饭店所有工作人员制服的换洗工作，保证员工仪表仪容的整洁；负责餐厅和客房的所有布草收发、分类和保管；对有损坏的制服和布草及时修补，并储备足够的制服和布草以供周转使用。

6. 洗衣房

洗衣房（Laundry Room）负责收洗客衣，洗涤员工制服和对客服务的所有布草与布件。大部分饭店的洗衣房都归客房部管理。但有部分大型饭店的洗衣房则独立成为一个部门，提供对外服务。而小型饭店则可不设洗衣房，其洗涤业务可委托社会上的洗衣店进行外包服务。

（三）客房部与其他业务部门之间的协作

客房虽然是饭店向客人提供的最重要的产品，但如果没有饭店其他部门的配合支持，则无法确保客房商品达到令宾客满意的质量。做好客房部与其他部门的沟通与协调是提高客房部服务质量的重要保证。

1. 客房部与餐饮部

尽管客房部与餐饮部在业务内容及业务范围上有很大差异，但两个部门之间有很多业务上的沟通与联系。客房部负责餐厅地面、外窗清洁、餐巾桌布洗涤，员工制服洗熨及样式设计和更换。两部门配合做好客房小酒吧的管理、房内送餐服务、VIP 房果品的布置等工作。客房部配合餐饮部做好促销活动，帮助餐饮部发放餐饮宣传资料。客房部与餐饮部还可进行交叉培训，方便在大型接待活动中调配跨两个部门内的人员。

2. 客房部与康乐部

客房部负责康乐部公共区域卫生清洁、布草洗涤，员工制服洗熨及样式设计和更换。客房部配合康乐部在客房中放置康乐宣传资料，做好促销活动。两部门互相沟通客情，帮助客人选择适合的康乐和客房产品等，既满足了客人需求，也有助于饭店产品的销售。

3. 客房部与营销部

营销部利用各种机会和场合，宣传客房设施和服务项目。客房部协助营销部做好客房的各项营销工作（如带客人参观客房）。接受营销部的信息反馈，进一步提高客房服务质量，更好的开展客房销售和服务工作。

4. 客房部与人力资源部

人力资源部负责客房部员工绩效考核、员工薪资福利及社保工作，解除客房部用人方面的后顾之忧。客房部应协助人力资源部做好客房部员工的招聘、安排与培训工作。

5. 客房部与财务部

客房部要协助财务部做好客房有关账单的核对、固定资产、存货（如家具、酒水、用具、低值易耗品等）的清点工作。在财务部的协助下制定房务预算、定期盘点布草和其他物料用品。财务部负责客房部员工薪金的核算与发放，客房部要做好员工工作时数记录。

6. 客房部与其他部门

客房部与工程部的关系非常密切，两部门根据日常维修、经常发生的故障和问题进行定期检查，并提交维修报告。客房部要协助保安部对客房和公共区域进行安全工作的检查，做好防火、防盗等。协助保安部帮助客人找回失物，对客房部员工进行安全知识培训。为了能够以最低的价格购入最适合的客人需要的物品，客房部和采购部要相互传递信息。客房部协助并监督采购部做好客房所需的物资采购，力求最大程度地降低客房部的经营成本。

（四）客房部主要岗位职责

1. 客房部经理岗位职责

（1）全面负责客房部工作，向总经理或分管房务的副总经理负责。

（2）根据饭店的经营方针和政策以及总经理室下达的任务和目标，负责计划、组织、指挥及控制所有客房部事宜，确保客房部的正常运转和各项计划指标的完成。

（3）根据饭店等级，制定客房部员工的岗位职责和工作程序，确定并监督执行用人标准和培训计划。

（4）制定客房部的开支预算，控制支出，降低客房成本，提高盈利。

（5）巡视客房部管辖范围，检查卫生绿化、服务质量和设备设施运行情况，及时发现问题并研究改进方法。

（6）提出客房更新改造计划和陈设布置方案，确定客房物品、劳动用品、用具的配备选购，提出采购方案。

（7）同有关部门沟通协作，保证客房部工作顺利完成。

（8）做好重要客人及特殊客人的接待与服务工作，主要包括看望慰问生病客人、拜访长住客人、处理客人的投诉等，收集客人的要求及建议，改进客房部工作。

（9）建立合理的客房劳动组织，制定劳动定额和定员，对客房部员工进行考核奖惩，选拔和培养员工，调动员工积极性。

（10）负责本部门员工的招聘、培训、评估与激励，制订客房部年度培训计划，努力造就和保持高素质的客房员工队伍。

（11）抽查客房，检查 VIP 房清洁卫生情况。

（12）监督客人遗留物品的处理情况。

（13）检查客房部各项安全工作，保证客人与员工的人身和财产安全。

（14）加强与店外有关单位的沟通协作，保持和发展业务关系。

2. 楼层主管岗位职责

（1）接受客房部经理指挥，负责管区内客房清洁卫生工作和服务工作，掌握客情，合理安排人力，组织和指挥下属员工，严格按照工作规程和要求，做好管区内客房及环境的清洁卫生、宾客迎送和接待服务工作。

（2）负责班组员工的工作安排及对各班组日常工作的考核，督导楼层领班和服务员的工作。

（3）做好所辖区域的成本控制，负责管区内客房用品的管理，编制财产三级账、教育和督导管区员工爱护财物，做到日清月结，账物相符。

（4）直接参与或督导员工的岗位业务培训，确保客人的要求得到满足及执行优质规范服务。

（5）负责班组员工的工作安排及对各班组日常工作的考核。

（6）确保在客人到店之前，做好所有的准备工作，确保房间的清洁达到标准。

（7）抽查空房及坏房，发现问题及时解决。在查房的过程中，对服务员进行正确适当的培训，以确保员工能独立工作，并达到饭店的标准。

（8）处理夜间突发事件及投诉。

（9）与前厅接待处密切合作，提供准确的客房状况。

3. 公共区域主管岗位职责

（1）执行客房部经理的决策、会议计划、日程安排、工作指令，并对其报告工作。

（2）主管饭店所有公共区域的清洁卫生、绿化美化工作，根据需求安排员工。

（3）组织和督导下属员工，严格按照工作规程和要求，指导检查地毯保养、虫害防治、外窗清洁、庭院绿化等专业性工作，保持各班次的密切联系，保持写记录、班次、问题交接。

（4）做好自己所辖区域的成本控制，负责管区内财产和物料的管理和领用，掌握管区内各类设备设施的情况，及时报修和提出更新添置计划。

（5）提出培训要求并直接参与或督导做好员工的岗位业务培训，提高员工业务素质，保证优质高效服务。协助部门经理对下属员工进行培训考评。参加各项培训，不断提高自身的业务水平。

（6）坚持服务现场的管理，负责对班组日常工作的考核和考勤。

（7）与各有关部门联系、协调工作。确保外部内部沟通，保证工作的一致性。

（8）关心员工生活，了解和掌握员工思想状况，做好员工思想教育工作。

（9）参加“每日例会”，并在指定的区域召开区域例会。

（10）安排紧急情况时的工作。

（11）对人事部提供协助，以便他们能提高服务员的服务素质。

4. 布件房主管岗位职责

（1）制定饭店一切布件的配置标准、控制管理标准和收发程序。

（2）监督各部门布件的使用和保管，控制布件和制服的运转、储存、缝补和再利用，制定保管领用制度。

（3）监察盘点工作，统计分析布件的损耗情况，提出补充或更新计划，并向上级报告。

(4) 负责本部人员的出勤、培训，评估员工的工作表现，督导下属员工工作。

(5) 安排新员工量体定做制服的工作。

(6) 与客房楼面、餐饮部及洗衣房密切联系协作，保证一线日常工作任务顺利完成。

(7) 完成上级安排的其他工作。

5. 楼层领班岗位职责

(1) 负责管区内客房清洁卫生工作和服务工作，掌握客情，合理安排人力，组织和指挥所分管楼层的服务员工，严格按照工作规程和要求，做好管区内客房及环境的清洁卫生、宾客迎送和接待服务工作。

(2) 掌握楼层各种设施设备的情况，及时提出报修、更新和添置计划，做好楼层物品存储消耗的统计与管理。

(3) 巡视楼层，全面检查客房卫生、设备维修保养、安全设施和服务质量，熟练掌握操作程序与服务技能，能亲自示范和训练服务员，以确保达到服务标准。

(4) 掌握楼层客房状态，填写领班报告，向主管报告房况、住客特殊动向和客房、客人物品遗失损坏等情况。

(5) 提出培训要求，直接参与或督导员工的岗位业务培训，确保部门培训计划的实施。

(6) 负责班组员工的工作安排及对各班组日常工作的考核，认真填报《领班工作单》。

(7) 坚持服务现场的督导和管理，每天检查楼层拥有的客房，发现问题及时指导纠正。

(8) 了解和掌握员工思想状况，做好思想工作，抓好文明班组建设。

(9) 使用正确的程序报告工程问题并进行检查。及时检查问题房，并做好记录。

(10) 安排客房卫生计划，按计划实施楼层清洁计划和保养。

(11) 参加每天的例会并在指定区域召开本区域例会。

(12) 处理紧急情况时的工作。

6. 客房服务员岗位职责

(1) 清洁整理客房，补充客用消耗品。

(2) 填写做房报告，登记房态。

(3) 为住客提供日常接待服务和委托代办服务。

(4) 报告客房小酒吧的消耗情况并按规定补充。

(5) 熟悉住客姓名、相貌特征，留心观察并报告特殊情况。

(6) 检查及报告客房设备、物品遗失损坏情况。

(7) 当有关部门员工需进房工作时，为其开门并在旁边照看。

7. 客房服务中心值班员岗位职责

(1) 接受住客电话提出的服务要求，迅速通知楼层服务员，对楼层服务员无法解决的难题与主管协商解决。

（2）与前厅部、工程部等有关部门保持密切联系，要与楼层和前台定时核对房态。

（3）接受楼层的客房消耗酒水报账，转报前台收银处入账，并与餐饮部联系补充物品事宜。

（4）负责楼层工作钥匙的保管分发，严格执行借还制度。

（5）受理住客投诉。

（6）负责对客借用物品的保管、借还和保养。

（7）负责客房报纸的派发，并为 VIP 客人准备礼品。

（8）负责做好各种记录，填写统计报表。

（9）负责饭店拾遗物品的保存和认领事宜。

（10）负责员工考勤。

任务二　客房部对客服务工作与管理

一、客房的基本类型和功能

（一）客房的基本类型

1. 单间客房

由一间客房组成的客房出租单元。根据客房使用的床具种类作为划分标准，单间客房又可分为：

（1）单床间（Single Room）。房间面积最小，房内设置 1 张单人床，适合独自享用和支付能力较低的客人。为使客人得到更好的享受，有些饭店将单人床改置成小双人床。

（2）双床间（Two Bed Room）。又称标准间（Standard Room），房内放置 2 张单人床，比较适合团队或会议客人。

（3）大床间（Double Room）。房间设置 1 张双人床，适合夫妇或商务客人使用。

（4）三床间（Triple Room）。房间放置 3 张单人床。

2. 套房

通常由两间或两间以上客房所组成的客房出租单元。按照不同使用功能及室内装饰、配备用品标准等又可分为：

（1）普通套间（Junior Suite）。这种套间格局比较典型，一间布置为起居室，另一间布置成卧室，配置 1 张大床。

（2）商务套间（Business Suite）。这类客房装饰设计迎合商务客人的特点，配备写字台，室内光线明亮，有的还设置有小型会客谈判间。

（3）双层套间（Duplex Suite）。亦称“复式客房”，该房间设计布置特点为起居室在下，卧室在上，设有楼梯相连接。

(4) 豪华套间 (Deluxe Suite)。豪华套间的特点在于注重客房的装饰艺术、布置氛围，用品配备，功能完善、齐全，豪华气派。可分两间套套间、三间套套间。卧室一般配置大双人床或特大双人床。

(5) 总统套间 (Presidential Suite)。这种套间装饰布置极其讲究、华丽，一般由5间以上的房间组成（包括男、女主人卧室、起居室、会议厅、餐厅、书房、随从房等)，通常高档星级饭店才会设置这种套间，这也是体现饭店星级和档次的一个标志。

(二) 客房的功能布局

饭店客房是客人休息的地方，客房设计时要考虑到客人对安静、私密、卫生等条件的要求，做到功能合理、方便舒适。同时，设计要与市场定位，饭店风格等协调一致。根据功能特点，客房可以分为5个功能区域：睡眠空间、盥洗空间、起居空间、书写空间和储存空间，每个空间都有不同的设施设备。客房的功能布局如图4-3所示。

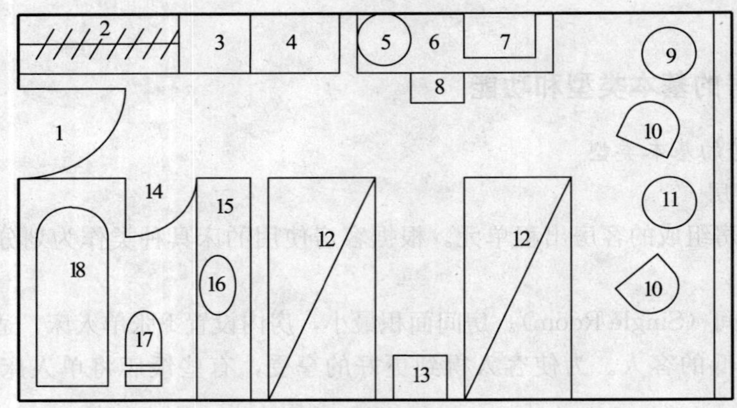

图4-3 客房的功能布局

1—房门；2—衣柜；3—小酒吧或冰箱；4—行李架；5—台灯；6—写字台；7—电视；8—椅子；9—落地灯；10—扶手椅；11—茶几；12—单人床；13—床头柜；14—卫生间门；15—洗脸台；16—洗脸盆；17—坐便器；18—浴缸

1. 睡眠空间

睡眠空间是客房最基本的空间，主要有床、床头柜、床头灯等家具和设备。床是睡眠空间中最主要的家具，床的质量直接影响着客人的睡眠质量。床头柜可设立在床的两侧或两张床的中间，一般带有多功能电子控制面板，上有包括电话、床头灯、闹钟、广播等多种电器，为客人提供便捷的服务。

2. 盥洗空间

盥洗空间主要由卫生间的浴缸、洗脸台、坐便器三大件组成。盥洗空间设计应考虑人体工学原理，作人性化设计。干湿区分离、坐厕区分离是国际趋势，可以避免功能交叉互扰。

3. 起居空间

起居空间一般在窗前，这里可以放置椅子或沙发，以及茶几或小圆桌，供客人休息、会客、看电视、阅读等。套房中有独立的起居室，沙发数量会适当增加。迷你吧一般设置在走道旁或壁柜边，为客人提供各种小瓶酒、饮料和杯具等。

4. 书写空间

书写空间以写字台为中心，一般在床的对面或窗前。在传统的饭店标准房里，书写台一侧常作为固定行李架，供客人放箱子、开箱取物或整理。另一侧可以放置电视机、台灯和服务夹。写字台也可兼作化妆台，这时墙面可以添加镜子。

5. 储存空间

储存空间包括衣柜、酒柜、穿衣镜等，一般设置在客房过道侧面，壁橱内可存放衣帽、箱子，有的还设有鞋箱或鞋篮及保险柜，壁橱内外应设有照明灯。

二、客房部对客服务模式

饭店客房的对客服务模式一般有三种：楼层服务台模式、客房服务中心模式和前台直管模式。由于各种模式的侧重点不同，所以在岗位安排、人员配备等具体做法上也有所不同。

1. 楼层服务台模式

设置楼层服务台的主要目的是方便客人和保障客房楼层的安全。一般设在客房区域每一楼层靠近电梯口的位置，起着“前厅部总台驻楼层办事处”的作用，受客房主管直接领导，业务上受总台的指挥。目前很多饭店将这种对客服务模式加以改善，使之成为一种特色服务而吸引客人。我国饭店过去多采用楼层服务台模式，目前此种对客服务模式仍在一些饭店采用。

(1) 楼层服务台模式的优点。楼层服务台突出面对面的专职对客服务，能够为客人提供更加主动、热情、及时、周到的服务，使客人一踏入楼层就能够感受到温馨的氛围，有利于显示饭店的“人情味”。楼层值台员分早、中、晚三班 24 小时值班，对各类人员进出情况尽收眼底，可以及时发现可疑迹象，报告处理，能够有效地保障客房安全。

(2) 楼层服务台模式的缺点。设置楼层服务台必然要安排值班人员，增加了劳动力成本。客房是住店客人的私密空间，客人会认为在楼层受到监视，是对其隐私权的侵犯，使客人有受监视的感觉。客房是客人休息的场所，要求绝对安静，而楼层服务台的设置往往会破坏这种气氛，影响楼层安静。

2. 客房服务中心模式

客房服务中心（Guest Service Center）是世界上大部分国家和地区的饭店所采用的服务模式。客房服务中心注重用工效率和统一调控，它将客房部各楼层的对客服务工作集中在一起，并与楼层工作间及饭店先进的通信联络设备共同构建了一个完善的对客服务网络系统。客房服务中心一般与客房办公室相邻，室内设置物品架，分类整齐地摆放着客人需要的各种物品。为了保证对内联络的快速、灵便，许多大中型饭店还同时建有独立的呼叫系统。客房服务中心设主管一名，工作人员若干，实行 24 小时对客服务，住店客人可通过内线电话将需求告知客房服务中心，由它通过呼叫系统通知离客人房间最近工作间的服务员，迅速为客人提供服务。客房服务中心有以下几个主要特点：

（1）减少客房服务人员编制，降低劳动力成本。

（2）有利于对客服务工作集中统一调控，强化客房管理，服务更加专业化。

（3）安静而且私密性强，可以提高饭店客人特别是外国客人的满意度。

3. 前台直管模式

前台直管模式是基于现代饭店发展的类型增多而出现的一种新的客房服务模式。前台直管模式注重经济、效率原则。目前，我国城市饭店的一个重要趋势就是，旧式的招待所、家庭旅馆、旅社等小型社会宾馆逐渐向特色商务饭店方向发展，是继星级饭店、经济型饭店之后的又一新方向。这种家庭式的商务饭店一般不大，客房数量在 60 间左右，价格在 100 元左右。房间设施遵循经济型饭店的做法，但更突出了商务性。它们往往由原有的招待所和旅社转型而来，也有针对具体市场而新开设的门店。这种类型的商务饭店由于客房数量较少，往往采取前台直管模式，不设楼层服务台，也不设置客房服务中心，而是在前台班组中设客房服务和清扫小组来对客房进行管理。前台直管模式有以下几个主要特点：

（1）节省了人力成本。

（2）将客房纳入前台管理系统之内，保证了前台管理与客房管理的统一性，避免了重房等问题的发生。

（3）对客服务方面不能够做到面对面。

（4）存在较大的安全隐患，住客在客房区域发生问题不能够及时被发现。

饭店在选择客房服务模式时，应该重点考虑饭店楼层的建筑结构、设备设施配置以及客源市场，同时也要考虑当地劳动力成本以及当地社会治安环境等因素。高星级饭店可以重点考虑客房服务中心的模式，或者是“客房服务中心加楼层服务台”的服务模式。中低档次的星级饭店可以重点考虑楼层服务台的服务模式，来提高对客服务效率。一般小型商务饭店可以采取前台直管客房服务模式以提高人力资本的使用效率。

三、客房部对客服务工作内容

1. 迎送宾客服务

迎送宾客服务包含了迎接宾客、代客开门和送别客人，等等。

①迎接宾客服务。事先了解客人的姓名、国籍、身份，按照不同规格布置房间。客人到来时，在指定的楼层（地点）迎候客人，面带微笑，表示欢迎。待客人进入房间，随后送入欢迎茶。

②代客开门。为客人开门时切记一定要用客人的钥匙，以免开错房门或给犯罪嫌

疑人造成可乘之机。若客人未带房门钥匙，则要请客人出示相关证件，与前台进行身份确认后，方可为客人开门。

③送别客人。掌握客人离店的准确时间，检查代办的事项的完成情况。征求即将离店客人的意见，并提醒客人检查自己的行李和物品，不要遗留物品在房间。客人走后迅速检查房间设备有无损坏，物品有无丢失，客人有无使用客房小酒吧内的食品，有无客人遗留物品，并报告前台。

2. 送水服务

针对客人需求，服务员应按饭店要求做好“五到”（客到、微笑到、敬语到、茶水到、毛巾到）服务。一般国内饭店对 VIP 客人都提供这项服务，为宾客提供送水服务一般分上午、下午、晚上三个时间段，特殊情况也可以随时为客人送水到房间。

3. 洗衣服务

客人在住宿期间需要烫洗衣物的，一般由服务人员负责取送。客人送洗衣物一般要分为水洗、干洗和烫洗，客人在填写洗衣单后，由服务员收集后送洗，并负责取回放好。收取客衣时，应认真点清件数，检查客人所洗衣物口袋是否有物品等。检查衣物是否会退色、缩水，能否按客人的要求洗烫，如有特殊情况应当向客人说清。洗衣分快洗和慢洗，客人如需快洗服务，需加收快洗服务费用，并向客人说明。客人送洗的衣物出现差错或损坏，要及时与洗衣房联系，查清原因，并向有关部门汇报，请求处理意见。

4. 客房小酒吧服务

客房内设置小冰箱，其中放置一定数量和品种的饮料，客人如饮用，则在收费单上签字，由服务员清点核对后送至服务台统一记账收款，随后对冰箱中所缺饮料予以补充。

5. 托婴服务

为了方便带小孩的客人外出活动，很多饭店都提供托婴服务，帮助客人照料小孩并收取服务费。一般由受过专门训练的女服务员担任看护任务，看护者在接受任务时，必须向客人了解其要求、照看的时间及婴幼儿的年龄及特点，以确保其安全、愉快，使客人满意。看护者在饭店规定区域内根据客人要求照看婴幼儿。在提供此项服务时，还应考虑到一些意外或紧急情况的处理，请客人留下联络电话或方法。比如在照看期间，若婴幼儿突发疾病，应立即请示客房部经理，并与客人联系，以便妥善处理。

6. 送餐服务

饭店为满足一些不愿去餐厅就餐及夜间抵店客人的需求，特设客房送餐服务，实际上，送餐服务主要是由餐饮服务人员承担，客房服务人员所做的只是一些辅助性工作。

7. 访客服务

楼层服务员对来访客人，应像对住店客人一样热情有礼，引领来访者进入房间，若人数众多，还应及时提供添加座椅和送茶服务。若住客不在，可让访客留言或在公共区域等候。访客带有住客房间钥匙，或者访客持有住客签名的便条，并要进入客房取物品时，应将便条拿到总台核对签名，核对无误后，做好访客登记，陪访客进入房间拿取物品，并将其所取物品做好登记，住客回店后及时向住客说明。若要取走的物品特别贵重，还需出示住客的授权书，否则应给予婉言拒绝。

8. 擦鞋服务

在客房壁橱内通常放置标有房号的鞋篮和鞋样，鞋样上写明进行擦鞋服务的方法以及联络电话，同时在房内的“服务指南”中告知客人，也可以使用专用擦鞋袋，袋上注明房号。服务员接到客人要求提供擦鞋服务的电话或在房内看到客人有此要求后，均应及时收取，收取时在纸上写好房号放入鞋内，或用粉笔在鞋底写上房号，防止弄混客人的鞋。

9. 租借物品服务

客房内所提供的物品一般能够满足住店客人的基本需求，但因一些特殊原因，客人有时会需要饭店提供一些特殊的物品，如熨斗、婴儿床、床板、热水袋、体温计、变压器、接线板及电动剃须刀等。客房应备有这些物品，以便及时提供租借物品服务，满足客人的需求。对电器用品，客人使用时应提醒注意使用安全。借出时要提醒客人及时归还，以保证用品的流通。如果客人借用的物品极贵重，可让客人交一定数量的押金，并告知客人在使用中造成损坏或遗失要照价赔偿。

10. 拾遗处理

客人在住店和离店时，难免发生遗失物品情况。客房部应建立遗失物品日志，记录拾到物品的时间、地点、物品名称和拾到者姓名，并妥善保管。失主认领时，经证实后返还。

任务三　客房部清洁保养工作及管理

客房的清洁保养是客房服务的重要内容，其主要目的是保证客房产品的质量符合标准，保障并延长客房硬件设施的使用寿命，降低饭店对客房维修及更新改造成本的投入。同时客房部清洁保养工作也是客房服务质量和管理水平的综合反映，因此，应严格按照服务规程制定的标准实施并进行管理。

一、客房部清洁保养工作

客房清洁保养工作包括对客房进行清洁整理、及时更换补充物品以及检查保养设备这三个方面的内容，一般可分为日常清洁保养和定期清洁保养两大类。

1. 客房部清洁保养准备工作

客房部清洁保养准备工作是客房服务员在对客房正式进行清洁保养前应达到的规格和标准，其基本内容和程序如图 4 - 4 所示。

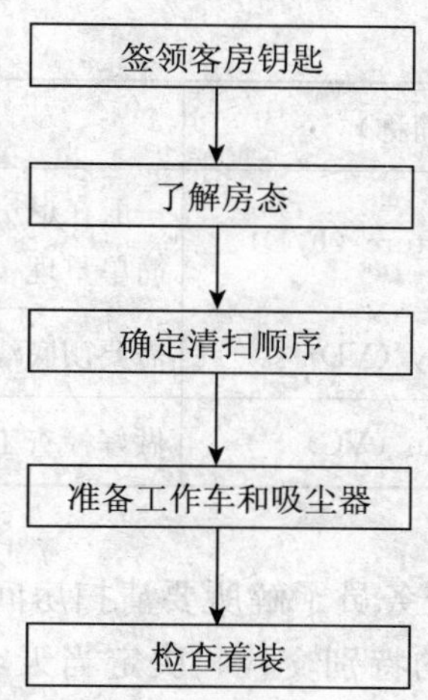

图 4-4 客房部清洁保养准备工作的基本程序

(1) 签领客房钥匙。客房服务员在到岗后，参加班前会接受任务，领取工作钥匙，并领取服务员使用的"客房清洁工作表"，签领客房工作钥匙要填写"钥匙收发登记表"，以便登记钥匙被签领或签还。

(2) 了解房间状态。了解房态的目的是为了确定客房清扫的顺序和程度。对不同状态的客房的清扫要求如表 4-1 所示。

表 4-1 客房状态及清扫要求

客房状态	英文（简称）	清扫要求
走客房	Check out（C/O）	需要彻底清扫
住客房	Occupied（OCC）	需要彻底清扫
空房	Vacant（V）	只需简单除尘
维修房	Out of order（OOO）	一般不予清扫整理
外宿房	Sleep out（S/O）	只需检查核实，必要时稍加整理
请勿打扰房	Do not disturb（DND）	一般不予整理，但指示灯或挂牌的时间过长，应按照饭店规定处理
贵宾房	Very important person（VIP）	需要更加彻底的清扫
长住房	Long staying guest（LSG）	按照客人要求或相关协议规定清扫
请即打扫房	Make up room（MUR）	尽快为客人清扫

续 表

客房状态	英文（简称）	清扫要求
准备退房	Expected departure（E/D）	一般在退房前不要清扫，但客人如有要求，可简单整理
未清扫房	Vacant dirty（VD）	需要彻底清扫
已清扫房	Vacant clean（VC）	做好检查工作，确保质量

(3) 确定清扫顺序。客房服务员了解所要清扫房间的使用状态后，应根据开房的急缓先后、客人情况或是领班的特别交代，决定当天客房的清扫顺序。一般情况下，客房的清扫顺序为：① VIP 客房；②有“请即打扫”标志的客房；③住客房；④长住房；⑤走客房；⑥空房。客房清扫顺序的排列既要满足客人的特殊要求，同时也要考虑客房出租的周转，因此客房清扫顺序不是一成不变的，应视客情而定。如在旅游旺季，可先打扫退客房，以缓解房源紧张状况。VIP 房的清扫应在接到通知或客人离开房间后，第一时间打扫。“请勿打扰”房一般应在客人取消标志后再打扫。长住房则应征求客人的意见，定时打扫。

(4) 准备工作车。客房工作车是客房服务员清洁保养房间的主要工具，要按饭店的规定来布置工作车，准备各种抹布，刷洗卫生间所用的清洁剂、马桶刷和浴缸刷。在做好上述准备工作后，将客房工作车推到自己负责清扫的区域，注意工作车停放的位置要以不影响客人走动为原则。

(5) 准备吸尘器。检查吸尘器各部件是否完好，是否破损，有否漏风或漏电的情况。将尘袋倒净，定期更换尘袋。

(6) 检查着装。在做好以上程序的准备工作之后，客房服务员应检查自己的服装、工作牌、头发、饰物、鞋袜等是否符合规范。

2. 客房日常清洁保养工作

客房日常清洁保养工作可分为两部分进行，一是客房清洁保养程序，这部分不包含客房卫生间；二是卫生间清洁保养程序，这部分仅指客房卫生间。由于客房清洁保养的通用程序复杂琐碎，不便记忆，魏小安等主编的《中国旅游服务质量等级管理全书》中，用 16 个字总结了客房清洁保养程序，用 10 个字总结了卫生间清洁保养程序。

(1) 客房清洁保养程序。客房清洁保养程序 16 字：进、开、拉、倒、整、撤、做、擦、归、查、添、吸、看、关、锁、登。具体内容如图 4－5 所示。

(2) 卫生间清洁保养程序。卫生间清洁保养程序可用 10 字概括：进、开、倒、撤、洗、擦、查、添、看、关。具体内容如图 4－6 所示。

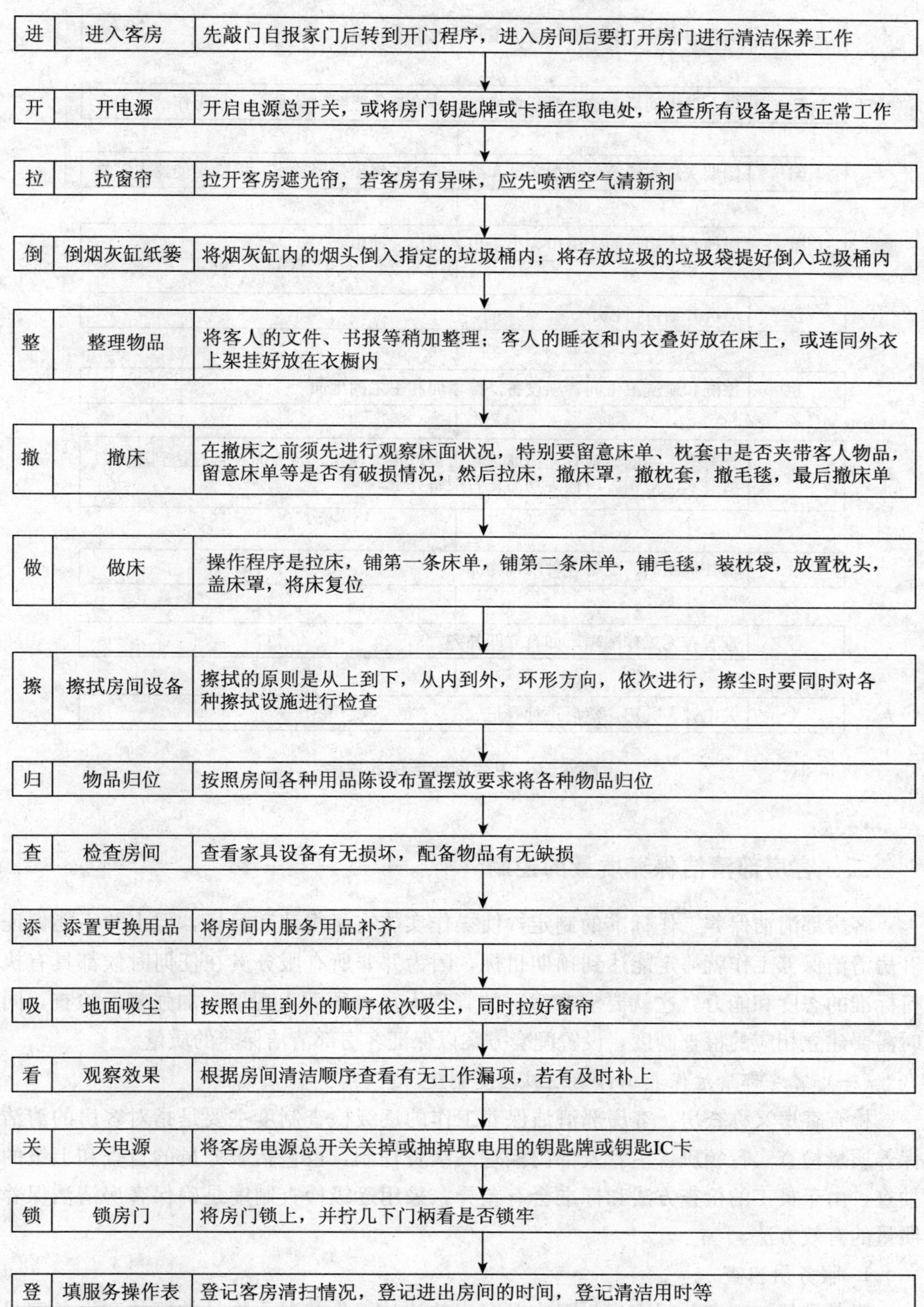

图 4－5　客房清洁保养程序

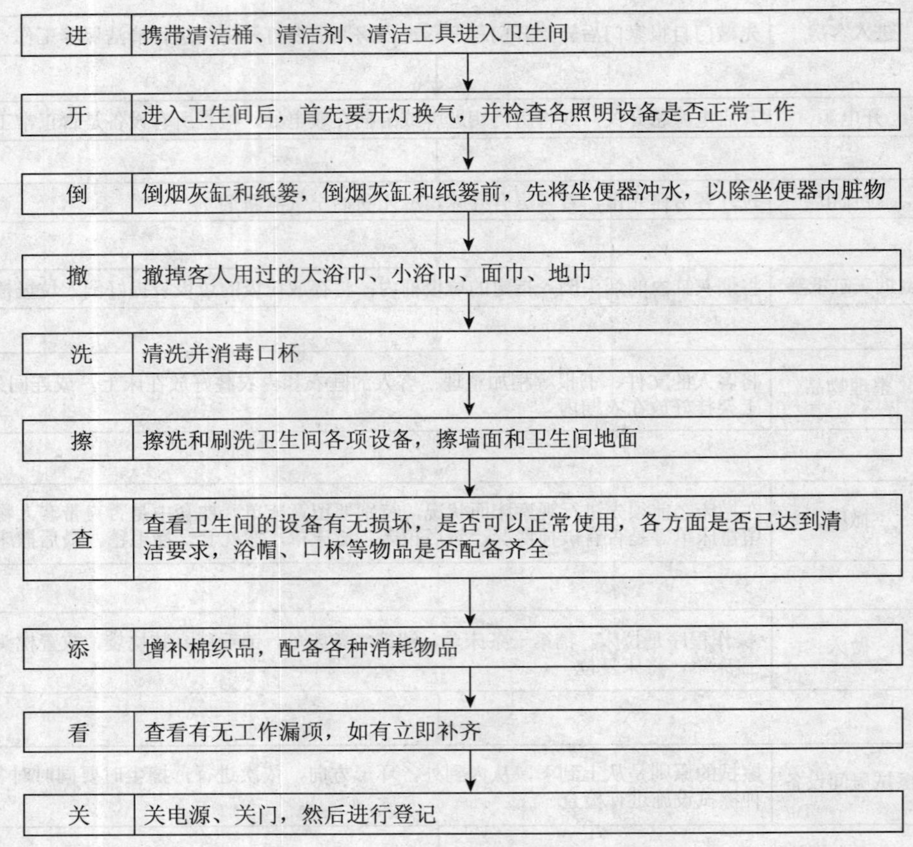

进	携带清洁桶、清洁剂、清洁工具进入卫生间
开	进入卫生间后，首先要开灯换气，并检查各照明设备是否正常工作
倒	倒烟灰缸和纸篓，倒烟灰缸和纸篓前，先将坐便器冲水，以除坐便器内脏物
撤	撤掉客人用过的大浴巾、小浴巾、面巾、地巾
洗	清洗并消毒口杯
擦	擦洗和刷洗卫生间各项设备，擦墙面和卫生间地面
查	查看卫生间的设备有无损坏，是否可以正常使用，各方面是否已达到清洁要求，浴帽、口杯等物品是否配备齐全
添	增补棉织品，配备各种消耗物品
看	查看有无工作漏项，如有立即补齐
关	关电源、关门，然后进行登记

图 4-6 卫生间清洁保养程序

二、客房部清洁保养质量的控制

客房部清洁保养工作标准的制定，使操作实施有了规范和目标，但也并不能保证客房清洁保养工作就一定能达到预期目标，因为并非所有服务员在任何时候都具有执行标准的态度和能力。这就要求客房部的管理人员必须深入现场，加强督促检查，同时需要建立相应的检查制度，设置配套方案以保证客房部清洁保养的质量。

（一）客房部清洁保养工作的逐级检查制度

检查客房又称查房。客房部清洁保养工作的逐级检查制度主要是指对客房的清洁保养质量检查实行领班、主管及部门经理三级责任制，也包括服务员的自查和上级的抽查。由于员工的检查方法和标准会有差异，采用逐级检查制度是确保客房清洁保养质量的有效方法。

1. 服务员自查

服务员每整理完一间客房，就应对客房的清洁卫生状况、物品的摆放和设备家具是否需要维修等，作自我检查。服务员自查有利于加强员工的责任心和质量意识，提高客房清洁保养工作的合格率，减轻客房管理人员查房的工作量，增进工作环境的和谐。

2. 领班普查

领班要对自己管辖的每间客房进行检查以确保质量。领班是服务员自查后的第一道关，但往往也是最后一道关，因为在领班查房后，他们认为合格的就向前台上报，房间可以出租给客人，所以领班责任重大，需要由训练有素的员工来担当。领班查房有利于对不足之处拾遗补漏，帮助指导不熟练的员工做好自查工作，督促考察员工的工作情况，通过检查了解基层情况并向上反馈，帮助管理者对实际情况做出及时反应。

3. 主管核查

客房主管所管辖的范围较大，房间数量较多，无法对其管辖的房间进行全面核查，一般通过抽查的方式保证客房质量。主管核查有利于对领班的督导和考察，同时也便于对日常工作的分配调节，为实施员工培训计划和人事调动等提供有价值的信息。

4. 经理抽查

经理抽查是管理层了解工作现状、控制服务质量的最为可靠有效的方法。对于客房部经理来说，通过查房可以加强与基层员工的联系，并且更多地了解客人的意见，有助于提高管理水平和服务质量。因为经理人员的查房要求较高，所以被形象地称为"白手套"式检查。这种检查一般都是定期进行的。

（二）客房部检查房间的程序和标准

检查房间与整理房间的程序和标准基本一致。查房时应按顺时针或逆时针方向循序进行，按一定的程序查房可以避免疏漏，提高速度，如发现问题立即记录，及时解决。

1. 房间查房的程序和标准

房间查房的程序和标准如表 4－2 所示。

表 4－2　　房间查房标准

客房部位与物品	查房标准
房门	无指印，锁完好，安全指示图等完好齐全，请勿打扰牌完好齐全，安全链、窥镜、把手等完好
墙面和天花板	无蛛网、斑迹、无油漆脱落和墙纸起翘等
护墙板、地脚线	清洁、完好
地毯	吸尘干净，无斑迹、烟痕，如需要，则作洗涤、修补或更换的标记
床	铺法正确，床罩干净，床下无垃圾，床垫按期翻转
硬家具	干净明亮，无刮伤痕迹，位置正确
软家具	无尘无迹，如需要则作修补、洗涤标记

续 表

客房部位与物品	查房标准
抽屉	干净，使用灵活自如，把手完好无损
电话机	无尘无迹，指示牌清晰完好，话筒无异味，功能正常
镜子与画框	框架无尘，镜面明亮，位置端正
灯具	灯泡清洁，功率正确，灯罩清洁，接缝面墙，使用正常
垃圾桶	完好而清洁
电视与音响	清洁，使用正常，频道应设在播出时间最长的一档，音量调到偏低
壁橱	衣架的品种、数量正确且干净，门、橱底、橱壁和格架清洁完好
窗帘	干净、完好，使用自如
窗户	清洁明亮，窗台与窗框干净完好，开启轻松自如
空调	滤网清洁，工作正常，温控符合要求
小酒吧	清洁、无异味，物品齐全，温度开在低挡
客用品	数量、品种正确，状态完好，摆放合格

2. 卫生间查房的程序和标准

卫生间查房的程序和标准如表 4－3 所示。

表 4－3　　卫生间查房标准

卫生间部位与物品	查房标准
房门	前后两面干净，状态完好
墙面	清洁、完好
天花板	无尘、无迹，完好无损
地面	清洁无尘、无毛发、接缝处完好
浴缸	内外清洁，镀铬件干净明亮，皂缸干净，浴缸塞、淋浴器、排水阀和开关龙头等清洁完好，接缝干净无霉斑，浴帘干净完好，浴帘扣齐全，晾衣绳使用自如
脸盆及梳妆台	干净，镀铬件明亮，水阀使用正常，镜面明净，灯具完好
坐便器	里外都清洁，使用状态良好，无损坏，冲水流畅
抽风机	清洁，运转正常，噪声低，室内无异味
客用品	品种、数量齐全，状态完好，摆放正确

（三）严格考核

对客房员工进行严格考核，是客房部清洁保养质量控制的又一项重要措施。考核的结果需与工资奖金挂钩，这样会调动员工工作积极性，保证客房清洁保养工作质量达标。同时在考核时要注意公开、公平、公正，并将结果及时公布、定期汇总、落实兑现。

（四）表格化管理

表格在日常信息沟通、工作计划、任务分配、工作汇报、业务考核、总结分析等工作中作用重大。要最大发挥表格的作用，需要对表格进行合理的设计，使其适应实用、适用、够用、方便填写统计的原则，同时要定期对表格进行整理、统计、分析，一般每月统计一次，每年做一次汇总，通过比较和分析，发现问题、找出原因、制定调整措施，以改进和提高客房管理水平。一般客房部清洁保养工作常用的表格有客房服务员工作报表、客房状态报表、楼层领班工作单、客房服务员工作考核表、楼层主管工作单、维修通知单、住客意见表、综合查房表等。

（五）加强计划控制

客房部的管理主要是通过各种制度和计划，将客房服务工作科学地组织起来，完成预定的目标。因此，客房部在日常工作中，要根据具体情况制订各种计划。常见计划有客房清洁保养工作日常计划、客房清洁保养工作长期计划、客房设备维修计划、客房更新改造计划等。

三、公共区域清洁保养工作

公共区域（Public Area，PA）是指饭店内公众所共有共享的活动区域。公共区域一般包括室内和室外两部分。室内公共区域分为前台和后台两部分，前台公共区域主要指客人使用的场所，如大堂、电梯、楼梯、公共洗手间，甚至包括餐厅、歌舞厅及多功能厅等处。后台公共区域一般指员工使用的部分，包括员工休息室、员工更衣室和员工餐厅等。室外公共区域主要指饭店的外围部分，如花园、前后大门、车道、外墙等处。公共区域的清洁保养工作一般也分成日常清洁保养和定期清洁保养两种。

（一）公共区域清洁保养的特点

1. 工作条件差，技术性强

饭店公共区域工作环境较差，清洁保养工作需要较强的专业性，如对绿化的布置与清洁、地面打蜡等，这些工作所需要使用的设备、工具、用品繁多，所需保养的对象也很复杂，如对地面清洁保养，所涉及的地面种类除了大理石，还有水磨石、瓷砖等多种地面，不同的地面应采取不同的清洁保养方式，这就要求员工具有全面的专业知识和熟练的操作技能。

2. 工作质量要求高

任何人到饭店都会接触饭店公共区域，公共区域的卫生状态直接影响客人对饭店的认知，如果饭店大堂有破损或污渍，会让客人产生对饭店的不信任，进而减少或取消在饭店消费。所以，饭店必须要重视公共区域的清洁保养。

3. 工作范围广、内容繁杂，质量难以控制

饭店公共区域所涉及的范围广大、场所多、内容繁杂、情况多变，导致清洁保养工作的质量难以控制，比如客人多少、活动安排、天气变化等情况都有可能改变原有的计划。

（二）公共区域清洁保养的准备工作

1. 安排好清洁保养时间

饭店的公共区域是客人活动频繁的场所，在对其进行清洁保养前，应根据客人活动的时间规律，安排好不同区域的清洁保养时间，原则上应不影响各部门的正常营业，一般日常清洁可在客人活动的间隙进行，而彻底的清洁保养则应在营业结束后进行。

2. 领取工作钥匙和有关工作报表

服务员在对公共区域进行清洁保养前应先到领班处领取某些公共区域如多功能厅、酒吧、商场等处的工作钥匙和相关的工作报表。

3. 准备好清洁剂和清洁工具

清扫公共区域前，应先根据不同的清洁区域和清扫任务，准备好相应的清洁工具。

(1) 清洁高处卫生应准备好梯子等清洁工具，使用前先检查，保障使用安全。

(2) 清洁地面卫生，应准备好吸尘器、打蜡机、拖把、尘推等。清洁器具应保持干净，完好无故障，若发现机器设备有漏电等异常现象，不能使用并及时报修。

(3) 清洁其他场所的卫生，可根据情况准备好玻璃清洁器、抹布、胶皮手套、扫帚、簸箕等。根据被清洁对象的物性及要求，准备好相应的清洁剂，并按规定进行稀释，放在对应的容器中。

4. 做好公共区域场地的准备工作

清扫公共区域卫生前，应根据清洁任务要求的不同，对某些场地做准备工作。

(1) 地毯吸尘前，最好先把家具挪开，等吸完尘再放回去，可以有更好的吸尘效果。

(2) 清洗地面前，应先把家具等搬开，等清洗完地面，再放回去。

5. 做好仪容仪表的准备工作

饭店公共区域是接触客人最多的地方，服务人员的一举一动都代表着饭店的形象，较好的仪容仪表能够为饭店增分，相反，服务人员如不修边幅，形象邋遢，则会在顾客心中产生反感情绪，客人会减少甚至取消在饭店消费。

（三）公共区域清洁保养工作的内容及方法

1. 大厅

随时清洁整理，倒烟灰缸，保持地面清洁，午夜进行地面清洗工作。

2. 各餐厅、酒吧、咖啡厅、宴会厅

利用餐间的空隙时间进行清扫，有些饭店的保洁员只负责每天晚上的大清扫。

3. 多功能厅

使用频率通常没有餐厅、酒吧高，一般无须每天进行清洁保养，可根据活动来安排清洁保养工作。活动前进行全面的清洁保养，活动中保持场地清洁，活动后及时协助有关部门清理场地，并做必要的清洁保养工作。此外，客房部还需做好定期清洁保养工作。

4. 客用洗手间

客用洗手间使用者众多、频繁、清洁保养工作要求高、难度大，必须保证设备完好、用品齐全和清洁卫生，清洁保养工作可分为一般性清洁保养和全面清洁保养，随时进行巡视检查，保持其清洁。

5. 客用电梯、自动扶梯

随时打扫，并定期清洁保养地毯，自动扶梯在停止运行后，再进行进一步的清洁保养。

6. 庭院花木

每日整理，定期修剪。

7. 饭店建筑四周

每日打扫，尤其注意大门的整洁。

8. 停车场

随时清洁，定期保养。

9. 各办公室、职工食堂、工作电梯、员工浴室、厕所、更衣室

每日打扫，并视情况定期进行清洁保养。

10. 除虫灭害

要根据虫害的诱因及类别采取相应的预防措施，定期喷洒杀虫剂、杀虫药，消灭虫害。

要管理好公共区域清洁保养工作，必须建立岗位责任制，明确职责和清洁保养的标准，加强日常的检查和监督，以保证清洁保养工作的质量。

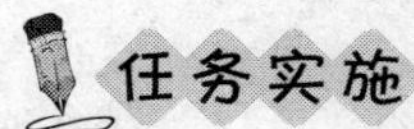

任务实施

饭店客房服务程序如图 4－7 所示。

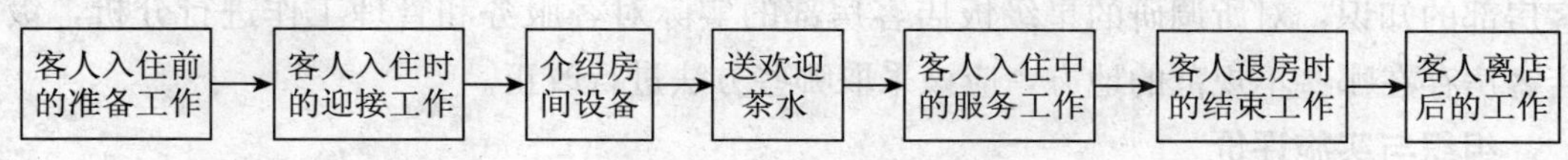

图 4－7　饭店客房服务流程

第一步：客人入住前的准备工作

在客人入住前，应了解入住客人的基本情况，以便做好有针对性的服务接待工作。

整理并检查房间，为客人提供清洁、舒适的住宿环境。

第二步：客人入住时的迎接工作

热情接待入住客人，引领客人入房。若有行李员引领客人，则客房服务员应先请客人进房休息，并为客人准备茶水和毛巾。

第三步：介绍房间设备

向客人简要介绍房间内的设备。一般情况下，对于客房内的特殊设备应作详细介绍。如保险柜的使用等。对于一般设备则根据具体情况有选择性的介绍或者不介绍，以避免过多打扰客人。介绍时语言要得体，简明扼要。

第四步：送欢迎茶水

很多饭店要求实行“五到”（客到、微笑到、敬语到、茶水到、毛巾到）的服务，尤其是针对 VIP 客人。也有一些饭店没有提供此项服务。

第五步：客人入住中的服务工作

按时清扫房间，为客人提供夜床服务。为客人提供住宿期间的留言服务、洗衣服务、送餐服务、租借物品服务、托婴服务、访客服务以及客人需要的其他服务等。

第六步：客人退房时的结束工作

在客人退房时，应送别客人，及时进行房间检查工作，并将查房结果告知前厅部。

第七步：客人离店后的工作

客人离店后，有很多遗留问题需要处理，比如客人的遗留物品的处理工作等。及时清扫、整理房间，将房态信息告知前厅部。

任务总结

通过对饭店客房的基本职能、机构设置、对客服务模式和服务内容的学习和理解以及对饭店客房清洁保养工作初步认识，全面了解饭店客房服务与管理的基本内容和要求，了解客房对客服务基本流程。

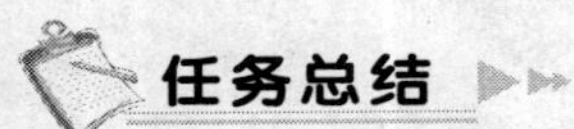

实训项目

内容与要求

选择学生所在城市的高星级饭店的客房部作为研究对象，根据自己所学习的有关客房部的知识，对所调研的星级饭店客房部的实际对客服务和管理工作进行分析，饭店客房存在哪些不规范的地方，应该采取哪些方法进行改正。

组织与实施评价

1. 以项目团队为学习小组，小组规模一般是 5～8 人，分组时以组内异质，组间同质的原则为指导，小组的各项工作由小组长负责指挥协调；

2. 团队成员共同参与、共同配合、完成任务；

3. 各项目团队根据实训内容互相进行讨论，并点评；

4. 评价与总结：各项目团队提交实训报告，并根据报告进行评估。

评估指标及标准

如表 4－4 所示。

表 4－4　客房服务操作评分表

<table>
<tr><td colspan="2">被考评人</td><td></td><td colspan="4">考评时间与地点</td></tr>
<tr><td colspan="2">考评内容</td><td>考评标准</td><td>分值/分</td><td>自我评价/分</td><td>小组评价/分</td><td>实际得分/分</td></tr>
<tr><td rowspan="5">专业知识技能掌握</td><td>客房部的基本职能和机构设置</td><td>了解</td><td>10</td><td></td><td></td><td></td></tr>
<tr><td>客房对客服务模式</td><td>掌握</td><td>15</td><td></td><td></td><td></td></tr>
<tr><td>客房对客服务的内容与程序</td><td>掌握</td><td>20</td><td></td><td></td><td></td></tr>
<tr><td>客房部清洁保养工作的内容</td><td>了解</td><td>5</td><td></td><td></td><td></td></tr>
<tr><td>完成情况</td><td></td><td>10</td><td></td><td></td><td></td></tr>
<tr><td rowspan="3">通用综合能力</td><td>学习态度</td><td>积极主动，勤于提问，勇于探索，态度认真</td><td>15</td><td></td><td></td><td></td></tr>
<tr><td>运用知识的能力</td><td>能够熟练自如地运用所学的知识进行分析、总结</td><td>15</td><td></td><td></td><td></td></tr>
<tr><td>团队分工合作</td><td>能融入集体，愿意接受任务并积极完成</td><td>10</td><td></td><td></td><td></td></tr>
<tr><td colspan="3">合　计</td><td>100</td><td></td><td></td><td></td></tr>
</table>

注：实际得分＝自我评价（占 40%）＋小组评价（占 60%）

一、填空题

1. 客房可以分为 5 个功能区域空间，即：________、________、________、________和________。

2. 客房的对客服务模式有________模式、________模式和________模式三种。

3. ________负责饭店员工制服以及餐厅、客房所有布件收发、分类和保管。

4. 客房部清洁保养工作的逐级检查制度包括________自查、________普查、________核查和________抽查。

5. 客房部清洁保养工作一般分成________和________两种。

二、选择题

1. 在一间客房内设置1张双人床，适合夫妇或商务客人使用的客房称为________。

A. 单人间　　B. 标准间　　C. 大床间　　D. 双床间

2. ________空间是客房最基本的功能空间。

A. 睡眠　　B. 起居　　C. 盥洗　　D. 储存

3. 对于大多数客人来说，客房最重要的因素是________。

A. 清洁　　B. 豪华　　C. 位置　　D. 景观

4. 设立客房服务中心的首要前提条件是客房楼层需有较高的________。

A. 服务水平　　B. 服务技能　　C. 工作效率　　D. 安全保障

5. 宾客退房离开房间，服务员应迅速________。

A. 打扫房间　　B. 检查房间　　C. 通知接待处　　D. 通知收银处

三、简答题

1. 客房部在饭店中的地位如何？

2. 客房部对客服务工作包括哪些内容？

3. 公共区域清洁保养的特点有哪些？

项目五　饭店餐饮管理

知识目标

- 知晓饭店餐饮部的工作职能和组织机构设置；
- 掌握中餐和西餐的服务流程、吧台服务的工作程序；
- 初步掌握菜单设计、制作的方法与流程。

能力目标

1. 能够掌握饭店中餐西餐的服务流程及其运作；
2. 学会中餐菜单的设计与制作方法。

任务导入

如何应对多样的餐饮服务

陈先生是住店客人，在餐厅预订了10人的晚餐，并于当晚和他的朋友用餐，陈先生对餐厅环境很满意，非常高兴。服务员热情地介绍特色菜肴。陈先生点了鱼翅、江鲜、当地特色菜。陈先生对菜肴、服务都很满意。用餐后陈先生问服务员是否可以签单，服务员回答说可以，当服务员把账单递给客人的时候，客人看了看账单就签了字。服务员核对了客人的房卡，然后把账单送到收银台。收银员立即打电话到前台询问陈先生是否可以签单，前台服务员却说陈先生在前台的押金只剩1000元，不能签单。服务员转身看到陈先生和朋友要离开餐厅，赶紧走到陈先生面前小声说："对不起，您不能签单，您在前台的押金不足。"陈先生立刻显出不高兴的样子说："我住这个饭店为什么不能签单?"服务员解释说，陈先生在前台的押金不足1000元，只有到前台补交押金后才可以签单。陈先生很不高兴地走到前台补交押金，并说："我在这儿还要住好几天呢，我又不会不结账就跑了，太不像话了!"

任务分析

在本例中，当客人需要签单时，餐厅服务员未及时向前台询问押金情况，就回答客人的问题。并且当服务员向客人解释时，语言技巧未掌握好，过于生硬，最终让客人很生气。正确的做法应该是：当客人需要大金额签单时，餐厅服务员应及时向前台问询押金情况，了解清楚情况后才能回答客人。作为餐厅服务员不是简单地向客人提供服务，还应该及时与前台联系，及时准确地为客人提供优质的餐饮服务。当服务员向客人解释时，语言应婉转，以避免客人的误会，如客人生气，也会造成餐厅的损失。餐厅服务员除了应该具备娴熟的服务操作技能以外，还应该具备良好的交流技巧，掌握一定礼仪礼貌知识。客人住在饭店，前台应随时核查客人的押金数额，如有押金不足的情况，应及时通报有关部门和岗位，以免发生类似事情，引起客人不满。

任务一　餐饮部概述

餐饮部是饭店的重要部门之一，是饭店和宾客之间的桥梁，以餐厅菜品和酒水的销售为中心，并提供标准化的就餐服务，是饭店中起着引领饭店发展的关键因素的部门，负责销售饭店餐饮产品，协助饭店搞好组织接待工作的一个综合性服务部门。餐饮部也是饭店进行服务和管理的关键部门，是饭店创收获利的重要途径之一。

一、餐饮部基本工作职能

（一）餐饮部的地位和作用

餐饮部服务的好坏会给就餐客人留下深刻的印象，餐饮服务的质量和特色决定了整个饭店的发展，其工作直接反映了饭店的工作效率、服务质量和管理水平，直接影响饭店的总体形象和经营业绩，其地位和作用十分重要。

1. 餐饮部是饭店对客服务的主要部门，是饭店经营的核心部门

饭店的基本功能是住宿和吃饭，作为现代饭店，餐饮是饭店客人的主要活动之一。餐饮部应为客人提供食品、酒水饮料以及相关的服务，满足客人最基本的生活需求。餐饮部员工热情大方、彬彬有礼的服务态度，娴熟的服务技巧，细致周到的服务内容，可以赢得客人的满意与信赖。

2. 餐饮部是饭店的主要经营收入部门之一，是饭店获取盈利的主要途径

餐饮部负责销售饭店的菜品和酒水，并提供能满足客人需求的餐饮服务。餐饮产品的利润在整个饭店的利润中占有重要份额，一般占饭店总收入的30%～40%，在旅游淡季，客房利用率较低时，餐饮收入甚至可以超过客房收入。很多饭店都把餐饮产品作为自己的特色，提高饭店的营业收入。

3. 餐饮部是饭店的主要产品销售部门，是饭店在市场营销中的重要组成部分

饭店的主要产品是客房和餐饮，而餐饮设施常被客人作为选择饭店的重要因素，常常是饭店营销的先导。为了扩大饭店的销售量，提高饭店的营销力度，餐饮部应为客人提供优质的、标准化和个性化相统一的、有针对性服务，以获得顾客的认可和满足。

4. 餐饮服务是饭店服务的核心，其质量和标准直接影响饭店的声誉

餐饮部工作人员，特别是直接为客人服务的工作人员，他们的一言一行，一举一动都会在宾客心目中产生深刻的印象。良好的服务会增加顾客对饭店的认可度，反之，就会降低饭店的社会声誉。

（二）餐饮部基本工作任务

1. 餐饮产品的生产和销售

餐饮部是饭店的一个分支部门，担负着生产和销售饭店的菜品及酒水，并提供满足客人需求的餐饮服务。餐饮部一般设有中餐厅、西餐厅、咖啡馆、酒吧、厨房等，提供适合客人口味的中餐菜肴、西餐菜肴、不同口味的咖啡、各种酒水等各项餐饮产品和服务。

2. 确保食品菜肴和餐饮服务质量，提高市场竞争力

餐饮部应制定标准菜谱以及各个岗位的操作规程和质量标准，严格检查监督，不断改善服务细节，并以个性化服务提高顾客对饭店餐饮服务的评价，提高餐饮产品的外围质量。诸如菜肴口味根据客人要求调整、对常客提供寄存酒水服务、建立客史档案记住客人的就餐爱好等，创建服务特色，提高市场竞争力。

3. 控制餐饮成本，提高盈利水平

饭店餐饮部的利润来自于餐饮产品销售价格和销售成本之间的差额。餐饮部门成本控制涉及一系列环节，在保证食品质量、数量符合标准的前提下，尽量减少损耗、降低成本，提高饭店的盈利水平。

4. 加强人员管理，提高生产效率

餐饮部必须合理地进行定编定岗工作，根据劳动定额指标，合理组织人力和安排好职工的工作、休息时间，在保证食品质量和服务质量的前提下，最有效的使用人力资源，降低人工费用。饭店企业的设备不断更新，技术构成逐步提高，这就要求餐饮从业者既能掌握先进的物质技术设备，又能针对客人的心理需求提供高质量、高效率的服务。

5. 确保食品卫生和饮食安全

保障顾客的就餐安全是餐饮部工作的首要职责，它直接影响到饭店的声誉和形象。因此，饭店餐饮部必须加强食品卫生和饮食安全的管理，强化预防措施，确保食品卫生、环境卫生和职工个人卫生都符合要求。并且还要杜绝食品污染、食品中毒的事故发生。

6. 不断进行餐饮创新，在特色中求生存和发展

餐饮部应在继承传统的基础上，依据市场需求，不断研发新菜品，提供可以满足个性需求的特色产品和服务。餐饮部应注意随时处理好客人的特殊需求与饭店固定产

品服务的关系、工作制度原则性与服务灵活性的关系、客人心理变化与相应服务调整的关系等。

（三）餐饮部业务工作特点

1. 工作劳动量大，时间性强

作为为客人提供餐饮服务的部门，餐饮部承担着所有就餐客人的服务工作，它包含从原材料的采购，到食品的加工制作，最后餐饮产品上桌，整个工作系列性强，过程复杂。很多都是需要手工操作来完成，劳动量相对较大。因为就餐时间的限制，餐饮部工作人员的工作必须在限定的时间内完成，不得推迟或拖延。

2. 餐饮产品生产的不可储存性

餐饮部提供的产品有两种：一是食物（有形产品），二是服务（无形产品）。食品具有易腐烂变质的特点，只能生产当天而且是在较短的时间内食用，不能长时间储存；餐饮服务也只能当次使用、当场享用，不能储存。因此，餐饮部门应该非常注重食品和服务的质量，以求更多的回头客。

3. 餐饮服务的差异性

一方面，服务人员在年龄、性别、性格、受教育程度及工作经历等方面存在着个体差异，所提供的服务质量会有所不同。另一方面，同一名服务人员在不同的场合、不同的时间和不同的情绪中，服务态度、服务方式也会出现一定的差异。在餐饮部工作的人员，每天都要面对各种各样、形形色色的客人，客人的要求是不一样的，为其提供的菜品和服务内容也是不一致的。这就要求餐饮部工作人员掌握娴熟的服务技能，反应要快，才能适应不断变化的客人需求。

4. 同步性

绝大多数餐饮产品的生产、销售、消费几乎是同步的。同步性决定了餐厅应该营造良好的餐饮销售环境，以员工为本，加强员工的培训和激励，使员工全心地投入到对客服务和销售当中去，提高工作效率，为餐饮部带来良好的经济效益。

5. 餐饮产品的季节性

餐饮产品的季节性是由食品原料和气候决定的。不同的季节有不同的原料，餐饮部所提供的食品品种也会有所不同。同时，在不同的季节，人们对食品会有不同的需求，导致餐饮部门出现淡旺季。

6. 客源市场的广泛性

餐饮部的客源十分广泛，它不仅仅是针对住店客人，还会面向社会市场。因此，为了满足不同群体的需要，餐饮部的经营规模和风格、经营范围、食品风味和花色品种等也不尽相同。

二、餐饮部组织机构设置

（一）饭店餐饮部组织机构

饭店餐饮部组织机构通常按照饭店规模和实际需要进行设置。

1. 大型饭店餐饮部组织机构设置

大型饭店餐饮部餐厅更多更全，分工明确细致，管理层次较多，其组织结构更为庞杂。大型饭店餐饮部组织机构设置如图 5－1 所示。

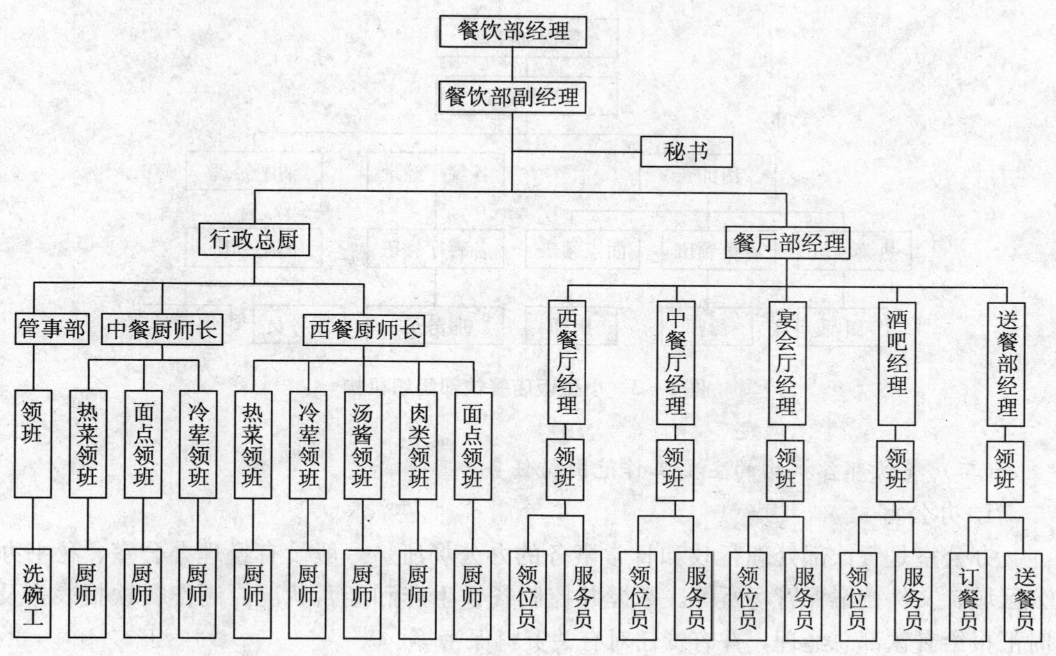

图 5－1　大型饭店餐饮部组织机构

2. 中型饭店餐饮部组织机构

中型饭店餐饮部餐厅数量和种类都较多，分工比较细致，管理层次比小型饭店餐饮部有所增加，其组织结构较为复杂。中型饭店餐饮部组织机构设置如图 5－2 所示。

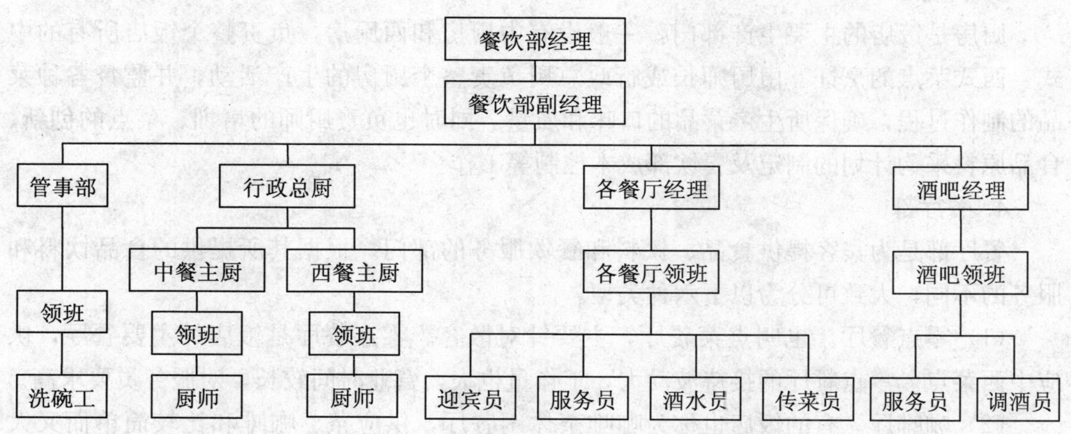

图 5－2　中型饭店餐饮部组织机构

3. 小型饭店餐饮部组织机构

小型饭店餐饮部餐厅较少，类型单一，大多数只经营中餐，故其岗位设置及管理层次设置都较少，组织结构较为简单。小型饭店餐饮部组织机构设置如图 5－3 所示。

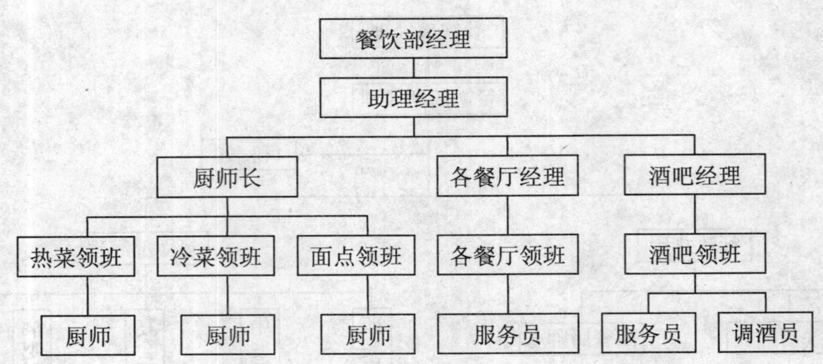

图 5－3　小型饭店餐饮部组织机构

（二）餐饮部各机构的主要工作范围与任务

1. 办公室

办公室是餐饮部处理行政和日常事务的办公场所。一般设有经理办公室、秘书办公区域、文件档案保管场所等。掌握并控制餐饮生产和经营状况，制作餐饮报表，及时汇报给餐饮部总经理，并有责任对有关资料保密等。

2. 采购部

饭店餐饮部下都会设立采购部，主要负责餐饮部物资供应。它根据餐饮部实际经营需要以最合理的采购价格，按时保质保量地组织和采购所需物品，主要是食品原料和酒水饮料等。然后将采购进来的原料送入仓库验收，合格后分库妥善保管，随时保证餐饮部的使用需求。

3. 厨房

厨房是饭店的主要生产部门，一般设有中厨房和西厨房，负责整个饭店所有的中式、西式菜点的烹饪。由厨师长或行政总厨负责整个厨房的生产活动，并监督各种菜品的制作过程，确保所生产菜品的口味和质量。同时也负责厨师的培训、菜点的创新、食品原料采购计划的制定及餐饮部成本控制等工作。

4. 餐厅部

餐厅部是为宾客提供食品、饮料和餐饮服务的部门。根据其所提供的食品饮料和服务的不同，大致可分为以下六种类型。

（1）零点餐厅。也叫点菜餐厅，主要针对散客。零点餐厅是饭店的主要餐厅，供应中西菜点。零点餐厅的接待波动大，工作量也大，营业时间较长，对服务员要求高。

（2）咖啡厅。有的饭店也称为咖啡茶休闲餐厅，供应茶、咖啡和比较简单而又大众化的西式菜点和饮品。

（3）酒吧。酒吧是专供宾客享用酒水饮料，休息和娱乐的地方，主要供应中式、西式酒水饮料和小吃。通常上午时间只是开吧和领货，可以少安排人员；晚上营业繁忙，应多安排人员。

（4）特色餐厅。又称风味餐厅，饭店根据服务对象的不同需要，设立风味餐厅，以便发挥自己的特长，满足客人的需要。

（5）自助餐厅。是一种快餐厅，也称为西餐厅，它主要供应西式菜点，但也供应中式菜点，具有节省用餐时间、价格低廉、品种多、风味不同的优势，颇受宾客的欢迎，是现代饭店餐饮部的重要餐厅。

（6）客房送餐。一般饭店为满足宾客多样化的就餐需求，为住店宾客提供客房送餐服务。客房送餐同时也接受前台的指令，为饭店的 VIP 客人送上鲜花和水果。

5. 宴会部

宴会部接受宾客的委托，组织各种类型的宴会、酒会、招待会等活动，并根据宾客的要求制定菜单，布置厅堂，备餐铺台，同时为宾客提供完整的宴会服务。一般宴会厅也承办团队订餐，根据宾客要求、价格标准而设计不同菜品。

6. 管事部

饭店餐饮部都会设立管事部，负责厨房、餐厅、酒吧等处的清洁卫生及所有餐具、器皿的洗涤、消毒，存放、保管和控制。它是餐饮部正常经营的基础，是保证餐饮产品和餐饮服务质量的前提。

（三）餐饮部与其他业务部门的协作

要搞好餐饮部的经营管理，不但要作好餐饮部内部协调，还要协调好餐饮部与饭店其他部门之间的外部协调。加强部门间的协调沟通是提高餐饮服务工作效率的关键因素，是顺利开展对客服务、向客人提供优质服务的保证。

1. 餐饮部与康乐部

餐饮部作为销售餐饮产品和餐饮服务的部门，与康乐部有着密切的联系。宾客在进行康乐活动的同时，会产生大量的餐饮需求。比如，在健身房、游泳池、保龄球馆的宾客需要小食品和饮料的提供；在歌舞厅、卡拉 OK 厅、KTV 的宾客需要休闲食品、酒水、饮料和水果的提供等。餐饮部应该建立与康乐部的客情和销售联系，扩大销售，增加餐饮部的销售收益。通过既定的客情网络，餐饮部可以制定销售计划和预测销售量，也为康乐部提供了坚实的物质支撑。

2. 餐饮部与营销部

营销部对饭店的产品销售工作负有责任，也承担营销餐饮产品的任务，只是餐饮部更侧重于餐厅产品的生产和销售工作。而营销部的营销范围更为广泛，在开拓客源市场，开展长期的、团体的销售方面负有更多责任，对饭店长期的、整体性销售，更加专业。因此两个部门必须互送信息，加强联系，加强信息沟通。餐饮部应向营销部递送“客情预报表”“客源比例分析表”“餐饮营业表”等有关报表。营销部应将已获批准的各种营销计划和营销策略的副本交餐饮部。餐饮部要同营销部联系核实餐饮的实际销售状况，了解抵店就餐客人的具体要求、安排，以提前布置，准备菜品、酒水等。

3. 餐饮部与人力资源部

餐饮部应根据部门工作需要和人力资源部的安排，做好员工岗位调整和培训工作，并根据工作需要向人力资源部提出用工申请，参与员工面试并做好新员工培训。两部门配合做好考勤、业绩考核和工资奖金的评议和发放工作，以及部门员工福利性待遇和医疗费用的审核等。

4. 餐饮部与财务部

餐饮部要加强与财务部（包括前厅收银处）保持信息沟通与密切联系，保证结账收银的及时无误。餐饮部要根据饭店政策决定客人付款方式、是否预先付款及消费信用限额，制作账单，连同信用卡签购单交收银处建立客账；送交压印好的信用卡签购单；递交“团队的总账单”等有关报表；与相关单位签订的收款协议需符合财务部的有关规定。

5. 餐饮部与工程部

饭店餐饮设备的好坏，直接关系着餐饮部能否正常运转。工程部的主要任务就是进行饭店设备的管理、维修和保养。餐饮部应随时把餐饮设备的运行状况和数据进行记录、统计，报送工程部，以便及时发现问题，预防设备出现故障的情况。餐饮部还应该把自己每年的设备增加情况，报请工程部。如果遇到设备、设施损坏，应该立即通知工程部维修。对营业场所进行必要的装修改造时，也应与工程部共同研究提出实施方案。

6. 餐饮部与其他部门

为了保证厨房部门能够顺利运营，应该进行消防检查和演练，报请消防部门对其进行技术和知识的支持；为了保证餐饮产品的不断更新和变化，应该与饭店的采购部加强联系，并且不断地获取餐饮原材料的市场信息；由饭店组织的大型活动应事先将活动方案报保安部，请其协助维持治安秩序和现场安全检查；当需要用车时还要与汽车调度部门联系等。

（四）餐饮部主要岗位职责

由于就餐顾客需求的多样性，餐厅类别和提供的就餐服务差别很大。饭店餐饮部主要岗位常规职责如下：

1. 餐饮部经理岗位职责

（1）建立本部门组织机构和各级人员岗位职责，与人事部门联系，挑选合适的管理干部人选。

（2）研究市场行情，了解顾客需求，调整餐饮部门的生产、销售组合，保证最大限度地满足客人需求。

（3）拟订部门经营计划，检查控制计划的实施，并根据经营情况适时调整。

（4）分析部门经营成本和部门盈利，进一步开源节流。

（5）制订采购计划，指导采购工作，协调采购与生产、销售的关系。

（6）关心厨房的生产，督促提高菜肴质量，不断推出创新菜肴品种，保证客人满意。

（7）出席总经理主持召开的指令会和协调会。

（8）主持本部门工作例会，向本部门各负责人委派工作。

（9）审阅和签署各种报表和申请报告，阅读财务报表等。

（10）定期向总经理汇报工作，不断改进部门经营方式。

（11）负责制订餐饮部的培训工作计划，并组织实施。

（12）严格贯彻执行食品卫生法。

（13）与饭店各部门保持联系，协调解决有关问题。

（14）完成总经理临时交办的工作。

2. 餐饮部宴会预订主管岗位职责

（1）作好市场调查分析，掌握市场信息和饮食动态，向餐厅部经理提出饮食销售决策的建议。

（2）分析客源构成，了解客人心理，主动宣传，适时组织推销，留住老客户，广交新客户，不断扩大销售。

（3）了解和掌握本饭店、其他饭店的餐饮新品种和推销特点，经常与餐厅部经理、厨师长沟通，研究新菜单，丰富饮食品种。

（4）建立食谱档案，其中包括重要贵宾的食谱，提供有针对性的服务。

（5）定期培训本岗员工，丰富其专业知识，提高其工作能力。

（6）参加每周餐厅部经理召开的指令会，并汇报一周的重点客人和大型活动情况。

3. 餐饮部中餐厅主管岗位职责

（1）在日常运转中，通过督导和管理，保证餐厅服务水准，达到客人满意，完成营业指标。

（2）按照培训计划，负责每周至少对员工培训一次。

（3）填写每日工作报告，并及时送交餐厅部经理审阅。

（4）了解客情，负责员工班次安排，时刻做好服务接待准备工作。

（5）善于听取员工意见，纠正员工的不规范行为，给予正确的指导，全面监督和管理整个餐厅的工作。

（6）巡视前台服务，检查餐厅内的一切设备、设施。

（7）及时处理客人投诉，主动征询客人意见，参与对 VIP 客人的服务。

（8）及时处理员工之间的纠纷，并协调好关系，保持员工的工作热情。

（9）经常与厨房保持良好的沟通联系。

（10）负责与餐厅有关的其他部门间的横向沟通。

（11）完成上级交办的其他工作。

4. 餐饮部中餐厅领班岗位职责

（1）接受餐厅主管指派的工作，全权负责本班组工作。

（2）协助餐厅主管对员工进行定期业务培训。

（3）根据客情安排好员工工作班次。

（4）与宾客建立良好业务关系，及时妥善地处理客人投诉，并向餐厅主管汇报。

（5）做好本班组物品保管和餐厅卫生工作。

（6）负责本班组员工的考勤考核工作。

（7）完成餐厅主管临时交办的事项。

5. 餐饮部中餐厅服务员岗位职责

（1）按照规格水准，布置餐厅的餐桌，做好开餐前的准备工作。

（2）确保所用餐具、器皿等清洁、卫生、明亮、无缺口，棉质品干净挺括无破损，无污迹。

（3）按服务规格、操作程序进行对客服务，使之符合饭店的规格水准。

（4）做好餐后收尾工作。

（5）完成上级交办的其他任务。

6. 餐饮部酒吧主管岗位职责

（1）全权负责整个酒吧的日常运转，以达到客人的最大满足和部门的预期效益。

（2）按餐厅部指示，定期进行员工培训，确保高标准为客人提供服务。

（3）认真按客情为员工排班，监督和指导员工正确工作，并检查员工出勤情况，及时纠正员工的不规范行为和陋习。

（4）保持酒吧的清洁卫生，员工个人卫生及制服整洁。

（5）与客人保持良好关系，并参与接待 VIP 客人，主动征询客人意见，改进服务工作中的不足。

（6）按程序处理客人投诉及特别要求，缓和不愉快局面，使客人对酒水服务得到最大满足。

（7）会同有关部门，及时处理酒吧发生的一切突发事件，并将处理结果向餐厅部经理汇报。

（8）每天巡视各酒吧服务员的工作情况，检查饮品质量、家具、设备、杯具、调酒用具的保养和清洁卫生情况。

（9）保证饮料单上饮品的供应，严格按标准配制各类鸡尾酒，并定期检查。

（10）不断创新鸡尾酒品种，开展各种促销活动。

（11）负责与相关部门协调，正确处理采购供应，设备保养等方面的问题。

（12）参与餐饮部例会，并及时向下属传达会议精神。

（13）定期召开员工会议，总结交流酒吧工作情况，并写出书面总结报告和建议呈报餐饮部。

（14）保证各种宴会和特别活动所需的临时酒吧需求，并监督临时酒吧的设立及运转工作。

(15) 督促员工认真执行饭店的各项规章制度，与员工保持良好关系。

(16) 及时认真地完成上级主管部门下达的其他各项任务。

任务二 餐厅服务与管理

一、中餐服务基本规则

中餐服务主要是指为客人提供中式的餐饮食品，以及酒水和饮料的相关服务工作。

1. 中餐服务的特点

(1) 中餐服务要求热情周到。受中国文化的影响，很多选择中餐的顾客讲究酒足饭饱，尽兴尽情。中餐进餐喜欢热闹，席间相互敬酒敬菜、劝酒劝饭、碰杯夹菜是中餐一大特色。这就要求在就餐过程中得到餐厅热情的餐饮服务，烘托出热闹的就餐氛围。

(2) 服务过程中不断与顾客交流，满足顾客的需求。中餐服务中，就餐顾客讲求餐饮的享受性，希望服务员能够不断主动的询问自己，体现“顾客就是上帝”的优越感，所以比较注重服务员与客人的交流。

(3) 对服务员的酒水知识要求不高。中餐酒水对食物搭配没有固定要求，通常可以一种酒水吃到底，对服务员酒水知识的掌握没有西餐服务员那么严格，操作要求也比较单一。

2. 中餐服务的基本规则

(1) 做到“客人到、微笑到、香巾到、茶水到”。中餐服务一般讲究服务的热情和周到，所以服务员应该热情迎客，并且能够及时提供相关服务。在服务中，首先让客人能够接受服务，然后感受服务员的真诚，对餐厅形成良好的第一印象和愉悦的就餐心情。

(2) 上每道菜时先报菜名，用手示意“请”。客人在就餐的时候，需要了解菜肴的名称，体现消费的透明性和公开性，同时也增加了客人的菜肴认识。

(3) 酒水饮料从宾客右侧上，并且用右手斟倒；遵循先女后男，先宾后主的顺序。酒水和饮料在中餐中也是必不可少的组成部分，一般都是从客人右侧斟倒。并且为了体现主人请客的礼貌和诚意，应先从客人和女士开始。

(4) 就餐服务中先撤后上，右撤右上。在中餐进餐顺序中，会有多道菜肴不断上桌。在上桌前都会把客人的一些空盘撤回，然后上新菜，以便腾出更多的空间给客人就餐，一般都是在客人的右侧完成。

(5) 中餐服务中的摆台因就餐的餐厅不同，会有一定的差异。中餐宴会摆台都是十人餐桌摆台，为了体现服务的标准化，使用的餐具较多。如果是中餐零点摆台，体现就餐的便捷性，使用的餐具相对较少，比较简单。如果是特色餐厅，摆台需要具有一定的个性化，餐具也有很大不同。

二、中餐服务的程序

(一) 零点午、晚餐的服务程序和基本要求

中餐服务不仅包含中餐厅服务，还包括属于中餐服务的其他餐厅服务。中餐服务一般程序如图 5-4 所示。

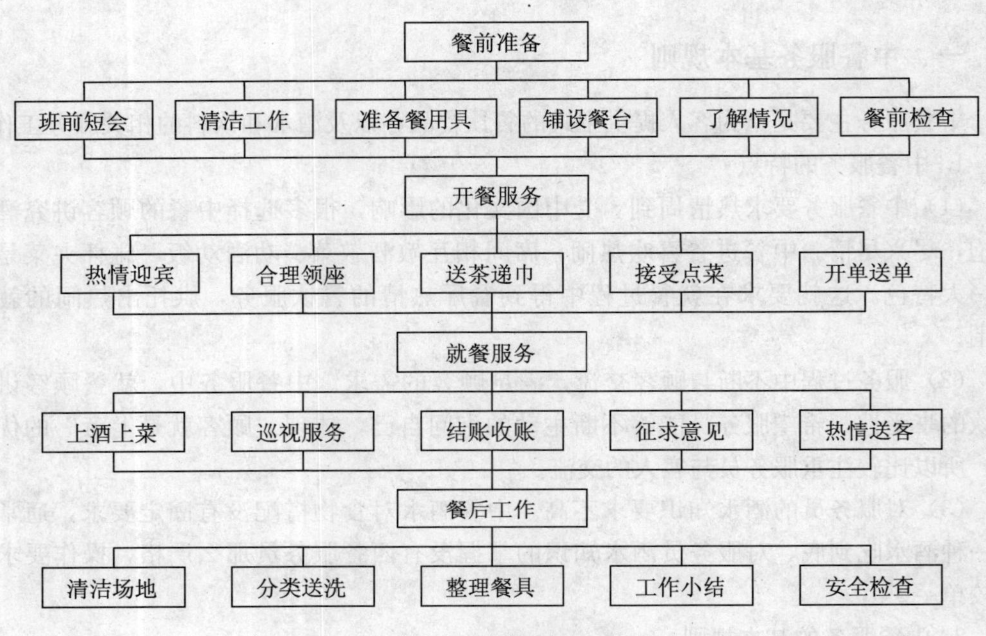

图 5-4　中餐服务程序

1. 餐前准备

按餐厅的要求着装；按“餐厅卫生标准表”进行卫生工作；按“中餐零点台摆台”规格进行摆台；准时参加餐前会，了解客情和分配的工作区域及工作内容。

2. 餐前检查

台面布置是否符合摆台规格；餐具是否清洁卫生，有无缺口；盐、胡椒瓶有无污迹，数量是否符合要求，洞口是否畅通；备用餐具品种数量是否齐全、充足、清洁、卫生、摆放整齐；台布、口布是否挺括，有无破洞和污迹；花草是否鲜艳、有无枯叶；地面有无杂物，椅面是否清洁；订单、圆珠笔、开瓶器是否备齐；重新检查仪表仪容。

3. 开餐服务

(1) 站在指定的位置上，等候客人到来，仪态端庄，精神饱满。当引座员将客人带到餐位时，应立即上前，微笑问候，表示欢迎。

(2) 协助引座员拉椅，请客人入座，替客人展开口布；若客人需要宽衣时，为客人挂好衣服。若客人就餐人数与餐位不符，需要增撤餐具或食品时，必须使用托盘。

(3) 用托盘从客人的右边为客人上热（冷）的香巾。并遵循先女宾、后男宾，先

贵宾、后主人的次序为客服务。

（4）打开菜单第一页，礼貌的呈送给客人。

（5）为客人上调味品，赠送开胃小菜。询问客人是否可以点菜，站在适当的位置或客人左侧接受客人点菜，在客人拿不定主意时，可向客人介绍菜肴的特点或口味，建议客人可点什么菜，或向客人推销时令菜和厨师长特选。菜单一式四联，冷菜、热菜、点心三类分别填写清楚。开订单时，字迹要清楚，注明下单时间、台号、人数、菜肴、饮料等。

4. 就餐服务

（1）点完菜后应询问客人要什么酒水，用托盘将饮料、酒水按订单上的座号顺序，准确地呈送给每一位客人，并为客人斟饮料或酒。

（2）第一道菜不能让客人久等，最多不超过 10～15 分钟。每上一道菜，必须礼貌地向客人清楚地报出菜名，同时，在订单上注销一道，防止漏上或错上。客人的酒水、菜肴、饭点全部上齐后，要告知客人，并询问客人还需要添加些什么。中餐上菜程序如图 5-5 所示。

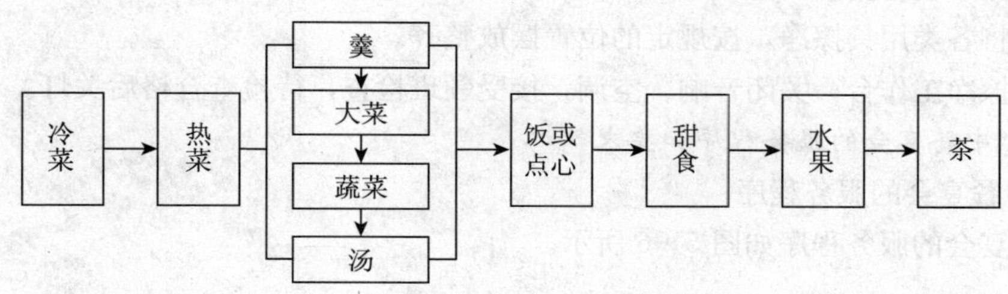

图 5-5 中餐上菜程序

（3）不停地巡台，随时为客人添加酒水，并适时推销。烟灰缸里不得超过三个烟头，发现时，应立即换掉。随时撤去空盘、空酒瓶，及时整理餐台。应做到有求必应，有问必答，态度和蔼，语言亲切，服务周到。在翻台时，应以最轻松的动作，用托盘迅速将所有的脏餐具和剩菜撤至后台处理。

（4）特殊情况处理。如遇客人的筷子、口布掉在地上，应立即更换。如遇客人不会使用筷子时，应为客人提供刀叉；开餐过程中，客人碰翻了茶杯、饮料等，弄脏了客人的衣服和台面，要迅速用干净的口布或小毛巾帮助客人擦拭，并用干净的口布覆盖在弄脏的台面部分。开餐过程中，如遇客人投诉，应及时报告领班，重要的投诉立即向经理汇报，让经理出面处理。若遇客人预订特别的菜肴时，应与厨师长联络，或向经理报告，并记清预订的菜肴的名称、数量、客人的姓名、房号、用餐时间等。

（5）客人用餐快结束时，应征求客人的意见，并将意见转报领班或经理。客人用餐完毕，及时为客人送上一杯热茶或香巾。及时清点客人所点食品和饮料，告知收款员准备结账。经核对，确认账单、台号、人数、所用的品种、数量与账单相符后，将账单放入收银夹内，当客人提出结账时才能呈上账单。当客人要求结账时，将收银夹从客人的右后方呈上。客人签字时，应注意核对客人的姓名、房号是否与住房卡相符。如客人用现金或用信用卡结账，应交收款员处理。

(6) 当客人要离去时，轻轻拉开椅子，提醒客人不要忘记所带物品，欢迎客人再次光临。

5. 餐后工作

(1) 要立即检查现场，如发现客人遗留物品立即交还给客人或交餐厅主管处理。

(2) 检查地毯、台布、椅面上有无燃着的烟头。

(3) 收台工作要循序渐进，先收小毛巾、口布，然后玻璃器皿、瓷器、银餐具等。瓷器与玻璃器皿要分开，收时动作要轻，防止破损。筷子、筷架、不锈钢刀、叉、勺放在指定的柜内。

(4) 将多余的酒水饮料如数退还，并办好领退手续。

(5) 口布、台布抖净，放入布草车。

(6) 清理现场，布置好餐台，铺上干净的台布。

(7) 擦净餐台转盘，整理椅子。

(8) 将各类用具擦净，按规定的位置摆放整齐。

(9) 擦净工作台，关闭音响、空调，接受领班检查，待检查合格后关灯。

(二) 中餐宴会的服务程序和要求

1. 中餐宴会的服务程序

中餐宴会的服务程序如图 5-6 所示。

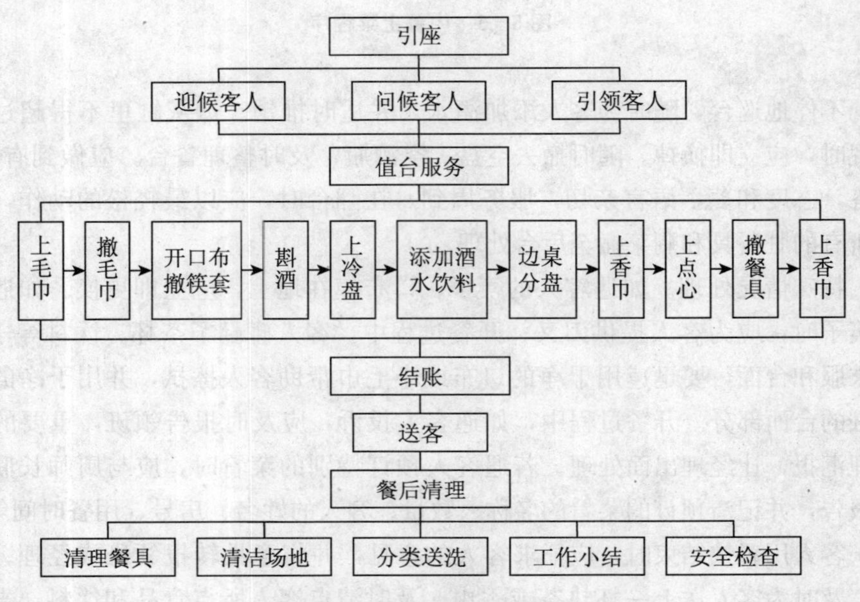

图 5-6 中餐宴会的服务程序

2. 中餐宴会的服务要求

(1) 引座。按站立要求站在厅门口，面带微笑迎候客人，使用敬语问候客人。按照女士优先的原则请客人入座，服务员站在主宾位后等候客人入座。

(2) 值台服务。用毛巾托上毛巾，如客人先休息，则同时上茶。按照右上右撤原则撤毛巾。按女士优先，并从右边进行的原则打开口布并撤掉筷套，动作要轻巧；按照斟酒要求，先斟主宾（先葡萄酒，再白酒，最后斟饮品）。上冷盘时先撤骨碟，再上冷盘，并按照先撤后上，右撤右上的原则进行。上每道菜时先报菜名，用手示意“请”，并在全部上完后，站在主人右侧，用右手示意“请”。撤回边桌分菜时要一次分完，荤菜靠客人边、配菜在盘中的两边稍远离客人。在第二道热菜之后或在带壳的菜肴之后及上点心之前要上香巾。上点心时先展示，并报点心名称，再边桌分给客人。用餐结束时除玻璃杯、茶杯之外的餐具应全部撤走，最后再上香巾。

(3) 结账。按照结账的有关规定执行。

(4) 送客。为起身的客人拉椅，检查客人有无遗留物品，站在门口，面带微笑欢送客人。

(5) 餐后清理工作。收口布、玻璃器皿、茶盅、台布等，收拾台面。

三、西餐服务的规则

1. 西餐服务的特点

(1) 西餐服务要求轻巧娴熟。西餐比较讲究安静，席间宾客很少大声喧哗，很注重自己的言行举止，甚至喝汤或咀嚼食物时都不能发出声音，相互之间干杯也只是意思一下，没有碰杯的习惯。这就要求餐饮服务轻巧细致，按标准提供服务，尽量减少对客人的打扰。

(2) 服务过程中与顾客交流较少。西餐中的宾客希望慢慢的，静静的享受就餐过程。因此，提供的服务应该既能够满足就餐要求，又不会过多的打扰客人就餐。

(3) 对服务员的酒水知识要求较高。西餐中通常一菜一酒，因此要求服务员必须了解一定的酒水知识，且非常注重酒水的服务操作技能，服务员的现场操作给客人的是一种享受。

2. 西餐服务的基本规则

(1) 按照西方各国的民俗礼仪要求提供相应的服务方式。西餐一般指西方国家的食品、酒水和饮料。西方各国就餐礼仪很多，一般把西餐服务分为五大服务方式，即美式服务、法式服务、英式服务、意式服务和俄式服务，它们之间有着一定的区别。比如，法式服务要求服务员用右手从客人的右侧上菜肴和食品；俄式服务要求服务员用右手从宾客左边上菜；美式服务要求服务员用左手从客人左侧上菜、食品等。

(2) 服务的过程中要遵循先女宾后男宾、先老人和儿童后成年人、先宾客后主人的原则。西餐中的客人十分注重对老人、妇女和儿童的尊重，以体现整个西方社会的文明和社会伦理道德。在他们的社会观念中，这些人无论从体力还是行动上都处于弱势地位，应该对他们有所照顾和理解。

(3) 所有的酒类、饮料都从宾客右侧上，并用右手斟倒。通常酒水饮料在西餐中是必不可少的组成部分，因此非常注重酒水的服务。在西餐对客酒水服务中要求基本相同，都是从客人右侧，用右手提供服务。所有餐具都从宾客右侧用右手撤下，但是黄油、面包盘可以从客人左边撤下。

(4) 所有菜式都必须依照一定的进餐程序为客人送上，不可颠倒次序，除非客人有明确的特殊要求。西餐中十分注重进餐顺序，他们认为这是最佳的进餐顺序，不但具有很强的观赏价值，而且对人的身体健康很有帮助，能够发挥食品最大的营养价值。西餐的一般进餐程序如图 5－7 所示。

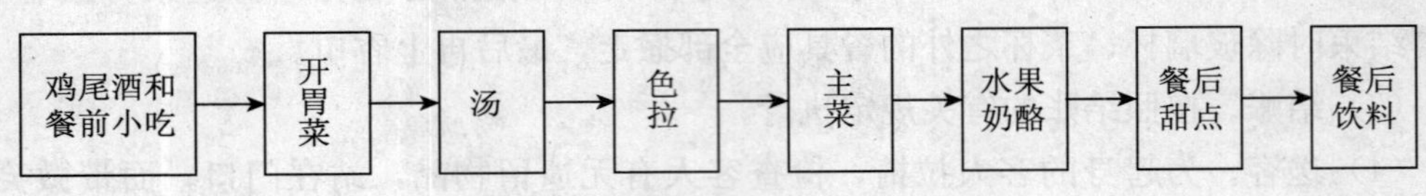

图 5－7　西餐的一般进餐程序

四、西餐服务的基本程序

西餐午、晚餐服务程序如图 5－8 所示。

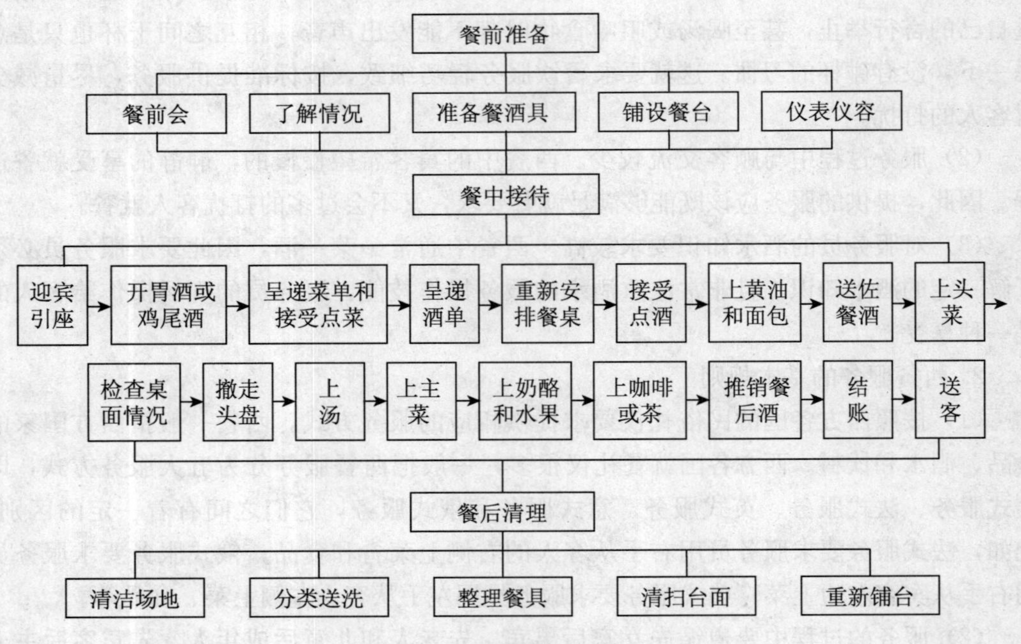

图 5－8　西餐午、晚餐服务程序

1. 餐前准备

开餐前要将各种刀、叉、餐盘、茶杯、咖啡杯、红白葡萄酒杯、香槟酒杯、白兰地酒杯和利口酒杯等餐酒具准备充足，将酒篮、冰桶、冰桶架、花瓶、烟缸、调料架等用具准备好，并按正餐要求摆台。开餐前半小时，每个服务人员都要参加由餐厅经理或主管主持的餐前会，会上由经理宣布任务分工，介绍当日特别菜肴，让员工了解当日客情，接待注意事项，本餐典型事例分析及处理，检查员工仪表、仪容。

2. 餐中接待

(1) 迎宾引座。客人进入餐厅，要由迎宾员或经理在餐厅门口迎候；问清客人是否预订，并视人数将客人引领到预留的或适当的餐台，拉开椅子，按女士优先的原则安排客人就座。

(2) 开胃酒或鸡尾酒服务。当所有客人入座后，开始接点开胃酒。接受客人点酒时，应介绍餐厅的开胃酒或鸡尾酒特色，然后记下每位客人所点酒水，并向客人复述。送酒水时应事先核对，以免出差错，应为未点酒的客人倒上冰水。送鸡尾酒时，应用托盘送上，并报出名称。

(3) 呈递菜单和接受点菜。上酒水后，由领班按先女后男、先宾后主的顺序为每位客人递送一份干净的菜单。递送时打开菜单的第一页，从客人的左边用左手递上，同时介绍当天餐厅中供应的特色菜肴，并耐心回答客人的问题。呈递菜单后应离开餐桌一会儿，让客人从容地选择，5～10 分钟后再回到桌边来接受客人点菜。

接受点菜时，一般在客人的右边，当桌上不止一位客人时，应从主人右侧的客人开始，按顺时针方向绕台接受每位客人的点菜，并将客人位置记在点菜单相应的编号上。将客人对所点菜肴的特殊要求记在点菜单上，如客人所点牛排、羊排的生熟度等。每位客人点菜完毕，应立即为其复述一遍，确保无误后，开出一式三联的点菜单，分别交收银台、厨师和自留备查。

(4) 呈递酒单。领班或酒吧调酒师根据宾客所点菜肴，向客人介绍推销与其相配的佐餐酒。但要注意给宾客留足选择的时间。

(5) 重新安排餐桌。服务人员根据订单，给每位宾客按上菜顺序换刀、叉、勺。如最后吃主菜牛排，则牛排刀、叉置于最里面靠垫盘两侧。

(6) 接受点酒。征求宾客用什么佐餐酒。如果订红葡萄酒，要问清是现在喝还是配主菜喝，如果配主菜喝，问明现在是否须开瓶等。红葡萄酒要盛放在酒架或酒篮里展示给宾客，开瓶要当着宾客面进行，开启后将酒瓶连酒架或酒篮放在宾客餐桌上。白葡萄酒则须放在盛有冰块和水的香槟桶里，连酒桶架一起端到主人右侧备用。根据订单摆放酒杯，有的餐厅摆位时已准备了红、白葡萄酒杯，如果只订一种葡萄酒，则将多余的葡萄酒杯撤下。

(7) 上黄油、面包。服务员将面包、黄油，按先女后男的顺序放在餐盘左边的面包盘内。

(8) 送佐餐酒。斟白葡萄酒时，用餐巾托起瓶身向主人展示酒的牌子，让主人确认是他所点的酒后，放回冰桶里。在宾客面前用开瓶器将木塞取出，木塞直接递给主人，主人闻闻木塞，待其确认酒品无问题后再用餐巾擦拭瓶口。用餐巾包裹瓶身，但需露出牌子，先在主人杯子里斟少许让主人品尝，然后按先女后男的顺序从客人右侧斟酒，最后再给主人斟至标准量。将斟后的酒瓶放回冰桶，上面覆盖餐巾，并随时准备替宾客添加。如果酒瓶空了，征求宾客意见是否再订一瓶。斟红葡萄酒时，直接用右手托住酒篮给客人斟酒，斟酒方式与白葡萄酒相同。

(9) 上头菜。根据订单，用餐厅规定的服务方式上菜。有的餐厅用手推车将厨房分盘装好的菜推至桌边，有的餐厅则用银盘分派。一般情况下，上菜时服务人员用右手从宾客右边端上，直接放入装饰盘内。

(10) 检查桌面情况。撤走空的饮料杯，换下有两个以上烟头的烟灰缸，添加冰水、葡萄酒，添加面包及黄油。

(11) 撤走头盘。当桌上所有客人都用完头菜后，撤下菜盘。西餐服务要求徒手撤盘，只有玻璃杯具、烟灰缸、面包盘、黄油盅等小件物品用托盘撤送。收盘时用右手从宾客右边撤下，撤下的脏盘子直接送入洗碗间，分类摆放。

(12) 上汤。服务人员用手推车或旁桌服务方式上汤，直接放入装饰盘内。宾客用完汤后，服务人员应将汤盘连同装饰盘一起撤下，餐位上只留下吃主菜的刀叉用具。

(13) 上主菜。许多餐厅的主菜是由服务人员在客人面前烹制表演、切割装盘的，服务员要提前做好准备，然后由领班进行操作表演。将菜肴装盘时，一般要将蔬菜等配菜放在大块肉上方，汁酱不要挂在盘边。服务人员从客人右侧上菜，上完后报菜名，牛、羊排要告知几成熟。放盘时，让主菜肉类靠近客人面前，蔬菜靠桌心方向。当全部客人吃完主菜后，服务人员撤走主菜盘及刀、叉，用服务毛巾和面包碟将桌上面包屑清扫干净，并征求客人对主菜的意见。

(14) 上奶酪和水果。将各式奶酪展示在木板或手推车上，将客人所点奶酪当场切割装盘、摆位，并配上胡椒盅、盐盅、黄油盅、面包、蔬菜。待客人吃完奶酪后，用托盘将用具撤下，只留下甜品叉、勺及有酒水的杯子、餐巾、烟灰缸、花瓶、蜡烛等，展示甜品车、服务甜点、水果。

(15) 上咖啡或茶。先问清客人喝咖啡还是茶，随后送上糖缸、奶壶或柠檬片，放上咖啡具或茶具，从客人右边斟上咖啡或茶。

(16) 推销餐后酒。展示餐后酒车，询问客人是否在餐后饮用利口酒或白兰地，用酒车上准备好的各式酒杯斟倒，并随之记录。

(17) 结账。只有在客人要求结账时，服务人员才能去账台通知收银员汇总账单。服务人员要检查账单是否正确，然后用账夹或小托盘递送账单，不需读出金额总数。客人付款后，服务人员应站在客人身边将从客人处收到的现金清点复述，而后道谢，随即将现金送至收银处，找回的现金用呈递账单的方式送回。

(18) 送客。客人起身离座时，要帮助拉椅，并提醒客人带上自己的物品，向客人道谢告别。

3. 餐后清理

客人离去后，放好椅子，清理餐巾。用托盘、干抹布清扫台面，换上干净台布，以备迎接下一批客人或为下一餐摆台用。

五、酒吧服务与管理

酒吧是饭店酒水经营销售的一个重要部门，专门为客人提供酒水和一系列饮用服务的场所，是为饭店创造高利润的服务部门。

（一）酒吧的类型

1. 主酒吧

主酒吧也称作正式酒吧或鸡尾酒吧、立式酒吧。在这种酒吧里，客人通常坐在吧台前面的高脚凳上依靠吧台，或坐在酒吧间的沙发上饮酒休息，调酒师则在吧台里面，面对宾客操作。主酒吧的服务人员既负责各种酒类和饮料的调剂服务，又负责收款工作。

2. 酒廊

酒廊通常带有咖啡厅经营服务的特点，格调、装饰及布局与咖啡厅相似，但是只供应冷热饮料、酒类、点心、小食品，而不供应主食。这类酒吧一般分为大堂吧和夜总会酒廊两种。

（1）大堂吧。它设置在饭店的前厅，主要是为满足暂时休息、谈话、约会的客人设立的。

（2）夜总会酒廊。它常附设于饭店的娱乐场所，向客人提供各种酒类饮料、小吃果盘等。酒廊中服务员的主要职责是清洁、洗涤玻璃杯和端送酒水，由专职收银员收款。

3. 服务酒吧

服务酒吧设在饭店各类中西餐厅中，调酒师根据宾客的订单提供酒水，不与宾客发生直接的接触。服务酒吧有以下几个特点。

（1）为就餐客人服务，故佐餐酒销量比其他类型的酒吧销量大得多。

（2）供应的混合饮料的品种比较少。

（3）布局一般为直线封闭型，用冷藏柜代替酒类陈列柜。

（4）调酒师必须与餐厅服务员配合，按照餐厅服务员提供的酒水单配置提供各类酒水饮料，由服务员收款。

（5）调酒师的技术要求相对比较低。

4. 宴会酒吧

宴会酒吧又称临时性酒吧，是饭店根据宴会的形式、规格和人数临时搭起的酒吧。这种酒吧通常设置于鸡尾酒会、冷餐会、贵宾厅及主题餐饮活动中，注重气氛的设计。宴会酒吧的特点是营业时间内宾客集中，营业量大、服务速度快。宴会酒吧有现金酒吧、一次结账酒吧和外卖酒吧三种营业形式。

(1) 现金酒吧。参与宴会的客人去用酒水时，谁取谁付钱，须是现金。

(2) 一次结账酒吧。客人在宴会上可以随意取用酒水，所有费用在宴会结束后由宴会举办者结算。

(3) 外卖酒吧。宴会酒吧的一种特殊形式，专为外卖酒会而设置。酒吧服务员将酒水及所有器具运送到某预订单位指定的场地内，摆设酒吧并提供服务。

酒吧的起源

很多美国西部片里都有这样的镜头：黄沙漫天，一人骑着骏马飞驰而来，进入小镇。“吁……”风尘仆仆的牛仔跳下坐骑，牵着马儿走到一间小店前，把缰绳系在门口横着的木头上，然后用力推开店门，大步跨入，留下身后的门来回晃悠。多数情况下，牛仔们是进去喝酒的，所进的店便是酒吧了。

其实酒吧源自英国，英文用“Bar”表示。而 Bar 的本意是“条”、“棒”。语言学家研究认为，从 16 世纪开始，Bar 有了酒吧的意思。

市民们聚集在酒吧谈论政治、生活等。他们交流各种信息，研究各项新政策、针砭时弊，议论朝政，民主斗士们也把酒吧作为他们进行解放斗争的主战场。那时的酒吧是一个行动相对自由的场所，在广大劳动人民的休闲和娱乐生活中占据相当重要的部分。在这些无所不谈的沙龙和聚会上，公众的观念逐渐产生，民主自由的理念也日益形成，成为人民群众的客观要求。如果说西方一整套思想、政治、经济、文化都发源于酒吧，可能有些夸张，但酒吧里自由民主的氛围确实在一定程度上推动了现代西方文明的形成，并随着这种文明的盛行而持续发展，直至风靡全球。

(二) 酒吧的组成

酒吧的销售主要是向客人进行推销能够满足其需要的酒水饮料产品和提供吧台服务。酒吧一般由前吧、后吧和服务区域三个部分组成。

1. 前吧

前吧由吧台和操作台组成。台前摆放一排圆凳或有靠背的高椅子，吧台台面上放置饮料，调酒师在这里为顾客提供酒水服务。

2. 后吧

后吧主要由靠墙放置的酒柜、冷藏柜、陈列柜等组成，具有展示和储存的双重功能。

3. 服务区域

服务区域设有小圆桌、低矮的椅子或沙发等配套家具，地面应该铺满地毯。

(三) 酒吧服务程序和要求

1. 酒吧服务程序

酒吧服务的一般程序如图 5-9 所示。

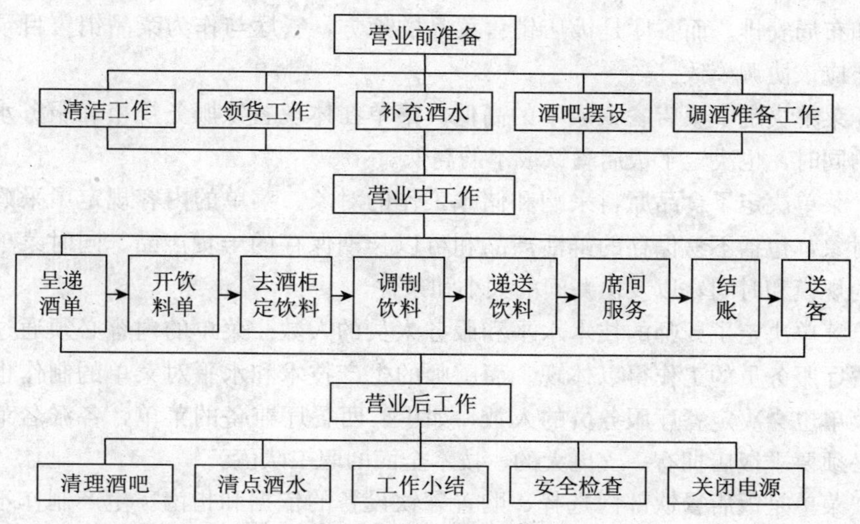

图 5-9 酒吧服务程序

2. 酒吧服务的基本要求

(1) 按规定着装。

(2) 根据酒水库存状况申领酒水，保证酒水供应。

(3) 按规定要求进行日常卫生及计划卫生工作，保持酒吧清洁。

(4) 备齐开餐用品，并合理摆放在工作台上。

(5) 了解每天的客情和重大活动，准时出席餐前会。

(6) 开餐期间规范站立，按配方和操作要求以最快的速度调制鸡尾酒。

(7) 随时保持吧台内和吧台上的清洁卫生。

(8) 做好餐后结束工作，做到物品摆放整齐，台面无异物。

(9) 对照订单进行酒水盘点。

任务三 菜单的设计与管理

一、菜单的作用

“菜单”一词来自拉丁语，原意指“指示的备忘录”，最初是饭店的厨师记录的菜肴清单。现代饭店的菜单不但要给厨师看，还要给客人看。它是顾客选择饭店菜品、酒水和饮料的必要手段和途径，也就是饭店的消费指南，是饭店最重要的“名片”。

1. 菜单是饭店餐饮部门经营活动的起点，也是一切活动的依据

（1）菜单影响着厨房的布局设计和餐厅装潢风格。厨房是餐饮部的食物生产部门，其内部各项业务操作的选址，各种设备、器械、工具的定位，应该以适合既定菜单内容的加工工作需要为准则，满足使用的要求。通常菜单菜品和种类的多少决定了厨房的大小和布局安排。而餐厅是饭店销售菜品的地方，餐厅与作为菜品销售目录的菜单在风格上应该协调一致。

（2）菜单决定了饭店餐饮成本的高低。菜单在体现餐饮服务规格和服务水平、风格特色的同时，也决定了饭店餐饮成本的高低。

（3）菜单决定了食品原料采购和储藏工作的对象。菜单的内容规定了采购和储藏工作的对象，包括不易保存的鲜活产品和可以长期保存的干货产品。同时菜单还决定了采购的规模和时间，以及储藏间的大小和条件。

（4）菜单决定了厨师的技术水平和服务人员的人数。菜单的内容必须通过厨师的烹调和餐厅服务员的工作得以体现。而厨师的生产技术和水平对菜单的制作也会有所制约。菜单也会决定餐厅服务员的人数，如中、西餐厅兼备的菜单，各派名菜汇集的菜单，必须要求饭店拥有一支庞大的、技术全面的职工队伍。

（5）菜单是饭店餐饮部门选择、购置餐饮设备的依据和指南。生产制作不同风味的菜点，需要有不同规模、类型的厨房设备。餐饮部选择购置设备、炊具、工具和餐具，无论是种类、规格还是质量、数量，都取决于菜单的菜式、品种、水平和特色。

2. 菜单反映了饭店餐饮部的经营方针和发展方向

菜单是饭店经过市场调查和对客源市场需求的分析以及竞争对手产品的研究，结合饭店的经营实际情况而制定的。它是饭店餐饮部发展的主线，也是餐饮经营围绕的中心。一切的经营和营销策略都是在其基础上制定的。

3. 菜单反映出餐厅菜肴的特色风格和服务水平

不同等级的饭店提供的菜品特色不一，质量和精致程度不一，从饭店的菜单上可以明显看出。一般情况下，精致和装裱华丽的菜单表明饭店餐厅具有较高的级别和服务水平。

4. 菜单具有沟通桥梁的作用，它连接了饭店和消费者

菜单是连接宾客与餐饮服务的桥梁，起着促成买卖交易的媒介作用。消费者通过菜单了解饭店的类别、特色、产品及价格，选购他们需要的食品、饮料和服务。而饭店通过菜单向顾客介绍饭店的餐饮产品及产品特色，进而推销其产品和服务。

5. 菜单是菜肴研究的资料

根据客人的订菜情况，了解客人的口味、爱好，以及客人对饭店菜点的受欢迎程度，进而不断改进菜肴和服务质量，提高饭店的经济效益和社会效益。

6. 菜单对饭店来说是宣传品，对顾客来说又是赏心悦目的艺术品

一份设计精美的菜单，别致华丽，雅致靓丽，让消费者阅读起来赏心悦目，看起来心情舒畅。菜单不应只是枯燥的文字和数字，还要能提高客人的就餐欲望，从而成

为饭店里一件特殊的艺术品和宣传品。

二、菜单的种类

菜单的种类很多，根据不同的划分标准可分成不同的类别，以下是几种常见的划分方法。

1. 根据餐别（民族习俗）划分

（1）中餐菜单。中餐菜单是主要适用于饭店中餐厅的菜单，所提供的食品、使用的餐饮原材料、烹饪方法以及所提供的服务和服务方式，都符合中华民族的饮食风格和习惯。

（2）西餐菜单。西餐菜单适用于饭店的西式餐厅，主要是指欧美国家及地区民族使用的餐厅菜单，其所提供的食品、使用的餐饮原材料、烹饪方法以及所提供的服务和服务方式，反映的是西方人的饮食风格和习惯。

（3）其他菜单。主要适用于饭店的除中、西餐厅以外的菜单，比如日本菜单、韩国菜单、拉美菜单等。

2. 根据就餐时间划分

（1）早餐菜单。为客人早餐准备的菜单。一般来说，其内容比较简单，包含的食品饮料的种类较少，客人的自由选择度比较小，多以提供简单的稀饭、油条、包子、面包、小菜为主。

（2）午、晚餐菜单。很多饭店把午餐和晚餐作为正餐来对待，一般都是午、晚餐菜单合二为一，有的晚餐菜单只是在午餐的基础上稍加改动。这类菜单所提供的菜点、酒水和饮料的品种比较齐全，而且还有不同的菜式相互搭配，反映出饭店的特色。

（3）宵夜菜单。在饭店的中餐餐厅中使用的较多，主要是为了满足享受夜生活的人而设计的，使用的时间通常是子夜前后，菜点的品种一般比较少。

3. 根据市场特点划分

（1）固定菜单。固定菜单不是一成不变的菜单，而是一种菜式内容标准化、不做经常性调整的菜单。饭店在长期的实践经营中把受欢迎的菜品作为品牌保留下来，不合适的菜品给予淘汰。这种菜单相对稳定，一旦合理定制，便能长期使用。其明显的优势有：一是菜单比较稳定，有利于选购厨房和餐厅设备设施，降低经营成本。二是有利于实现菜品生产的标准化。因为菜品稳定性，重复操作，可促使饭店的原材料采购和提供、菜品的加工烹制、产品质量监控、餐饮服务及销售、成本控制等各个环节的操作形成标准，从而大大提高生产效率和生产技术。三是有利于提高产品质量，创造名牌菜品。菜品生产的稳定化、标准化的好处是更容易生产出高质量且有特色的、受欢迎的好菜品。四是固定菜单特别适合于拥有稳定客源市场的饭店。

固定菜单虽然有很多优点，但也有不足之处。一是过于强调菜品的传统、正宗，缺乏变化和新鲜感，难免会使客人产生厌倦情绪。二是菜式品种不能随季节的交替、原材料价格的变动、市场需求的变化等因素而调整，常常处于被动，难以适应餐饮市场的变化。三是长期重复性的机械性操作，容易使员工产生厌倦感，直接影响员工的工作热情和创新能力。

（2）循环菜单。循环菜单是按固定周期循环使用的菜单，适用于团体包餐、长住型商务客人及企事业单位的工作餐。与固定菜单相比，循环菜单必须按预定的周期天数制定一系列的菜单，每天使用一份。通常以季节的交替为循环周期，设计丰富多彩，变化多样，与市场紧密结合，顾客和餐饮工作人员都不会产生厌倦感，但是生产管理的成本大，难度大。

（3）即时性菜单。它是根据一定时期内原料的供应情况制定的临时性菜单，它既不固定也不循环，仅供限定的天数内或某一餐饮活动使用。这种菜单因其灵活性，有利于采购、食用新鲜价廉的原材料，还可大大提高餐饮管理和营销人员的积极性。它通常包括美食节餐饮促销活动菜单、宴会菜单、每日精选菜单等。

4. 根据菜单价格形式划分

（1）零点菜单。零点菜单是使用最广泛的一种菜单形式，也是餐厅中最主要的菜单形式。它分门别类地标明菜品的名称、规格及相应的价格，客人可以根据自己的喜好和消费能力自由点菜，所以顾客的选择范围比较大。一般适用于各类正餐厅和风味餐厅，满足不同消费者的需求。

（2）套餐菜单。其又称为定食菜单、和菜菜单、公司菜单，是为了满足顾客各种需求或为方便促销而推出的组合菜单。它通常由一系列不同规格和标准的菜品组成，以包价的形式出售菜品。套餐菜单可以分为普通菜单、团体菜单和宴会菜单，各自有着不同的组成形式和特点。

（3）混合性菜单。它是零点菜单和套餐菜单的结合，一部分菜式以零点形式出现，一部分以套餐形式出现。饭店的经营特点不同，混合菜单的侧重点也不一样。有的是以零点形式为主，有的是以套餐形式为主，选择的促销策略也不一样。

三、菜单的设计与制作

（一）菜单的设计制作原则

1. 符合饭店经营目标，满足顾客消费需求的原则

任何饭店不论其规模等级如何，都不可能同时满足所有消费者的需求。因为不同年龄段、不同性别、不同宗教信仰、不同民族、不同消费水平的宾客在餐饮口味、菜式品种、餐饮价格、份额大小、营养成分、服务速度、烹调方法等方面的需求会有较大的区别。饭店必须选择自己的目标市场，根据目标市场顾客的具体消费特点进行经营，以便有效满足这些特定消费者的需求。

2. 体现饭店经营风格的原则

菜单的设计应反映出饭店的经营风格，有利于树立餐厅的整体形象。比如高档饭店菜单的设计应该突出高雅庄重，菜品名贵价高；经济型饭店菜单设计应该突出价格优势；宴会厅菜单应该突出美观，有纪念意义，烘托宴会活动气氛；咖啡厅菜单则应

该体现轻松、休闲和自由等。

3. 注重菜品盈利能力的原则

餐饮成本和餐饮获利能力是菜单设计者非常注重的一个问题，一般从以下三个方面来考虑：一是该菜式的原料成本、售价和毛利，即该菜式的盈利能力；二是该菜式的畅销程度，即可能的销售量；三是该菜式的销售对其他菜式的影响，即是否有利于其他菜式的销售。

4. 确保食品原料供应的原则

凡是列入菜单的菜式品种，厨房必须无条件地保证供应，但是原材料的供应对菜品供应的连续性有直接影响。厨房的食品原料往往受到市场供求关系、采购和运输条件、季节、饭店地理位置等因素的影响。所以，不能保证食品原料及时供应的菜品就不能列在菜单上。

5. 菜单中菜品花色品种的搭配合理原则

不同饭店菜单的菜式花色品种应有明显区别。中餐菜单的凉菜、热菜、甜点、汤类一般应该分别排列，其掌握比例在 5 ∶ 15 ∶ 4 ∶ 3 左右。顾客喜欢程度高的菜肴，应该重点推荐，安排 3～5 种为宜。同时还要把常年菜、季节菜、时令菜结合起来，价格水平应该高、中、低档搭配。这样可以适合不同档次的客人进行消费。在菜品花色品种的安排上通常还要考虑营养平衡、烹调方法平衡、造型搭配、数量适当等因素。

6. 考虑厨房生产能力和条件的原则

菜单的设计必须考虑厨房的生产能力条件。否则，菜单设计就是无水之源，会造成经营问题。设计菜色品种要考虑到厨师的烹调技术和特长，要尽量选择厨师擅长的菜肴，同时还要考虑到厨房设施设备的生产能力、适应性等，避免厨师或设备忙不过来，或长时间闲置等现象。

（二）菜单的制作

1. 内容安排

（1）菜品的名称和价格。菜品的名称既要朴实明朗，又要含蓄，但是必须真实，不能太离奇。对于外文翻译的菜品，必须保证其正确性。菜品的介绍必须如实描述，不可夸张，故弄玄虚。价格的制定应该合理，需要另加服务费的，必须在菜单上加以注明。

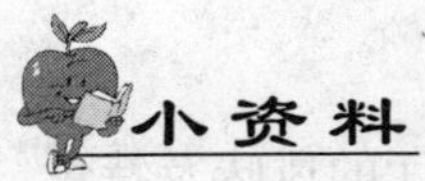

菜品的命名方法

以烹调方法命名：油爆鲜贝、水煮牛柳、清蒸鲈鱼

以主要原料命名：辣子鸡丁、番茄虾仁、黑椒牛肉

以地名命名：北京烤鸭、无锡排骨、德州扒鸡

以人名命名：麻婆豆腐、东坡肘子

以色彩命名：五彩鸡片、翡翠虾仁、三色蒸水蛋

以味道命名：麻辣鸡丝、糖醋里脊、酸辣汤

以寓意命名：全家欢乐、烩满八群、比翼双飞

（2）营业告示性信息。餐厅的营业告示性信息一般包括餐厅的名字、地址、电话、营业时间、加收费用等，应该简洁，准确。

2. 材质

菜单通常以纸张作为主要材料，设计菜单应该从选择菜单用纸开始。一般来说，菜单有“一次性”菜单和“耐用性”菜单两种。“一次性”菜单是指使用一次就处理掉的，比如当日菜单、厨师特选菜单、门把手菜单等。“耐用性”菜单是指能够长期使用的菜单。一般选用优质铜板纸做封面，并且覆盖上薄膜，内页则采用胶版纸，制作精美优良。

3. 规格与样式

菜单的尺寸大小没有明确规定，一般根据餐厅规模、菜点品种、方便阅读而定。菜单可以分为单页菜单和多页菜单，最常见的是长方形，但也可以根据情况设计成圆形、方形、梯形、菱形等。

4. 文字

菜单作为传播信息的载体，正确的使用文字非常重要，包括字体、大小、标识等。不论是印刷还是手写，字迹一定要美观、清楚、容易阅读，避免随意涂改。一般来说，一页纸上的字与空白各占50%为佳，过多的字会使人眼花缭乱，空白太多则会给人菜品少的感觉。

5. 色彩

赏心悦目的色彩能使菜单更具魅力，体现出餐厅的情调和风格，起到推销的作用。通常情况下，色彩的使用要根据餐厅不同而有所区别。如快餐餐厅的环境色彩是明快奔放的，菜单的色彩可运用鲜艳的大色块、五彩标题、五彩插图；中餐厅应该体现传统的中华饮食，就餐环境通常以红、黄色为主，菜单的色彩应该注意搭配和协调；西餐厅凸显的是高雅之感和宁静休闲，所以菜单色彩可以浅灰、浅绿、米黄色为主。需要注意的是，菜单上色彩不能过多，避免给人杂乱和不整洁的感觉。

6. 菜单的封面

菜单的封面最能突出饭店形象，是餐厅的重要窗口，应该体现餐厅的风味及特色。很多饭店为了发挥菜单封面的推销作用，还会把饭店的名字、店徽、建筑物、餐厅地址、电话等印在上面。

（三）菜单制作及使用过程中的常见问题

1. 菜单制作选材不当

很多菜单都是纸质的，但是纸的材质和种类却大不相同。有许多饭店为了节约成

本，使用的是日常书写纸，或者只是在这些纸的表面进行过塑处理，这样的材质给客人的印象非常不好，会让他们觉得饭店很没有品味。有的饭店既便是采用了胶版纸制作菜单，但是封面却和内页采用相同的纸张，不能突出其特色。

2. 字体和菜单的大小不成比例

很多饭店为了节省成本，把菜单页面有限的空间塞得满满的，或是为了显示更多内容，把字体缩小印刷，这样做的后果是，客人看不清楚菜单上的内容，菜单也就起不到推销菜品的作用。

3. 随意涂改现象比较普遍

很多饭店在使用菜单的过程中，都会出现不能按照菜单所标注的信息提供餐饮服务的情况。如由于材料价格的变化，需要菜价随之变动；由于季节变化，一些蔬菜无法提供；由于厨师变动导致一些菜肴无法制作等。这个时候，很多饭店的做法就是使用圆珠笔、钢笔直接在菜单上进行涂改，或者用打印纸、胶布直接粘贴。这样做显得饭店极不严肃，也不美观，会引起客人的反感。

4. 菜单内容中英文翻译不正确

菜单作为传播信息的载体，其内容的准确性非常重要。在现代社会中，很多饭店越来越趋于国际化，菜单的内容也做了中英文的对照，但翻译上却是五花八门，错误百出。

5. 缺少描述性的说明信息，或信息表达不明确

客人在点菜的时候，希望能点到自己中意和喜欢的菜肴，可是很多饭店却对菜肴的名字进行了一番“包装”，只为吸引人们的眼球。因此，常常出现客人想象的菜肴和实际的不一致的情况。这就要求饭店在吸引客人的同时，能把菜品的具体信息写清楚，供客人进行了解和甄别。

6. 不应该的省略

有些菜单未标明价格，有的菜单只列出“主食”，却没有指出主食是面条还是米饭，或者是其他的省略等。

任务实施

菜单设计的程序如图 5－10 所示。

图 5－10　菜单设计的程序

第一步：参加设计人员及组成

确定参加设计人员及组成是菜单设计的重要阶段。通过各方面人员的确定，不但

可以衡量饭店各部门的利益，更重要的是可以从多方面和多角度构思和设计菜单，使菜单更加科学。设计菜单时，一般要成立菜单设计领导小组，涉及的人员通常有饭店主管餐厅的总监以及餐饮部经理、主管中（西）厨房的厨师长、饭店采购部经理、饭店财务部经理和饭店营销部经理等。

第二步：分析影响菜单的因素

要对所有涉及和影响菜单的因素进行详细周密的分析判断，考虑的因素包括：餐饮市场整体需求情况、餐厅的目标消费群体、餐厅的主题风格和档次、餐饮原材料的供应情况、厨房的厨师和工作人员配备及生产情况、餐饮部的销售利润目标、在同行业中的竞争优势、劣势等。通过小组评价找出符合饭店自身资源、条件的发展战略，并且能够增强发展能力和具有价值和潜力的因素，同时也要找出不足，从而扬长避短。

第三步：准备所需材料

通过对以上各种因素的分析，饭店可以确定菜单设计的基本思路。把理论因素和饭店的实际经营情况结合起来，对现有的资料和数据进行整理，进行进一步的分析。这些资料一般包括：各种旧菜单（包括同类餐厅正在使用的菜单）、标准菜谱档案、库存食品原料信息、菜肴销售结构分析、菜肴的成本或相关信息、客史档案、各类烹饪书籍、菜单食品饮料一览表、过去三年的餐饮销售资料等。

第四步：制定标准菜谱

为提高菜单的适应性和准确性，在确定影响因素和分析现有资料之后，菜单设计小组就要制定出标准菜谱。为了控制菜单上菜品和酒水的标准，也为了提高菜谱的获利能力，这一步一般以财务部和餐饮部为主导，其他部门协作完成。标准菜谱包括以下几个部分：菜肴名称、该菜肴所需原料（主料、配料和调料）、数量和成本、该菜肴的制作方法和步骤、每个菜肴的分量、该菜肴的盛器、造型及装饰（实物装盘或者图示）、其他必要信息，如服务要求、烹制及注意事项等。

第五步：菜单的构思

此阶段的主导原则是“顾客第一”。根据以上各种数据的分析，在餐饮消费市场调研的基础上，确定不同消费者的消费观和消费习惯。通过以上因素的综合，饭店可以在满足消费者各种需求的基础上，对菜单的定价、内容安排、方便程度进行构思，使设计出的菜单更加符合饭店客人的需求。菜单的构思一般包含以下几个方面：根据菜单设计依据和原则确定菜肴种类、根据进餐先后顺序决定菜单程式、进行菜单定价。

第六步：菜单的装帧设计

菜单的装帧并非只要把所需展示的文字和图片信息放在菜单上就可以了，还需要一定的艺术设计，符合客人的阅读习惯，符合一定的美学和艺术价值。此阶段的任务是把原有理论上和概念上的构思转化成现实的可供客人阅读的菜单。装帧设计上既要考虑突出展示的内容，还要考虑消费者阅读的便捷性和心理特征，使其能够符合客人的兴趣。一般考虑的因素有：菜单的装潢、材质的选择、印刷字体的颜色和大小等。

第七步：菜单的评审和审批

此阶段是菜单设计的最后一道程序。设计成型的菜单样本并不能直接投入到饭店的经营当中。为了保证菜单能够符合饭店经营，以及客人的消费习惯，设计出的菜单需要先进行出样。由菜单设计小组将设计好的菜单样本送有关部门进行评审，比如饭店聘请的专家顾问团，或当地的饭店协会等。评审通过以后报请饭店董事会或者最高管理层进行审批。一些企业在菜单完成审批以后，在经营过程中还会请各方面的人士提出意见和建议，以便进行不断改进。

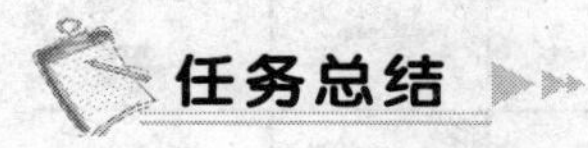

任务总结

通过对餐饮部的特点、任务、机构设计的分析，以及餐饮服务程序的了解，全面掌握餐饮在饭店中的角色和地位，并设计出可供饭店经营使用的菜单。熟悉菜单的设计过程，了解每步过程的内容及要求。

实训项目

内容与要求

选择一家四星级饭店的餐饮部作为研究对象，根据自己所学习的有关餐饮部的知识，对收集到的该饭店餐饮部的相关资料与数据进行分析，根据掌握的知识，为其初步设计一份菜单，并对设计作出说明。

组织与实施评价

1. 以此项目团队为学习小组，小组规模一般是5～8人，每个小组选出小组长1名，由小组长负责小组的各项工作、指挥、协调；

2. 建立成员之间、小组之间沟通协调机制，共同参与，协作完成任务；

3. 各项目团队根据实训内容可以进行互相交流、讨论、点评，并做出记录；

4. 提交与评估：各项目团队提交实训报告，老师根据各组报告进行评估。

5. 反馈与修正：根据对各组报告的评估，进行信息反馈，找出不足，进行修正。

评估指标及标准

如下表所示。

饭店餐饮服务设计评分表

被考评人			考评地点			
考评内容		考评标准	分值/分	自我评价/分	小组评价/分	实际得分/分
专业知识技能掌握	餐饮部工作程序、特点	了解	10			
	餐饮部机构设置、地位和作用	掌握	20			
	菜单的设计、管理	掌握	20			
	报告完成情况		10			
通用能力培养	学习态度	积极主动，勤于提问，勇于探索，态度认真	15			
	运用知识的能力	能够熟练自如地运用所学的知识进行分析、总结	15			
	团队分工合作	能融入集体，愿意接受任务并积极完成	10			
合　计			100			

注：实际得分＝自我评价（占40%）＋小组评价（占60%）

思考题

一、填空题

1. 餐饮部担负着销售饭店的________和________，并提供满足客人需求的________。

2. 餐饮产品的季节性是由________和________决定的。

3. 中餐服务主要是指为客人提供________的餐饮食品，以及________的相关服务工作。

4. 西餐的一般进餐程序是鸡尾酒和餐前小吃________、________、________、________、________、________、餐后饮料。

5. 酒吧一般由________、________、________三个部分组成。

二、选择题

1. 餐饮产品的利润在整个饭店的利润中占有重要份额，一般占饭店总收入的________。

A. 30%～40%　　B. 40%～50%　　C. 20%～30%　　D. 50%～60%

2. 服务酒吧的收银是由________完成的。

A. 调酒师　　B. 服务员　　C. 前台　　D. 财务处

3. 在菜单的分类中，固定菜单是根据________分类的。

A. 就餐时间　　B. 市场特点　　C. 菜单价格　　D. 餐别分类

4. 公司菜单属于________。

A. 固定菜单　　B. 混合菜单　　C. 零点菜单　　D. 套餐菜单

5. 中餐服务中遵循________原则。

A. 左撤左上　　B. 右撤左上　　C. 右撤右上　　D. 左撤右上

三、简答题

1. 餐饮部业务工作特点是什么?

2. 中餐服务包含哪些基本规则?

3. 菜单的重要性是什么?

4. 菜单设计制作应遵循什么原则?

项目六 饭店康乐管理

知识目标

- 知晓当代饭店康乐部的现状及发展前景；
- 理解康乐部的基本职能以及组织机构设置；
- 掌握饭店康乐项目的类型及基本设置原则及具体要求；
- 初步掌握饭店康乐部的日常管理。

能力目标

1. 能够根据饭店情况选择设置康乐项目；
2. 能够掌握康乐服务的基本程序和要求。

任务导入

有备无患，临危不乱

南京一家饭店的健身中心设施设备先进，服务优良，引来不少客人慕名光顾，尤其以洗桑拿浴的为多。这天是安全巡视员小王当班，当巡视到桑拿浴室时，她发现一位女客人脸色惨白，斜倚在板壁上，头耷拉在胸前，四肢不停抽搐。经验丰富的小王一看就明白了，客人出现的状态是由于桑拿浴室高温缺氧所致，这是十分危险的，稍一拖延便会危及生命。

小王立即唤来服务员小刘，两人将已昏迷不醒的客人抬出桑拿浴室，平放到四面通风的安全处。小王请饭店医生迅速前来抢救，并让其他服务员与经理联系，报告情况。同时，与急救中心联系，请求派救护车送往医院。上述工作都是在短短几分钟内完成的。客人在饭店医务人员的及时抢救下，逐渐恢复了知觉，基本脱险。此时，饭店外响起急促的救护车铃声，急救中心大夫及时赶到。经医生诊断，客人是因为桑拿浴室的高温环境致使心跳过速，引发了原有的心脏病，由于发现及时和有效抢救，客人才脱离生命危险。

随着社会的进步，康乐项目的设施规模不断扩大，种类越来越多，其中部分项目对参与体验者的身体条件、操作技能等方面有一定的限定，否则极容易造成顾客在身体或精神上的伤害，有时甚至会危及生命。因此，康乐经营管理中的安全工作也显得越来越重要。作为康乐部门的管理人员，不仅要自己加强安全管理意识，而且要加强对所有员工的安全意识、安全防护知识以及紧急情况下的救护技能的培训。因此，为了满足顾客在康乐部休闲时的安全需求，也为了规避康乐部的经营风险，康乐部全体员工一定要增强安全意识、多做善意提醒、注重危机防范。

任务一　康乐管理概述

康乐部作为饭店的一个重要部门，负责经营并管理饭店的各类康体、娱乐设施，向宾客提供健身娱乐产品，一方面为宾客提供优质的健身娱乐服务，如健身、桑拿、KTV 等，满足宾客健身与休闲娱乐的需求，另一方面还是一种重要的旅游资源和吸引宾客的重要因素。

一、当代饭店康乐部的现状与发展前景

1. 康乐的基本含义

(1) 康乐的起源。可以说，自从人类产生以来，就有了康乐需求和康乐活动，只不过在不同时期，人们的康乐需求和康乐活动的表现形式不同而已。早期的人们在满足基本的吃、住与基本生存需求的同时，自然地寻找舒适的生活乐趣，以调适心理，增进身心健康。最早可以追溯至奥林匹克运动会初期，人们就确立了以体育健身活动作为集会、庆典的方式。随着经济、文化、社会的发展，康乐活动逐渐成为人们生活的一个重要组成部分。

(2) 康乐的含义。“康乐”的英文是“peace and happiness；well-being”。顾名思义就是满足人们身体健康的、放松身心等需要的一系列娱乐活动，它包括康体活动、娱乐活动、休闲活动、美容美发等多种形式，涉及运动学、心理学、美学、卫生学、文化艺术、体育健美、医疗保健等知识，因而成为了一个涉及社会科学、自然科学等相关领域的“边缘科学”。

“康乐”是具有现代意识的生活新观念，已经成为宾客消除身心疲惫、调节心理、平衡生活的主要途径之一。饭店康乐部门还承担着作为人们交流感情、交换信息、洽谈业务的重要交际场所的功能，这些也都赋予了“康乐”更现代的含义。

2. 康乐部的经营现状

在现代西方人眼里，高级的饭店应该是一个包罗万象、应有尽有的小社会，在饭

店里足不出户，便可以享受到社会上各方面的乐趣。为了迎合这种需求，在西方国家的旅游饭店里率先设立了康乐中心或康乐部，现代康乐事业得以迅速发展与壮大。传统康乐项目如网球、台球、棋牌等，随着社会的迅速发展而不断完善与提高；新的康乐项目如桑拿、按摩、模拟高尔夫球、保龄球、动感电影、氧吧等，随着科技的发展而得以不断开发。

我国的康乐行业是随着 20 世纪 80 年代改革开放而起步的。尽管起步晚，发展水平较低，但发展速度相当快。现在我国的康乐业，无论在投资的规模上还是在经营项目及种类上都有了长足进步，但也依然存在康乐项目不够丰富、经营特色不够突出、服务不够完善、文化内涵不够深厚、经营管理服务水平较低等不足。

3. 康乐部的发展趋势

康乐部在饭店中的地位越来越重要，它能为饭店吸引更多的客人，带来更多的利润。各家饭店为了实现经济效益最大化，都在想方设法的更新康乐项目，不断推出新颖的和具有市场吸引力的项目，康乐部的发展前景非常乐观。

(1) 康乐部的地位将会越来越重要。近几年来，随着国内居民可支配收入和可支配时间增加，人们对休闲、康乐、健身等更高层次的精神消费需求也随之增加。我国一些饭店为了适应这种需要，适时调整饭店康乐市场定位，康乐部不仅逐步独立出来，成为与客房、餐饮等部门平行的重要部门，而且面向市场经营，使饭店康乐项目成为当地人们消费的代表性场所，成为饭店营业收入的重要来源。

(2) 康乐部的康乐项目和服务将会更加突出特色。康乐项目是饭店特色经营的体现，饭店实施差异化经营战略的关键在于推出不同于竞争对手的特色产品，做到“人无我有，人有我特”。同时还要把独特的健康休闲氛围渗透到饭店的各个方面，使饭店的个性和风格更加突出。

(3) 康乐服务和管理水平将会明显提高。随着康乐事业的发展，康乐服务和康乐管理也由不规范向规范不断进步。现在，我国康乐业已经有了长足的发展，饭店的康乐管理也开始由经验管理型向科学管理型转变，康乐服务和管理水平将会明显提高。

(4) 康乐设备的科技含量将会不断增加。随着科学技术的进步和市场需求的增加，康乐设备的科技含量会越来越高，性能也越来越先进。设备的现代化会使原有的康乐项目日臻完善。如模拟高尔夫球场，早期的场景是用幻灯机投射出来的，而现在则是引入 3D 环屏技术，由高清晰度投影仪投射出来；卡拉 OK 设备也经历了从录音机到录像机，又从 LD 影碟机到 DVD 影碟机，再从单碟机到可同时存放上百张影碟的多碟机的更新过程。

二、康乐部基本工作职能

1. 康乐部的地位和作用

(1) 健康娱乐项目是高星级饭店的重要标志。按照国际惯例以及我国星级饭店的评定标准，饭店的康乐部是四星级、五星级饭店不可缺少的重要部门。在我国国家旅游局颁布的《旅游涉外星级评定标准》中，五星级饭店必备的康乐项目多达 42 项，具备项目越多，饭店越高档。

(2) 新颖的康乐项目是吸引客源的重要途径。现代饭店越来越多，竞争也越来越激烈，以服务项目、设备功能及价格为营销方式是必要的，但是更不能少了有特色的康乐项目。所以饭店必须提供并增加康乐项目，开设独特的康乐活动，才能在竞争中取得优势。例如高寒地区的度假饭店利用地理优势设立室外滑雪场、溜冰场项目；海滨度假饭店设立帆板运动、海上冲浪及简单的潜水活动项目来争取客源。

(3) 康乐部是饭店营业收入的重要来源。目前，在我国一些大饭店中，康乐部的规模越来越大，与客房部、餐饮部并列成为饭店创收的主要部门，甚至在有些饭店，康乐部已经超过其他部门成为饭店的第一大部。很多旅游热点的饭店，特别是大城市及经济较发达地区的饭店，康乐部的经济收入在整个饭店的总营业额中所占的比重越来越大。

(4) 康乐部是饭店提高竞争力的重要手段。随着时代的发展，康乐部在饭店的地位愈来愈重要，很多饭店看重康乐的前景，加大对康乐项目的投入。不断完善的康乐设施，常常会吸引大量的康乐爱好者，以至不少消费者会因为某饭店的康乐设施和环境，或对某一康乐活动特别感兴趣而投宿某饭店。

2. 康乐部的主要工作职能

(1) 满足顾客体育锻炼的需求。人们对体育锻炼的要求在不断提高，除了参加传统的体育锻炼活动外，还在不断寻求并积极参加更有情趣的活动。顾客对体育锻炼的需求是多方面的，形式也是多种多样的，且有一般运动与重点运动之分。一般运动指散步、做操、跑步等；重点运动指各种专项运动，如举重、游泳、打网球等。康乐部应开设相应的项目，如健身房、游泳池、网球场、高尔夫球场、台球厅、保龄球馆等，以满足顾客的不同需求。

(2) 满足顾客形体美的需求。随着经济的发展、社会的进步以及人们生活水平的不断提高，人对形体美的追求也越来越高。现在，人们对形体美的追求更符合科学规律了，那就是追求以健为美，而健美锻炼就是一种以发展力量训练为主要手段的身体活动。满足顾客在这方面的需求也是康乐部的任务之一。塑造健美的形体可以在健身房及其他运动项目中或在健美培训班中进行。

(3) 满足顾客保健和形象美的需求。追求健康和美貌是人类的共性，当今人们对这两项追求更加强烈。人们追求健康的途径除了加强锻炼、增加营养、使用药物之外，还往往更愿意采用物理保健的方法，这种保健方法已经成了康乐部门必备的服务项目，例如：桑拿浴、按摩、刮痧和拔罐、洗浴，以及吸氧等。为了满足顾客形象美的需求，康乐部还提供美发和美容服务。

(4) 满足顾客优质娱乐服务的需求。住在饭店的顾客来自四面八方，他们的娱乐需求因人而异，社会公众也有较强的娱乐需求。康乐部设置众多娱乐项目，有象棋、围棋、麻将、扑克、电子游艺机、卡拉 OK 等。这些活动之所以受到人们的喜爱，主要原因是人们对这些娱乐活动有很强的需求。因此，康乐部的职能之一就是为顾客提供优质的娱乐服务，满足他们娱乐的需求。

(5) 做好对运动器械、娱乐设施及其场所的安全保养工作，满足顾客的安全需求。一方面，任何一项活动都可能存在不安全因素，例如，打保龄球可能出现滑倒、摔伤或扭伤的危险等。另一方面，随着设备使用次数的增加、使用时间的延长、累计客流量的增加，设备的损耗和老化就会加快，不安全因素也会增加。康乐部应做好对运动器械、娱乐设施及其场所的安全保养工作，把不安全因素减到最小程度，尽最大努力为顾客提供一个安全舒适的消费环境。

(6) 做好对运动器械、娱乐设备、待客场所的卫生工作，满足顾客的卫生需求。康乐场所因其客流量大，设备使用频繁，清洁和消毒工作更为重要。此外，还要注意保持空气清洁，经常通风和消毒等。康乐部应保持康乐场所的环境卫生和设备卫生，为顾客提供优雅、洁净的康乐环境。

(7) 为顾客提供运动技能技巧的指导性服务，满足顾客在运动技能技巧方面的需求。康乐部的康乐项目，一般都要求具有一定的技能技巧，有些项目的设备还具有较高的科技含量，使用时必须按照有关的使用规定去操作，否则就可能损坏设备或发生其他事故。为了避免发生事故，提高运动效果，康乐部服务员应向顾客提供耐心、正确的指导。

三、康乐部组织机构设置

科学合理的组织机构设置、明确的岗位责任、健全严格的规章制度、完善统一的服务规范，以及具有较高专业素养的工作人员是康乐组织有效运转的重要保证。

(一) 康乐组织机构设置的模式

由于各个饭店企业的档次、经营规模、服务项目等不尽相同，因此，饭店康乐部或康乐中心相应的组织机构也有所不同。

1. 欧美模式

欧美模式的主要做法是，将康乐部作为饭店的重要部门，与饭店其他部门平行，康乐部经理直接对饭店总经理负责。这种模式有利于康乐部的专业管理，能提高管理效力，为客人提供优质的康乐服务，也有利于企业内部的经济核算。同时可提高康乐部员工的积极性，充分发挥现代康乐设施的创收潜能。这种模式一般适用于集住宿、餐饮、康乐于一体，康乐项目较多，康乐收入在饭店总收入中占有重要地位的大中型高级饭店。这种模式在欧美发达国家采用较早，也较普遍，所以被称之为“欧美模式”，其结构模式如图 6-1 所示。

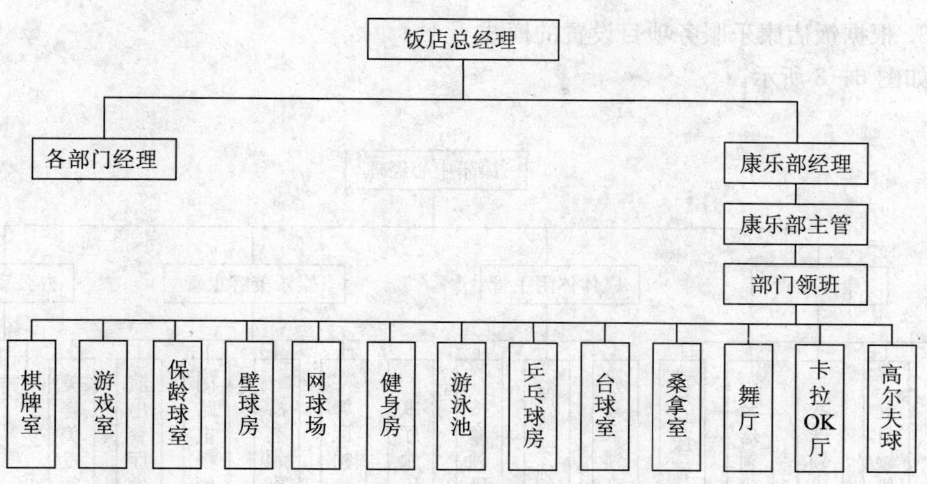

图 6－1　康乐部的欧美模式

2. 亚洲模式

在亚洲模式中，康乐部隶属于饭店的某一服务部门，如隶属于餐饮部，或隶属于其他某一个相关部门。这种模式适用于主要以提供住宿、餐饮服务为主的饭店。这些饭店一般康乐设施、康乐项目较少，康乐项目经济收入在饭店中所占比例也较少，饭店功能还处于较简单的状态，有利于避免管理部门的臃肿。康乐部与业务联系较紧密的部门合并在一起，可有效避免服务过程中的扯皮现象，提高工作效率。康乐部一般与餐饮部联系较为紧密，所以一般饭店往往将康乐部设立在餐饮部之下。由于这种模式在亚洲地区的饭店中运用较早，所以被人们称之为“亚洲模式”。其结构模式如图 6－2 所示。

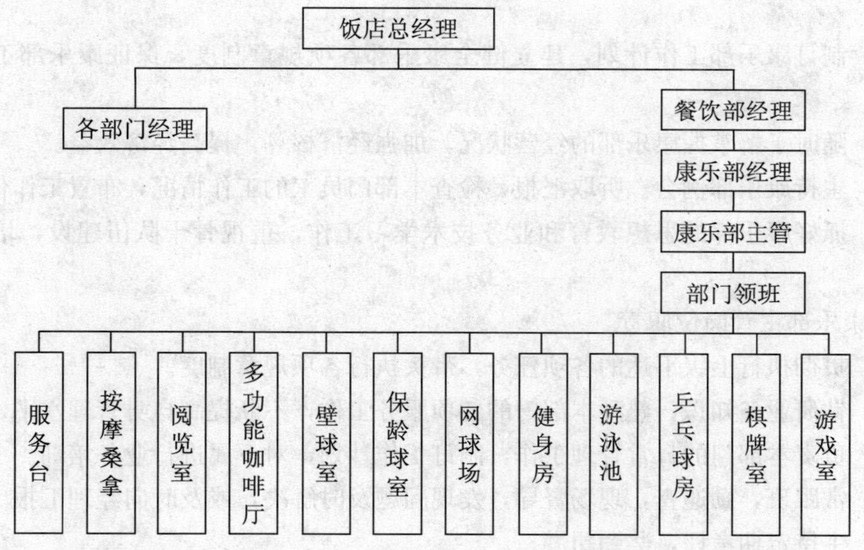

图 6－2　康乐部隶属于餐饮部的组织模式

3. 根据饭店康乐服务项目设置的模式

如图6-3所示。

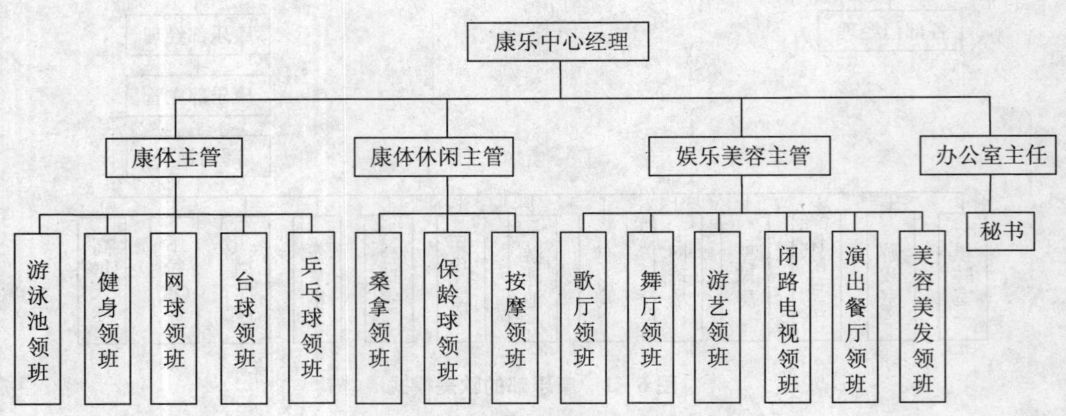

图6-3 根据饭店康乐服务项目设置的组织模式

（二）康乐部主要岗位职责

康乐部在饭店各部门中是所辖项目最多的一个部门，有康体类、保健类、娱乐类等大项，各大项又可细分出几十个项目，此外还有很多新的康乐项目正在酝酿和发展之中。这众多的康乐项目各具特色，有些还具有非常独特的个性。每个项目的岗位职责和素养要求不尽相同，饭店最常设置的几个主要岗位的岗位职责如下：

1. 饭店康乐部经理的职责

（1）对饭店总经理负责，主持康乐部全面工作，执行和落实饭店总经理下达的指示。

（2）制订康乐部工作计划，建立健全康乐部各项规章制度，保证康乐部工作正常运行。

（3）随时了解掌握康乐部的经营状况。加强经济核算，提高经济效益。

（4）主持康乐部例会。听取汇报，检查本部门员工的工作情况，布置工作任务。

（5）抓好康乐部的思想教育和业务技术学习工作，重视骨干队伍建设，培养和选拔人才。

2. 康乐部主管岗位职责

（1）贯彻执行上级下达的各项任务，带头执行各项规章制度。

（2）钻研业务知识，熟悉本部门的各项服务工作，不断提高自身管理水平。

（3）负责本部门的日常管理工作，制订工作计划，对下属进行业务培训。

（4）常跟班，勤巡查，现场督导，发现问题及时解决，或及时向经理汇报。

（5）主持定期考评，奖勤罚懒。

（6）每月上交“营业分析”报告。进行客源、客情分析，向部门经理提出整改意见。

3. 康乐部领班职责

(1) 接受经理及上司的督导，负责所辖区的日常管理工作。

(2) 执行物品管理规定，在物品的领用、发放、使用上，做到严格控制、物尽其用。

(3) 对所辖区的设备设施，制订保养、维修计划，保证设备完好。

(4) 在日常营业中负责处理客人的投诉，尽量满足客人的合理要求，遇有特殊情况应及时请示上级及有关部门协助解决。

(5) 督导员工按照饭店的服务质量标准向客人提供优质的服务。

(6) 督导员工做好环境卫生工作记录和设备的保养工作，提高服务质量。

(7) 对日常营业情况，要认真记录、统计、分析，并定期向经理汇报。

(8) 向上级提供对现有设备设施利用的建议，以及新项目开发的设想。

(9) 协助保安维持秩序，确保康乐服务工作正常进行。

(10) 做好与其他部门的协调联系工作，了解市场信息，开拓客源市场。

任务二 康乐项目的设置

一、康乐服务项目设置的原则和依据

1. 康乐服务项目的基本类型

(1) 康体项目。康体是指人们借助一定的健身设备、设施和场地，通过参与来调节心情、促进身心健康，达到休闲、商务、交友目的的具有健身功能的体育活动。康体休闲既要达到特定的锻炼身体的效果，又要达到消遣、放松的目的。康体项目主要包括健身器械运动、游泳运动、球类运动、户外运动等项目。其中健身器械运动分为心肺功能训练项目、力量训练项目等；游泳运动有室内游泳项目、室外游泳项目；球类运动包括保龄球、壁球、高尔夫球、网球、台球等；户外运动目前主要包括骑马、划船、狩猎、登山等。

(2) 娱乐项目。娱乐是指在一定的环境或设施的条件下，客人通过参与一定形式的或自助娱乐形式的文娱活动，得到精神上的满足。娱乐项目包括的范围比较广，我们日常生活中常见的歌舞类项目（歌舞厅、卡拉OK、KTV、迪厅）、游戏类项目（电子游戏、棋牌游戏）、视听阅览类项目（闭路电视、背景音乐、书报阅览）、表演类项目（乐器演奏、歌舞表演）都是娱乐项目。

(3) 保健项目。保健是指顾客在一定的环境和设施中，享受既有利于身体健康，又可以放松精神、陶冶情操的轻松愉快的被动的休闲方式。保健项目主要包括洗浴桑拿、按摩保健、护肤美容等几类。具体又可细分为足疗、搓背、药浴、淋浴、温泉浴、蒸汽浴、桑掌浴、人工按摩、设备按摩、氧吧、美容、美发、护肤等。

2. 康乐服务项目设置的原则

（1）科学合理原则。现代康乐项目，特别是新兴的康乐项目，如高尔夫、桑拿浴、水力按摩、保龄球等，这些项目的空间面积、使用设施、温度、湿度等各项相关指标都有严格、科学的要求。只有科学的规划，制定并执行严格的管理规章制度，才能使这些项目设置达到标准，达到理想的使用效果，发挥出最佳的使用功能。

（2）先进适用原则。无论是传统康乐项目，如棋牌、乒乓球、高尔夫球、保龄球，还是后开发出来的康乐项目，如桑拿、按摩、模拟高尔夫球等，都不同程度应用了当代科学技术，饭店康乐中心在设计康乐项目时，要根据饭店康乐中心的规模、目标市场、经营宗旨和方针等，确定康乐项目和设施的档次和水平，使康乐项目和设施设备既先进又适用，提高整个康乐企业或康乐中心的吸引力和市场竞争力。

（3）配套设施齐全原则。客人进行康乐项目消费时，除了基本康乐设施与环境外，还需要相关的配套服务项目和设施，保证整个康乐消费过程健康、愉快、顺利进行。康体场所的配套设施一般有：接待收银处、办公室、会议室、员工休息室、洗衣房、储物室、医务室、空气调节机房、机电房等。除此之外，还应设有相应的休息区，区内应设有水吧，提供客人饮料和小吃以及一些必要的生活用品。

（4）突出特色原则。现在饭店康乐业竞争异常激烈，突出特色在康乐运营中显得尤为重要。康乐项目的种类很多，康乐设施设备的品种、规格、型号、档次更是不可胜数。只有那些富有个性、设施设备先进、服务意识优良的饭店康乐中心，才能在市场竞争中占得先机。

（5）经济效益原则。目前，大部分饭店的康乐设施是单独收费的，例如保龄球、台球、美容美发等项目。这些项目的经济效益，是直接经济效益，比较容易统计。然而，消费档次较低的消费者也希望得到康乐享受，但他们希望在住店之后不再另付费。因此，好多饭店的康乐项目常用少收费或不收费的经营方式使客人感到实惠，从而提高客房出租率，达到提高饭店经济效益的目的。对康乐项目来说，这是一种间接的经济效益。

（6）社会效益原则。饭店康乐设施的设置不但要注重经济效益，而且要注重社会效益，积极响应加强全民健身运动、提倡健康的娱乐活动的号召，为树立良好的社会风气而做出贡献。现在，有很多饭店的康乐部都对外开放，康乐设施在对住店顾客提供服务的同时，又对非住店顾客提供服务，取得了很好的经济效益和社会效益。

（7）满足顾客正当需求原则。随着现代文明的日益进步，顾客对吃、住、行的要求不断提高。到了今天，随着饭店设施和服务水平的不断改善，人们对饭店的期望值也在不断提高，康乐享受的意识在不断增强，他们把旅游度假不单看成是游玩，而是把它当作丰富精神生活、锻炼身体、增强知识的途径。可以看出，人们越来越重视康乐活动对身心健康的作用。

3. 康乐项目设置的主要依据

（1）饭店星级。在 1998 年 5 月 1 日我国颁布的《旅游饭店星级的划分与评定》中，明确要求三星级饭店必须有舞厅、按摩室、美发厅、多功能厅；四星级饭店还要再增加游泳池；五星级饭店还要再增加网球场等项目。从以上要求可以看出，饭店康乐设施的设置首先应该符合国家规定。

（2）市场需求。从市场总体来看，消费者的需求会随着市场的发展、环境的变化、时间的推移而不断变化。市场需求会随着人口数量、经济收入、文化水平、竞争规模、商品供应量和价格、资源开发等因素的变化而变化。过去，我国饭店能够提供的康乐项目很少，满足不了顾客的需求。现在为了满足顾客的需求，饭店引进了酒吧、闭路电视、台球、保龄球、高尔夫球、网球、卡拉 OK 歌厅、夜总会等康体娱乐项目。

（3）资金能力。建设一个综合娱乐场所所需要的资金可能与建一座相当规模的饭店差不多，但建一个饭店附设的适度规模的康乐部门则用不了那么多资金。康乐项目的设置应该依据投资者投入的资金量力而行。

（4）客源消费层次。饭店康乐设施的设置，要在调查研究的基础上根据客源层次及其相应需求来决定。也就是说，市场定位要准。要注意工薪阶层与商务阶层，商务顾客与纯度假旅游顾客需求的不同，要根据不同顾客的不同需求设置相应的康乐设施。

（5）客房接待能力。一般情况下，从饭店客房接待能力可以推算出饭店康乐部需要的接待能力，从而决定康乐设施的设置规模。这是对只接待住店旅客的饭店而言。但有的饭店康乐部在接待本店旅客的同时还接待店外散客，这时就要考虑市场半径之内的客流量，并依此决定饭店康乐部的规模。

（6）康乐项目经营环境。外部社会环境对康乐项目的经营能够产生非常大的影响，因此，在设置康乐项目时，应该把社会环境作为依据之一。与康乐项目经营联系较为密切的社会环境有地区经济环境、人文环境、社会政治环境等方面。

二、康乐服务项目设置的具体要求

（一）康体项目的设置

1. 保龄球

（1）保龄球馆的面积。一般保龄球馆的使用面积可根据球道和机器的尺寸而求出。国际标准保龄球道的长度是 60 英尺，约合 18.3 米；球馆使用面积的纵向尺寸不应小于 31.5 米。一般每两条球道共用一条回球通道，它们的宽度为 11.4 英尺，约合 3.5 米。在球道两侧，还应各留出 5 英尺，约合 1.5 米宽的维修通道。若以 24 条球道为例，则球馆的宽度就在 146.8 英尺，约合 44.7 米。

（2）保龄球馆的高度。标准要求为 10～14 英尺，约合 3.05～4.27 米。如果馆内有柱子，则应减去柱子的宽度乘以球场长度所占的面积，因此在建筑结构上还应注意尽量减少大厅的柱子。

（3）保龄球馆附属设施的设置。保龄球馆的附属设施包括观众席及休息区，服务台及公共鞋存放柜、公用球存放架、私用物品存放柜、吧台及饮料库房、保龄球用品商店及修球打孔的场地、保龄球机械维修备件库房、员工更衣室，客用卫生间及清洁用品存放处等。

小资料

保龄球运动是如何产生的

保龄球是英文“Bowling”的音译，又叫“地滚球”，最初叫“九柱戏”。保龄球在公元3～4世纪起源于德国，是一种在木板球道上用球滚击木瓶的室内体育运动。“九柱戏”是现代保龄球运动的前身。最初，它只是天主教仪式活动的一个组成部分，是用来测量教徒是否虔诚的尺度。到了13世纪，英国人开始在草坪上玩保龄球，当时的目标仅有一个木桩和一个圆锥体。到14世纪，这种游戏在英国蓬勃发展，目标由1个柱子增加到9个柱子，英皇爱德华三世唯恐此项活动会妨碍人们对于箭术的练习，下令禁止“九柱戏”。此后在相当长的一段时间里，受禁的保龄球成为一种赌博形式盛行于地下私人酒吧里。到了19世纪中叶，马丁·路德还专门对这种运动的玩法、球和瓶的大小作了统一的规定。规定将9个瓶排列成菱形，用大软球投击瓶子，一直投到瓶子被全部击倒，谁投球的次数少谁就得胜。从此，9瓶式保龄球开始风行欧洲，特别是在德国和荷兰。

1895年9月，美国保龄球协会（ABC）成立。为了便于球瓶被连续击倒，这个协会决定将保龄球排列的钻石形状改为倒三角形的排列形状，并制定了标准的保龄球用具及其他有关规则，此规则一直沿用至今。从此，保龄球运动成为一项正式的体育运动。

2. 台球

（1）台球厅的场地设置。台球运动是室内运动，球室的面积可根据所使用的球台规格来确定。以司诺克（Snooker）球台为例：球台长度为12英尺（3.66米），台面长度为11.5英尺（3.5米）；球台宽度为6英尺（1.83米），台面宽为5.75英尺（1.75米），在球台四周应留出一根球杆长度的空间，一般在1.65米左右。

考虑到人员的走动，休息座椅或沙发的摆放，还有球杆和记分台的摆放，有条件的话可在球厅最小面积的四周再增加1.5米宽的附加场地，因此标准球室的面积为80平方米，这是只放置一张球台的球室。如果在一个大厅内放置多张球台，就不必按每张球台需要80平方米计算了，相邻球台相距1.5米（以球台外边框算起）就能达到要求。

（2）台球设备的配置。①球台：目前国内使用较多的是司诺克球台和美式落袋球台，无袋的开伦球台使用较少。②球：最早使用的台球是用象牙制成的，后来又出现了纸浆球、聚酯球、水晶球。相比较而言，象牙球物理性能不稳定，容易受潮变形，且造价太高，现在几乎不使用了；纸浆球性能最稳定，它是用纸浆经高压压制而成的，但这种球在市场上很难买到；水晶球的质量也很好，其性能接近纸浆球，是目前的比赛用球；现在普通球厅多用高能聚酯球，其质量也不错，价格低，受到球厅经营者的欢迎。③球杆：它是击球的工具，也有人称为“枪棒”。球杆是选用优质硬木制成的，长度一般为140～150厘米，重量一般为450～600克。球员可根据自己的身高和力量选用合适的球杆。④存杆架：是存放球杆用的架子或柜子。⑤架杆：击打较远距离的球时用作球杆的支架；架杆有短架杆、长架杆、高脚架杆和探头架杆之分。⑥记分牌和记分表格：是比赛用的记分工具。⑦巧克粉和扑手粉：巧克粉是擦杆头的涩粉，用以增加杆头与球之间的摩擦系数；扑手粉是用来擦在球员左手上的滑粉，用以减少球杆与作为支架的手之间的摩擦系数。⑧其他设施：在球台四周还应摆放适量的高脚靠背椅，供球员或观众使用。规模大一些的台球厅还应单独设置饮料吧台和库房以及洗手间等。

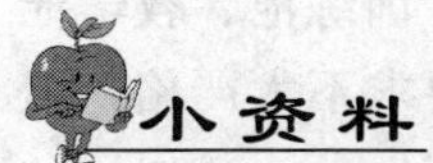

台球礼仪

1. 打球时不能大声喧哗或发出干扰的声音；
2. 关闭手机铃声和闪光灯；
3. 在球手思考或正在击球时，不要喝彩、鼓掌；
4. 球手参加正式比赛时，需穿衬衫、马甲、西裤、皮鞋，并佩戴领结。

3. 健身房

健身房的面积设计应根据健身设备的多少以及各配套设施的实际需要而定。健身器械之间要有足够的的空间供客人活动。健身房内温度应保持在18℃～20℃之间，室内相对湿度应保持在50%～60%之间。健身房内应照明充足，通风换气较好。健身房宾客的活动路线必须清晰并且有足够的空间。一般而言，健身房应分隔成下列几个不同区域：

（1）伸展区。在健身中心进入口处设伸展区，给来宾做健身前的体能舒展之用。

（2）器材健身室。运动器材具有增进运动者体能，激发意志的作用，凭借各种不同的器材训练身体各部分的肌肉，使运动者得到均衡的锻炼。健身器材又分为心肺训练和肌力训练两大类。心肺训练器材包括脚踏车、跑步机、划船器及阶梯器等。肌力训练器材很多，包括手臂推举机、曲腿重力机、仰卧起坐器、蝴螺机、哑铃、脚颈推举机、腰部旋转机、肩背训练机等。

（3）健身活动室。也称有氧韵律室，室内宽敞明亮，地板有弹性，周围墙身装有玻璃镜，活动项目包括有氧舞蹈、地板运动、伸展运动、韵律操等，运动设计以增进柔软度为主，使人在音乐的节奏中运动身体各部位。

（4）休息活动室。一般健身中心除提供器材健身活动外，还设置桑拿浴室、日光浴室、按摩室、护肤室、健康吧、冷饮店等，有些还设有健康咨询室等休息活动场所。

(5) 体能测试中心。一个完善的健身中心，都必须有体能测试设备，以便客人在运动前检验自己的体格，并编排适合的运动程序及难度，体能测试中心的仪器有：身体成分测试仪、肺功能测试仪、心脏功能测试仪、身体柔软度测试仪、肌肉力量测试仪、血压测量器和身高及体重量度器等，并应记录客人的活动及编印报告表。

(6) 健身房的配套设施。健身房应尽可能与其他康乐设施，如桑拿浴室、游泳池、按摩室、美容中心设计在一起，能相互配套，促进销售。①配有配套体重秤。②四周墙面适当位置挂立镜，最好配有山水风光画，使运动者感觉置身于自然环境中，并配有使用健身器材的文字说明。③健身房旁边要有与接待能力、档次与数量相当的男、女更衣室、淋浴室和卫生间。④健身房内设饮水处。

4. 游泳池

根据结构和规格以及使用范围的不同，游泳池可以分为比赛池、训练池、教学池和普通池四个类型。一般饭店康乐部都设置普通型泳池，这类泳池要求不太严格，但能满足一般住店旅客的要求，规格标准如下：

(1) 池长一般为 50 米，允许误差±0.03 米。在池端可安装触电板调时器（触电板规格为 2.4 米×0.9 米×0.01 米，在两端池壁水面上 30 厘米处安放。浸入水中 60 厘米。板表面色彩鲜明并画有与池壁标志线相同的标志线），池总长为 50 米，短池长度为 25 米，允许误差±0.02 米。

(2) 池宽 21 米，奥运会世界锦标赛要求 25 米。

(3) 深水处要求水深大于 1.8 米。两端池壁自水面上 30 厘米至水下 80 厘米处。可在距水面不超过 1.2 厘米深以内池壁上设休息平台，台面宽 10～15 厘米。

(4) 比赛泳道每道 2.5 米宽，边道另加 0.5 米，两泳道间有分道线，分道线用浮标线分挂在池壁两端，池壁内设挂线勾，池底和池端壁应设泳道中心线，为深色标志线。

(5) 出发台应居中设在每泳道中心线上，台面 50 厘米×50 厘米。台面临水面前缘应高出水面 50～70 厘米。并保证运动员出发时能在前方和两侧抓住台面，出发台上应设不突出池壁外的仰泳握手器，高出水面 30～60 厘米，并有水平和垂直两种。出发台四周应有标明泳道数的号码，号码从出发方向由右至左排列。

(6) 游泳池需在两侧壁安装溢水槽，以保持池水的要求和排走表面浮游污物。游泳池的攀梯应嵌入池内，数量一般为 4～6 个，其位置应不影响裁判工作。

(7) 水池池壁必须垂直平整，池底防滑，池面层平整光洁易于清洗。一般池壁贴白色玛赛克，池底贴白色釉面砖，泳道标志线为黑色釉面砖。

(8) 游泳池的池岸宽一般出发台端池岸宽≥5 米，其余池岸≥3 米。正式比赛池，出发台池岸宽≥10 米，其他岸宽≥5 米。

(9) 游泳池附属设施。①戏水池。一般指供儿童及其家长嬉戏的浅水池，水深在 20～60 厘米，池中可设置水蘑菇、喷泉、儿童水滑梯、气泡涌泉等休闲娱乐设备。戏水池的面积可视预计的客流量而定。②鼓浪池。鼓浪池是人工模拟海浪的设施，对顾客很有吸引力。鼓浪池的深度由鼓浪口向岸边从 1.8 米渐渐趋浅，最浅处是只有 10 厘米深的浅滩。鼓浪池的面积不宜太小，应在 400 平方米以上，大者可达上千平方米甚至上万平方米。③溅落池。溅落池是在水滑梯出口所设的较浅水池，其作用是使坐水滑梯者落入其中时不致摔伤。溅落池深度应在 100 厘米左右，太浅或太深都不利于顾客的安全。溅落池的长度从水滑梯出口到岸边不应小于 5 米，宽度应是水滑梯宽度的 1.5 倍。④喷淋通道和浸脚池。卫生防疫部门明文规定：凡是向社会开放的游泳池都应设置强制喷淋通道和浸脚池。这两项设施都必须设在更衣室和游泳池之间。强制喷淋可由多个喷头组成一道水帘，用以冲掉顾客身上的浮尘和皮屑；浸脚池是个面积只有几平方米的浅池，池深 10 厘米，池内水中投放消毒药，浸脚池用来对顾客的脚部消毒，以抑制脚气、脚癣等传染疾病。

5. 网球

网球场可分为室内和室外两种。单打网球场的场地标准是：长 23.77 米（78 英尺），宽 8.23 米（27 英尺）。双打网球场地的长度与单打场地一样，也是 23.77 米，但宽度为 10.97 米（36 英尺）。为了方便打球和运动员候场，在球场两端各应留出 5 米的空地，在两侧各应留出 3 米的空地。因此，一块单打、双打通用的网球场地所占的面积应该是 573 平方米。

（1）室外网球场的地面又分为草地、沙地、涂塑合成硬地等数种。场地的四周可用钢丝网作成围栏，围栏高度应高于 2.5 米，最好能达到 4 米高，以免球员将球击出场外。有条件时，围栏上还应当附上挡风帆布。

（2）室内网球场的场地除了与室外球场面积相同外，还要求球场的天棚净高度不低于 12 米。室内球场的地面多为涂塑地面。

（3）网球场的附属设施。在网球场场地两侧应设置适量的座椅和茶几。室外球场应设置排水暗沟，以便迅速排走雨水和冲刷球场的废水，球场外还应设置更衣间、淋浴间、洗手间。有条件的还应设置会客厅、网球用品服务部、按摩室等。

6. 高尔夫球

现代的高尔夫球场能够提供比较系统的多方面的服务，应包括以下各部分设施：

（1）主运动区。这是球场的主体，一般为 18 个球洞的球场，练习区是一个专供练习用的正规球道和相应的击球区。

高尔夫球场主体部分的设施：①球场的主体结构。高尔夫球场大部分是随着起伏不平的丘陵地形而设计的。标准的球场长度为 5943.6 米到 6400.8 米，呈不规则形，周围有界线。球场面积没有严格的要求，一般在 0.6 平方千米左右。球场内大部分地区种植专用草皮，小部分地区设置水塘、沙地、树丛等。正规球场通常设置 18 个球洞，也有 9 个洞的小型球场，大一些的球场也有 27 洞、36 洞或更多球洞的。球洞的多寡只表明球场的大小，与比赛的规则无直接关系。②球道。球道是指发球区与球洞之间的狭长地带。每条球道的长度不一样，一般在 200 米至 500 米不等。一个 18 洞球场的球道总长度为 2000 米至 2500 米。③发球区。发球区是球赛开始和各条道初次击球的地方，是一块长方形的平坦场地。发球区内设有发球台，发球台为一草皮较密的矩形小平台，面积约为 0.5 平方米，发球台略高于发球区地面，上面可放置球座，以便置球。球座是一个倒立的圆锥形小台，使球能稳置其上，球座有数种规格供球员选用。④果岭。果岭是英语 green 的译音，这是指每条球道的终点区域。果岭上种植了矮而密的草皮，看上去就像一大块绿色的绒毯。草皮必须精心养护和修剪，这样才便于用推杆击球。果岭的中间设置球洞，球洞为一嵌入地面的直径 10.8 厘米，深 10.2 厘米的圆罐，罐的上端低于地面 2.54 厘米（1 英寸），这就是一条球道的终点。

（2）办公区。是球场后勤及服务人员办公的地方。

（3）会所区。是高尔夫球俱乐部所在地，包括男、女更衣室，男、女沐浴室，餐厅，酒吧，休息室，专业用品商店等。

中国是高尔夫的故乡

据史料记载，最早的高尔夫球运动应该是出现于中国五代时期的“捶丸”活动。宋元之际，捶丸活动流行于我国北方民间，尤其为兵士们所喜爱，宋代的一张《捶丸图》可为佐证。捶丸游戏设有球场、球棍、球洞，与今天的高尔夫球运动颇为相似。

7. 壁球

壁球场的占地面积比较小，相当于网球场面积的十分之一。壁球场的具体尺寸规格如表 6－1 所示。

表 6－1　壁球场的尺寸规格

比赛用的平面长度	9.75 米
比赛用的平面宽度	6.40 米
对角线长度	11.665 米
由地面到前墙发球线下缘的高度	1.78 米
由地面到前墙出界线下缘的高度	4.57 米
由地面到后墙出界线下缘的高度	2.13 米
由后墙到短线近边的距离	4.26 米
由地面到前墙底界线的上缘高度	0.48 米
方形发球格两条平行线内侧距离	1.60 米
场地所有标志线宽度	0.05 米
场地最小净高度	5.64 米

壁球场的地面要求平整而有弹性，可用较硬的木板铺设。壁球场的墙壁也要求平整、有弹性，并且有一定的硬度。壁球场是一个封闭的房间，打球时，只允许运动员在场内。因此，裁判席和观众席只能设在球场外。早期的壁球场是在后墙壁上装上玻璃窗，以供裁判员、记分员以及观众观看。现在的壁球场其后墙壁全部为透明的玻璃，这样既美观又便于观看。观众席由阶梯看台构成，设置在玻璃墙外的不远处。

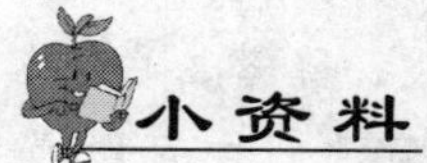
小资料

犯人发明了壁球吗

19世纪初在伦敦的老城中心，有一个“舰队监狱”，专门关押欠债的人和触犯刑律、教规的贵族，贵族自然不能去从事繁重的体力劳动，但如何打发枯燥乏味的囚禁时光呢？他们用类似拍子的器具对墙击打小球自娱自乐，这可说是最早的壁球运动。

（二）娱乐项目的设置

1. 游艺厅

游艺厅的设置没有很严格的场地要求，不过有条件的饭店在开设游戏厅时应考虑规模经营效应，因此建议游艺厅的面积在200平方米左右较为合适。游艺厅分为三个区域：即纯电子的框体式游戏机区、体感式游戏机区及有奖游戏机区。其中，开设有奖游戏一定要在经营政策允许的范围内，购置数量可视实际营业情况而定。

2. 棋牌室

棋牌室主要为客人提供专用的桌椅、质地优良的棋牌用具以及服务。近年来由于科学技术的发展，一些具有技术含量的设备也被应用到娱乐行业，改变了以前的简单手工操作，如自动麻将机、计算机国际象棋以及其他设施。除此之外，棋牌室还常备有扑克牌、中国象棋、围棋、桥牌等娱乐工具，以满足不同娱乐爱好者的需要。康乐部棋牌室要求环境优雅，设计合理。棋具、牌具材料高档，规格标准。有些棋牌活动采用现代化全自动设备辅助服务。

3. 迷你电影厅与动感电影厅

饭店客人有些不喜欢参与性较强的娱乐活动，而是喜欢观看一些或紧张、或轻松、或幽默的故事片。这样，迷你电影厅就应运而生了。迷你电影并非全用电影机播放，有很多是DVD和投影机播放的，放映厅的座位比较少，有的只能容纳10人左右。场地虽小，但是运用现代技术设备播放出的影像清晰度很高，声音质量也非常好，对客人有特殊的吸引力。动感电影能够随着影片故事情节的发展，运用高科技手段来直接刺激观众的视觉、听觉、触觉和嗅觉，从而使观众产生身临其境的感受。

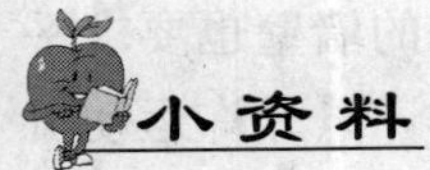

小资料

动感电影的起源

动感电影起源于美国飞行员训练学校。为节省培养经费，科研人员运用仿真手段研制出飞行模拟器。将飞机座舱放在地面上，用宽银幕演示飞机起飞、降落、白天、黑夜、打雷、下雨情景和各种紧急情况。通过模拟器，飞行员可对实际飞行中可能遇到的情况有所体验。这一试验成功之后，许多娱乐公司受到启发，开发了动感电影。人们对动感电影的研究和开发仍在不断深入，继开发出三维电影后，人们又对其增加了喷发气味的功能，将电影的功能拓展为四维。

4. 卡拉 OK 歌厅

饭店康乐部较规范的卡拉 OK 歌厅一般都有一个较大的主厅，以及若干个小型副厅，也被称为包间或包厢。主厅是歌厅的公共活动区，其使用面积一般在 80 平方米以上，大的可达几百平方米。包厢的面积从十几平方米到几十平方米不等。歌厅内部墙面要有较强吸音功能，歌厅之间要隔音，室内要有良好的通风设施和消防设施。装修副厅要注意突出不同意境和特色。依据治安管理方面的有关规定，包厢门上应设有便于检查管理的透明玻璃窗。

大型卡拉 OK 主厅应设置一个较矮的演唱舞台。考虑到周末或节假日可能请乐队现场伴奏，舞台上应留出安置乐队的空间。观众席可以是敞开的，也可以是半封闭的，一般应摆放沙发和茶几，沙发不可摆放得太紧凑，要留小通道，以便服务员端送酒水和传递点歌单。在面对观众席的舞台两侧应设置大屏幕彩色显示器或投影显示器。

5. 舞厅

舞厅既能满足客人随伴奏音乐演唱歌曲的需要，又能让客人随着音乐起舞。舞池、灯光和音响需要经特殊设计。歌舞厅最大的特色在于在墙上设一大型投影荧幕，给人全新的视觉及听觉享受，客人跳起舞来感觉既兴奋又刺激。

舞池是舞厅不可缺少的空间，是客人活动的中心。舞池面积应根据实际需要来确定，一般在整个舞厅中所占面积应为五分之一至六分之一。

座位区主要是用来接待顾客的，也称散座区。散座区的空间规划要处理好两个方面的关系，一是散座区与舞池要配套。座位数是卡拉 OK 接待能力最直接的衡量尺度。一般要尽量有效地扩大座位区。散座区座位数越多，舞池就应越大。二是散座区要处理好与贵宾房的关系。贵宾房是具有卡拉 OK 功能的包厢，用来满足那些不愿被人打扰的团体或为友人聚会提供场所。可根据接待人数需要，设立小型、中型、大型的贵宾房。贵宾房内要有隔音墙、沙发、环绕音响、大屏幕电视机、电子点歌台，有条件的应内设舞池和卫生间。

音控室是歌舞厅灯光音响的控制中心，音控室对舞池的灯光、音量的大小加以调节控制，以满足客人听觉、视觉上的需要。通过灯光、音响来营造大厅的气氛。音控室应设在舞池区附近较为隐蔽的地方，一般能从音控室观察到舞池的情况。

吧台是整个舞厅服务活动的中心，包括提供酒水、小食品、果盘、送点歌单、其他服务和结账等。

（三）保健项目的设置

1. 沐浴

沐浴是康乐保健的主要项目之一，是通过水泡、淋浴、蒸烤、按摩等方式，使客人去除烦恼和疲倦，身心得到极大放松的一种康乐方式。以桑拿浴为例，现代桑拿浴一般由淋浴房、蒸汽房、桑拿房、按摩池等组成，按摩池一般设有 3 种不同温度的水池，即热池（40℃～45℃）、温池（25℃～30℃）、冷池（10℃～12℃），所以桑拿有时又被称为“三温暖”。

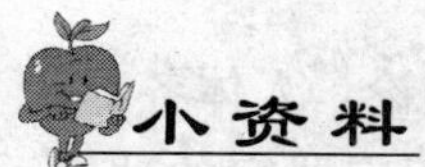

桑拿浴的由来

桑拿浴是英文“sauna”的译音。由于发源地在芬兰，又称“芬兰浴”。芬兰有“千湖国”之称，19 世纪时，芬兰人常在湖泊或溪水旁建造小木屋，方便淋浴之用。木屋采用原木建材，以利水分的吸收和调节，屋内有个炉子，上面摆了许多石头，将石头烧热后，再用冷水浇淋，就会产生蒸汽，因此也称“蒸汽浴”。淋浴者在蒸汽弥漫的木屋内，先坐卧在最低的台阶。等蒸烤至出汗后，再换到最高的台阶上，以感受更高的热度。这时再用桦树枝叶拍打身体，以刺激血液循环和排汗的功能。直到皮肤被蒸烤、拍打至变红后再踏入屋外的溪水湖泊内，或在雪地里打滚，让体温在急剧的变化中，加速血液循环和毛细孔的收缩，使身体得以彻底放松，这样一冷一热反复来回几次之后，再小睡一番，就会达到清爽畅快，飘飘欲仙的境界。这种冷热交替的桑拿浴，后来在北欧流行开来。

2. 按摩

自古以来，每当人们腰酸、背痛、疲劳、失眠时，就会用手掌或手指直接去按压某些穴位，以减轻症状。这种古老的医术流传到现代，已成为一项休闲的方式。整天忙碌的现代人，在他们工作之余享受专业的指压按摩服务，不但可以预防疾病，而且可以消除疲劳放松身心。根据目的不同，按摩可分为医疗按摩和保健按摩。医疗按摩主要是针对特殊部位的疾病，对症按摩；保健按摩主要是以健身、保养为目的，具体又可分为以下几种：

（1）港式按摩。主要是针对人体全身的穴道进行指压按摩，范围包括头、颈、肩、臂、腹、胸、背、腰、足等多处。穴道是人体脏腑经络气血输注于体表的部位，通过对经络穴位的按压，以达到平衡机体能量及增进健康的目的。经穴按摩有缓慢流畅的抚摩，也有揉捏和摩擦，主要技法是按压和拉伸。

(2) 中式按摩。中式按摩强调中医上的保健功能。推拿是用手对身体、头部、手及脚进行抚摩、按压及叩击。这种按摩不只限于皮肤，还可深达肌肉、骨，其动作较慢也更深沉，有益于增强和放松肌肉，有助于静脉回流，增加血红含量，促进淋巴液循环，加强关节的结构组织；在精神方面，能消除紧张和焦虑情绪，有助于强化身体的整体意识。

(3) 泰式按摩。泰式按摩是一种将中国传统的武术功夫及健美运动的基本功力相结合的一种按摩方法。武术基本功的盘腿、踢腿、闪腰、拉弓、蹬步、盘坐，健美操中扩胸、紧腰、压腿、拉腰、摆臂等，在泰式按摩中均有展现，所以泰式按摩也被称为“中华按摩”。人们自身不主动运动，而是按摩师帮助促进身体各部位肌肉松弛、韧带拉长，全身骨关节的放松，进行一次全身运动。

(4) 足底按摩。也称“反射按摩”，根据反射学的原理和生物学理论，人体各部位的器官，都能在足部找到一个固定的反射区。按摩反射区，可调整相应器官的功能，促进血液循环，调节内分泌，达到保健的效果。

3. 护肤美容

美容中心根据美容服务种类的性质和形态，大致可分为以下几种：

(1) 医学美容中心。将医学与美容结合，先由医生进行必要的诊疗，再由美容师配合护理。这种美容中心通常设在皮肤科诊所里，以诊疗为主。

(2) 专业美容店。专门提供化妆、做面膜、文眉、脱毛、健胸等服务。

(3) 美容美发店。在可提供美容护肤服务的同时，以美发为主，如洗发、吹发、剪发、烫发、染发和护发等。

(4) 休闲式美容店。休闲式美容店能提供美容及相关的多样化服务。如全身护理、指压按摩、做面膜、化妆等项目。休闲式美容不能有治疗行为，多设在娱乐中心和高级宾馆里。

4. 水疗

水疗 (SPA) 源自拉丁文“Solus Por Aqua”，是“健康之水”的意思。SPA 来源于 16 世纪比利时一个温泉小镇 SPA，这里拥有十分丰富的自然资源，美丽的森林、纯净而含有非常丰富的矿物质的泉水，镇上的居民们，无论老少，有空就在山泉附近的空地聚集，泡泉水，消除疲劳、享受大自然的洗涤，一时之间蔚然成风，SPA 因而得名。SPA 最初兴起时，结合了山、海、温泉等自然景观，加上放松身心的护理疗程，内容包括：脸部护理、芳香疗法、音乐按摩、淋巴排毒、专业水疗保养、瑜伽、花草茶等，以及流传几世纪之久的各地民间养生法，集休闲、养生、美容、健身于一体。在 17 世纪、18 世纪的欧洲，SPA 流行开来，随后其养生美容、身心舒缓的概念风靡全世界。现代 SPA 大体可分为：美容温泉疗养地、健康与减肥温泉疗养地、医学温泉疗养地及综合性 SPA。

任务三 康乐部的日常管理

饭店康乐的经营是一项系统工程，它由接待、服务、管理、营销等过程构成，是饭店整体服务的一部分。可以说，服务是康乐经营的生命。在顾客面前，任何细微的服务质量问题，都会损害到饭店的信誉。康乐服务及其质量不仅是左右顾客选择产品的关键要素，而且在今后，没有质量和服务保证的项目，必将失去市场竞争力。

一、服务管理

（一）康乐服务的特性

康乐服务是围绕康乐活动展开的，而康乐活动又是丰富多彩的，在时空上具有多变性，因而康乐服务的特性很显明、独特。

1. 表演展示性

饭店向宾客提供各种技艺展示，包括舞蹈、曲艺、歌曲、时装等，这些活动表现在服务上便是用技艺引导宾客走向康乐，而它的手段又是通过表演或表演性动作构成的。因而康乐服务天然具有表演展示的特性。

2. 参与互动性

康乐是人际间寻求和谐沟通的方式，康乐服务要引导宾客参与康乐活功，同时服务者也要适时地进行参与，以便进入宾客康乐的圈子，达到现场的快乐交流。

3. 适时增兴性

宾客康乐的目的是获得心理上的愉悦，而且希望这种愉悦能不断提升，实现审美感受的飞跃。要使客人康乐活动获得这种体验，康乐服务便会在献歌、陪舞、陪练中适时地对客人的赞美。

4. 民族独特性

一个异地的游客在特定地区进行游乐活动，为的是求得一种全新的异域感受，现代旅游便是在这种动机下壮大的。为此，各种饭店的康乐部门都挖空心思寻求能引起顾客注意且乐而不疲的民族性康乐活动。这便有了传统京剧、姑苏评弹在饭店登场的场景。一切的求异求新都在民族独特性上得到体现。

5. 专业技能性

不同类型的康乐活动有着自己独到系统的游乐规则和物质依托，这便使针对康乐展开的服务因康乐的专业化而有了专业性特性。一个训练有素的高尔夫球场服务员的技能是常规饭店服务人员所不具备的，这便显出了专业的特色。

6. 现场交流性

获得愉悦和躲避无聊是康乐活动的两种精神向度，而这种向度的满足，依赖被服务者同服务员的现场交流，这种交流因超脱了住宿、用餐等生理的层面而具有审美的意味。这是一种纯粹的现场心理交流，是一个纯粹的审美接受过程。任何康乐服务都因要满足客人的审美需求而注意现场服务，这便使得这种特性在康乐服务中有了存在的可能。

7. 动态服务性

宾客作为审美的接受者，作为服务的对象，他的接受、接纳过程中的审美性，是呈现动态性的。所有康乐服务在时间上都呈现强烈的动态性。任何点、面的空间愉悦都依赖时间上的动态延展而形成良好的康乐效果。注重康乐服务，便不断地要从动态的角度去规范服务。

（二）康乐服务质量控制

1. 康乐服务质量控制原则

（1）以顾客为中心原则。康乐经营的一切服务活动和一切康乐项目都必须从消费者的角度出发。因此，康乐服务必须坚持以顾客为中心的原则，尊重顾客的人格、身份、喜好和习俗。

（2）体现人情原则。康乐场所作为客人满足精神需求和渲泄情感的场所，要在服务上体现出人情味。当客人感到空虚、寂寞、孤独或因工作繁忙而感到疲倦、紧张时，他们就会希望在康乐活动中找到适合自己的排遣方式。我们应尽量满足客人这种情感上的需求，以增加顾客的回头率和消费能力。

（3）考虑周全原则。现代人消费日趋多样化、高档化，人们不仅要求康乐场所能提供丰富的、高质量的康乐服务，还要求提供各种代表新潮流的酒水服务和其他特色服务等。康乐场所应为客人提供全面而周到的服务，来提高客人的消费水平。

（4）效率优先原则。康乐服务一般是即时生产，即时出售，客人即时消费的。康乐服务过程既是商品的出售过程，也是客人的消费过程。康乐服务必须要在突出高效率，保证高质量的前提下完成。

（5）灵活机动原则。康乐服务是一个动态过程，应在服务中体现灵活性。一方面，与客人康乐消费的随意性特点相适应，康乐服务必须采取相应的灵活性；另一方面，康乐消费中经常会出现一些突发性事件，康乐服务必须采取随机应变的措施，要求在不损害客人利益的条件下，灵活得体地进行处理。

（6）安全保障原则。首先要求康乐经营者为客人提供一个安全的场所，杜绝火灾等隐患；其次，康乐服务人员要保证酒水的质量和卫生安全；最后，保证客人隐私权得到尊重，保证客人在康乐的消费过程中不受干扰和侵害。

2. 康乐服务质量控制方法

（1）建立标准化的作业程序。建立标准化作业程序就是康乐服务在最大程度方便于顾客的原则下，设计出来的最好的服务程序和方法，明确应达到的规格和标准。标准化首先要确定服务的环节及工作任务，包括卫生、安全、服务态度、服务效率等环节的质量标准；其次确定每个环节服务人员的动作语言、姿态、时间要求，以及用具、手续、意外情况处理、临时要求等。

（2）尽量把服务有形化。顾客对康乐服务的满意程度是通过已享受到的服务来评价的。感觉就是现实，如果顾客对服务没感觉，就谈不上服务的优良。为了使康乐服务质量具有可量化性，在保证有形部分服务品质提高的同时，应尽量设法把无形服务部分有形化。把康乐服务有形化，就是要使其具有可操作性，以既定服务规程和质量标准为依据规范服务工作，以保证服务质量的客观性和可量化性。

（3）建立服务质量控制系统。服务质量是服务性格和性能的集合。服务贯穿于工作内容和服务体系中。为了保持稳定的服务水平，就必须建立服务质量控制系统。对包括亲切感、热情、认真、细腻、准确、接待的合适度、缩短等候时间、清洁卫生状况、安全性及服务项目的完善性、竞争性等进行评估检查。

（4）建立顾客意见的反馈系统。要保持稳定的服务质量，提高服务水平，应该建立一套公平有效的顾客信息反馈系统。顾客的信息反馈，一方面来自企业的服务人员和领导，他们应对每天的工作进行总结，尤其是应明确需改进的地方和改进方法；另一方面是来自顾客，饭店服务人员应主动诚恳地征求顾客的意见和建议，或通过顾客的同事、朋友反馈意见。

二、康乐服务的投诉处理

1. 康乐部最容易被投诉的几个方面

引起客人投诉的原因有很多，但分析如今饭店康乐部经营现状，主要有如下十种情况最容易引起客人投诉：

（1）服务员礼貌不周或态度不好。

（2）服务经验不足。

（3）工作效率低下。

（4）服务技能差。

（5）语言沟通障碍。

（6）索要小费。

（7）卫生状态不佳。

（8）设备设施出现故障。

（9）各部门之间缺乏协调。

（10）出现意外情况。

2. 处理投诉的原则

（1）坚持不扩大事态，不激化矛盾。绝大部分消费者的投诉动机都是善意的，他们一方面是为了促使企业改进工作，另一方面是为了得到某种形式的补偿，只有极少数人是出于某种恶意而投诉的。客人投诉的形式各不相同，但是作为饭店的管理经营者，对待投诉的处理原则之一就是不扩大事态，不激化矛盾。

（2）坚持依法、依规处理。处理投诉时必须以事实为依据，以有关法规为准绳。因此，康乐部门的管理人员和服务人员必须熟悉相关的法律法规，如《娱乐场所管理条例》《公共娱乐场所消防安全管理规定》《中华人民共和国消费者权益保护法》及其他相关地方性法规。

（3）兼顾企业、客人、服务员三方利益。企业、客人、服务员三方的利益是对立统一的。在具体处理投诉时，应该了解事实，依据规定，合理合法地进行，尽量兼顾三方利益。

3. 处理投诉的方法

（1）明确角色，摆正关系。顾客来到康乐部消费是为了购买服务产品、享受生活、愉悦身心的。为此，康乐部应当尽量满足客人的需求，应该把处理投诉当成改进工作的机会，管理者和服务员都应当摆正与客人的关系，自觉地站在顾客的角度，认真对待客人的每一次投诉。

（2）态度诚恳、热情接待。面对客人的投诉，应该以诚恳、热情的态度接待顾客。对于给客人造成损失的，还要道歉赔偿。

（3）不同情况，区别对待。对具体的投诉意见，应当在了解事实经过的基础上进行具体的分析，然后采取有针对性的解决措施。具体处理方式如下：①对于有建设性的意见。应向顾客表示感谢，并对给顾客带来的不便表示歉意，然后把顾客的意见如实的反映给管理者，对于能够马上改进的工作，要尽快答复顾客。②对于希望得到尊重的投诉。应该坚持“顾客永远是对的”的原则，给顾客留足面子，给顾客足够体谅。③有些顾客的投诉目的，除了要求在精神方面得到安慰之外，还要求在物质给予补偿。由于给予顾客经济补偿的处理权一般是在管理层，因此首先接待这类投诉的服务员应该在安慰顾客的同时尽快向上级报告情况。④对于一些极不理智的顾客和恶意违反规定的顾客投诉。虽然这种投诉所占的比例很小，但是处理起来却很麻烦。在处理时一定要依据法律法规和企业的有关规定，采用摆事实、讲道理的方法，有理有节地给以解决。必要时，可以请保安部介入，以维护企业的正常经营秩序。

三、安全管理

1. 康乐部的不安全因素

康乐部的不安全因素主要是指在客人参与康乐项目时，由于自身、器械或其他原因造成身体和心理伤害的类型。

（1）设施设备因素。包括器械故障、场地不足等。

（2）客人自身因素。包括客人身体状况不良、使用器械不当、技术水平不够、心理状态不佳、注意力不集中等

（3）员工因素。包括保护不当、看护不到位、员工业务素质和技术水平不够等。

2. 康乐部安全事故的预防

（1）提醒客人注意自身身体状况。让客人了解自己身体的状况及特点，找出容易引发伤害事故的隐患。如是否有先天性疾病，心肺功能是否良好，肢体的柔韧性如何等。

（2）提醒客人做好热身运动。在进行康体娱乐活动特别是健身训练之前，要让客人做好热身运动，使肌肉、关节及相关器官活动开来。

（3）提醒客人进行适应性训练。应让客人进行身体状态的适应性训练，肌肉在经过适应性训练后，可降低持久及剧烈运动时受伤和发生事故的概率，并可对关节及各器官产生一定的保护作用。

（4）做好客人运动前的心理准备工作。每进行一项运动之前，必须让客人对该项运动有所了解，这样可帮助运动者集中注意力，缓解紧张情绪及建立信心，还可加深了解自己的能力及弱点。同时，也应让客人掌握缓解紧张情绪的必要知识。

（5）让客人熟悉康乐环境。安排康乐活动应视场地是否合适及空间是否足够而定，尤其应注意排除潜在的危险及其他环境因素的干扰，如天气、光线、声音等。

（6）对客人进行适当的服务及技术性指导。无论是教练、指导员、服务员，还是其他有关人员，都应对其责任区内的运动项目、康乐设施有足够的认识，了解客人在体能及技术上个体差异，以便有针对性地进行指导和服务。

（7）工作人员应检查用具设备，并提醒客人穿着适合的运动服装。在客人进行杠铃、哑铃、双杠等自由重量训练前，工作人员应认真检查相关设备。不同的运动场合应穿不同的运动服装及鞋袜，如跑步时不能穿皮鞋、不能赤脚或穿没有减震功能和快速旋转功能的网球鞋。

（8）提醒客人合理使用保护性用品。合理使用支架、眼罩或弹性绷带等保护性用品，可降低运动受伤的可能性，但也不要过度依赖保护性用品。

（9）提醒客人遵守活动规则。在进行康体锻炼尤其是有身体接触的运动时，参与者须了解有关活动规则及安全守则，以免造成不必要的伤害事故。

3. 康乐部安全事故的处理

对安全事故的处理虽然属于被动管理，但是在康乐部的运营过程中，却是不可避免的。对安全事故的恰当处理，能避免事态扩大，有效地减少事故带来的损失。

（1）擦伤或切断割伤的应急处理。擦伤，一般伤口较浅，出血不多，可用卫生棉稍加挤压，以挤出少许被污染的血液，如果伤口很脏，则可用清水冲洗后再用酒精消毒，然后用创口贴或纱布包扎。切割伤，多为锋利物所伤，如果伤口较浅，可参照擦伤的应急处理方法处理。如果伤口较深，流出的血是鲜红色，且流得很急，则可判断为动脉出血，这时首先应设法止血。可采用压迫上血点的方法，即压住伤口近心部位的动脉，再经简单创面处理后迅速将伤者送医院治疗。如果手指或脚趾被完全割断，应马上用止血带扎紧伤口，或用手指压住受伤的部位止血，将断指用无菌纱布包好，把伤者连同断指立即送医院手术治疗。

（2）扭伤和拉伤的应急处理。扭伤和拉伤多因顾客在参与康乐活动中姿势不正确或用力过猛所致。由于肌肉或韧带已经损伤，会伴有较强的疼痛感。发生这类事故时，服务员应马上扶顾客坐下，然后查看扭伤或拉伤的部位，观察伤势。如果伤势不严重，可以喷一些“好得快”之类的局部外用药，并嘱咐顾客注意休息。此时，如果顾客决定终止消费，服务员应协助办理相关手续。如果伤势较重，服务员在对伤者进行简单护理后，应嘱咐客人马上去医院治疗。同时应立刻将事故情况逐级上报，由康乐部经理决定是否派服务员陪同顾客去医院。

(3) 烫伤与烧伤应急处理。发生这类伤害事故时，首先要局部降温。一般只有红肿的为轻度烫伤，这时可用冷水冲洗几分钟，再用纱布包好即可；重一些的烫伤，局部已起水泡，疼痛难忍，这时须立即用冷水较长时间冲洗，一般情况下，注意不要碰破水泡，以防止细菌感染。如果烫伤的局部很脏，可用肥皂水清洗，但要特别注意不可以揉搓擦洗，以免碰破表皮，不利于以后的治疗，而且也会增加伤者的痛苦。清洗后，蘸干表皮，盖上纱布，用绷带包好，送到医院做进一步治疗。

四、卫生管理

1. 康乐部卫生管理的基本原则

(1) 安排卫生工作的整体性原则。卫生管理工作包括个人卫生管理、物品及设备卫生管理、食品卫生管理以及公共卫生管理等多方面。康乐部在加强卫生管理的同时一定要注重整体性，要做到面面俱到，不留死角。

(2) 调动康乐部全体人员的积极性原则。调动康乐部全体人员的积极性，对做好康乐部的卫生工作具有重大的意义，只有这样才能形成“人人抓卫生，个个讲文明”的良好氛围，才能在卫生习惯方面完成由“他觉”到“自觉”的转变。

(3) 管理效率最优化的原则。康乐部卫生工作的特点是工作量大，重复率高，各项目要求存在差异。工作量大是由于康乐部项目种类多、设备数量大，设施设备与顾客接触多，顾客流动大、使用频率高的设备每换一位顾客就要搞一次卫生。

(4) 统一领导分级管理原则。要求每一层级员工只对相应上一级的一位管理者负责，各层级的负责人只对本层级的员工进行管理，不得越级。同时，上级管理者一般不应越过下级管理者直接处理基层问题，应实行层级管理，一级抓一级，避免多头领导。

(5) 建立健全规章制度的规范化原则。建立一整套康乐部卫生工作管理制度和管理程序，进行系统、规范化的管理，使康乐部的卫生工作能够井然有序，卫生管理能够有章可循，有法可依。

2. 康乐部卫生管理的主要内容

康乐部的卫生管理关系到顾客的卫生安全，也关系到企业的声誉和形象，在很大程度上影响到康乐部的经营。康乐部卫生基本制度如下：

(1) 工作区域每天设专人负责清扫。

(2) 布草无污渍、无毛发、无破损。

(3) 各种器具、杯具每天消毒清洗。

(4) 客用毛巾、浴衣等要及时更换。

(5) 各种消耗用品要及时补充。

（6）各种器械和场所要符合卫生标准。

（7）场所温度、湿度要适宜。

（8）垃圾、废弃物要及时清理。

（9）定期进行大清洁，定点放置药物清除“四害”。

任务实施

康乐部常规服务流程如图 6－4 所示。

图 6－4　康乐部常规服务流程

第一步：班前准备

班前准备阶段，所有当班员工按规定着装，注意仪容仪表。及时完成所属区域的卫生工作。认真清点、整理相关物品。

第二步：班前会

员工应服从上级的工作安排，熟悉、了解本班的工作任务，掌握 VIP 客人的基本资料以及团队情况，以便有针对性地进行服务。

第三步：迎宾工作

工作前将所需物品准备齐全，提前 15 分钟抵达所属区域迎接客人。当客人抵达时应微笑着致以问候，表示欢迎。征询客人意见并了解客人人数，引领客人到相应服务区域。协助客人入座，并将服务单呈送给客人。

第四步：对客服务

按照客人要求出品，积极推销酒水、饮料。规范服务，同时注意服务的针对性和灵活性。调试好相关设备，在客人消费过程中，适度、适时地提供相应服务。

第五步：送客服务

当客人离开康乐部时，要微笑致谢，并邀请客人再次光临。为客人引路，并提供相应的客梯服务。

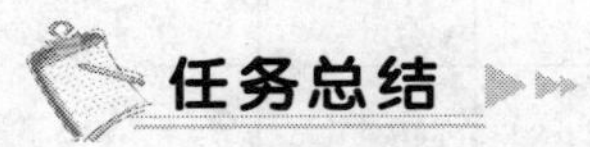

任务总结

饭店康乐部的经营与管理将会越来越受重视，从而使饭店康乐中心成为饭店吸引客人的重要部门。康乐服务的多样性和较强的技能特性，要求康乐部员工必须具备相关的专业知识和能力，康乐服务的复杂性又要求员工对不同顾客群体提供灵活的、有针对性的服务。

实训项目

内容与要求

选择学生所在城市的高星级饭店的康乐部作为研究对象，根据自己所学习的有关康乐部的知识，对所调研饭店康乐部的项目设置情况及实际对客服务和管理工作进行分析，该饭店康乐项目设置是否合理、有特色，康乐服务是否规范，还存在哪些问题及应采取哪些管理方法进行纠正。

组织与实施评价

1. 以项目团队为学习小组，小组规模一般是5～8人，分组时以组内异质，组间同质的原则为指导，小组的各项工作由小组长负责指挥协调；

2. 团队成员共同参与、共同配合、完成任务；

3. 各项目团队根据实训内容互相进行讨论，并点评；

4. 评价与总结：各项目团队提交实训报告，并根据报告进行评估。

评估指标及标准

如表6-2所示。

表6-2　康乐服务操作评分表

被考评人			考评地点			
考评内容		考评标准	分值/分	自我评价/分	小组评价/分	实际得分/分
专业知识技能掌握	饭店康乐部的现状及发展前景	了解	10			
	康乐部基本职能及组织机构设置	了解	10			
	饭店康乐项目的类型及基本设置原则和具体要求	掌握	20			
	饭店康乐部日常管理及服务程序	掌握	10			
	报告完成情况	填写明晰、记录完整	10			

续 表

<table>
<tr><th colspan="2">考评内容</th><th>考评标准</th><th>分值/分</th><th>自我评价/分</th><th>小组评价/分</th><th>实际得分/分</th></tr>
<tr><td rowspan="3">通用综合能力</td><td>学习态度</td><td>态度端正，认真参与，积极主动，勇于探索</td><td>15</td><td></td><td></td><td></td></tr>
<tr><td>运用知识的能力</td><td>能够熟练自如地按相关要求进行操作与处理</td><td>15</td><td></td><td></td><td></td></tr>
<tr><td>团队分工合作</td><td>能融入集体，愿意接受任务并积极完成</td><td>10</td><td></td><td></td><td></td></tr>
<tr><td colspan="3">合　计</td><td>100</td><td></td><td></td><td></td></tr>
</table>

注：实际得分＝自我评价（占40%）＋小组评价（占60%）

思考题

一、填空题

1. 康乐项目的基本类型有________项目、________项目和________项目。

2. 康乐部卫生管理工作包括________卫生管理、________卫生管理、________卫生管理以及________卫生管理等多方面。

二、选择题

1. 将康乐部作为饭店的重要部门设立在总经理之下，与饭店其他部门平行，康乐部经理直接对饭店总经理负责的机构设置模式为________。

A. 欧美模式　　B. 亚洲模式

C. 印度模式　　D. 中国模式

2. 下列不属于康体项目范畴的是________。

A. 游泳　　B. 高尔夫球

C. 壁球　　D. 卡拉 OK

3. SPA 的原意是指________。

A. 美丽的山　　B. 健康的水

C. 可爱的家乡　　D. 浪漫的邂逅

4. 康乐服务质量控制应遵循的原则有________。

A. 体现人情原则　　B. 效率优先原则

C. 灵活机动原则　　D. 安全保障原则

5. 康乐部的不安全因素主要包括________等方面。

A. 设施设备因素 B. 员工因素

C. 客人自身因素 D. 社会因素

三、简答题

1. 康乐部的发展趋势是怎样的?

2. 康乐项目设置的主要依据有哪些?

3. 康乐服务有哪些特性?

项目七　饭店人力资源管理

知识目标

- 了解人力资源管理的概念、内容和任务；
- 掌握员工招聘的原则和程序及员工培训的内容和方法；
- 理解并掌握员工激励的内容和方法；
- 知晓饭店职业经理人的素质和能力要求。

能力目标

1. 使学生能够正确分析理解饭店人员招聘；
2. 培养学生在遵循招聘原则的前提下学会运用不同招聘策略和面试方法。

任务导入

“串岗”的行李员

两位客人走进一家五星级饭店的大堂，正好碰上刚刚送完行李的行李员小张。小张以为客人要住店，主动向客人礼貌地打招呼，并且热情的指引他们去前台登记。

不料客人并不是要住店，而是来酒店的餐厅就餐的。两位客人问道：“我们是第一次来，听说你们的旋转餐厅很有名，在几楼啊?”小张回答道：“28 楼，乘坐左边的快速电梯上去就到了。”客人又问道：“是广帮菜吗?”小张回答道：“有粤菜，也有淮扬菜，很难绝对说是哪一帮。因为像我们这样的五星级酒店，菜肴已是集各帮之长，这里有北京烤鸭，也有四川火锅。二位不妨上去尝一尝。”“那价格怎么样啊?”小张马上回答道：“旋转餐厅和二楼的潮州餐厅一样很豪华，档次高，价格相对比较贵一点。一般情况下，平均每位消费 100 多元，如果点海鲜或者高档菜的话恐怕要 200 多元了。底楼东侧的餐厅也很不错，价格适中。您们二位去吃的话，100 元出头就差不多了。”

两位客人得到了准确的信息以后，相互商量了一下，决定还是去 28 楼的旋转餐厅就餐。临走前客人又问了一句：“旋转餐厅开业到几点?”“晚上 11 点。”小张立即回答。两位客人很高兴地向行李员小张致谢后向电梯口走去。

任务分析

小张并不是饭店餐厅的服务员或者是营销员，他只是前厅部一名普通的行李生，可是他对饭店其他营业场所的情况了如指掌。作为饭店的服务员，如果以为只做好本职工作就好了，在客人询问饭店其他情况的时候一无所知，或者见客人就躲开，会给客人以不好的印象，有损饭店的形象，同时也会失去饭店向客人营销的机会。很显然，饭店需要对员工进行整体概念培训。饭店的整体培训是指饭店将所有的服务设施和项目写成培训手册，员工对全店设施的服务作用、服务对象、所在位置、性能、特点、开放时间等都必须记住，并且通过考核，过关后方能上岗。在实际经营中，饭店的人力资源部应该做好对所有服务员的培训和管理，开发每个员工的潜能。

任务一　饭店人力资源管理概述

现代企业的竞争其实就是人才的竞争。企业人员素质的高低，决定了其生产和服务水平的高低，是企业内在管理的基础。现代饭店用人机制已经发生了巨大的变化，从原有的传统人事制度转变成了现代的人力资源管理制度，这种变化不仅仅体现在名字的改变，更重要的是，它是时代进步的象征，更是人员管理学质的飞跃。它为现代企业提供了无穷的动力。

一、饭店人力资源管理的含义

（一）饭店人力资源管理的概念

人力资源是指一定时间、一定空间地域内，能够推动整个社会和经济发展的劳动者的能力。它作为一种经济资源，实质上也就是人所具有的运用和推动生产资料进行物质生产的能力，包括体能和智能两个方面。人力资源作为饭店最宝贵的资源，必须对其进行科学而有效的管理和开发，才能使饭店在激烈市场竞争中取得最佳的经济效益和社会效益，长久的立于不败之地。

饭店人力资源管理超越了传统的人事管理，在人本思想的指导下，运用科学的理论、原则和方法，依靠饭店组织机构和组织手段，通过对饭店员工进行合理的培训、组织与调配，使饭店的人力、物力保持最佳比例，既要满足饭店现期目标的实现，又要满足饭店未来发展的需要和饭店员工发展的最大化。

（二）饭店人力资源管理的特点

1. 管理对象的能动性

饭店人力资源管理的对象是饭店员工，他们是“活”的资源，具有主观能动性，能够有目的的进行活动和劳动从而创造价值。而其他管理，比如对经济资源的管理，它的管理对象可以是煤炭、石油、天然气，都是“死”的资源，只能够被动接受改造和加工才能产生价值。

2. 管理工作的跨越性

管理工作的跨越性主要表现在地域和文化的跨越。现在很多饭店都成立了饭店管理集团，管理分散在各个地方的饭店，人力资源的管理工作就明显地表现在不同地域的管理。由于人力资源管理的地域跨越性，就决定了从事饭店工作的人员具有不同的文化背景和价值观。

3. 管理工作的超前性

在饭店市场的激烈竞争中，人力资源管理无论是从人才的发现到培养，还是从人才的利用到驾驭，都离不开人才的超前培养和继续教育。否则，随着时间的推移，人才就会慢慢变成企业的“文盲”，被时代所淘汰。

4. 管理对象的全员性

饭店人力资源管理应该针对饭店的所有人员，从一线的服务员到最高层的老总。饭店的生存是靠饭店所有人员的配合和客人对饭店的良好口碑。如果饭店从最高管理层就不能很好地按照人力资源管理的培训、考核等一系列要求来做，就不可能取得好的业绩，也就不会有好的服务提供给客人，最后也就不可能有客人良好的口碑了。

5. 管理过程的动态性

饭店人力资源管理不仅仅是要为部门选拔好的人才，还要对人员的录用、培训、考核、薪酬等一系列过程进行管理。除此之外，还要关心员工，提高员工的工作积极性等，使全体员工充分发挥自己的才能和潜力。

二、饭店人力资源管理的内容

1. 遵守国家有关人事方面的法律政策，合理制定饭店人力资源制度

饭店的人力资源管理人员应该遵守国家有关人事方面法律政策。比如，用人的制度、年龄以及员工的工资水平、福利等。饭店应该在此基础之上制定适合本饭店的人力资源制度，比如招聘用人、绩效考核和薪酬分配等。

2. 合理分配饭店的人力资源

饭店是属于劳动密集型企业，它需要大量的人员充实到各种岗位上。为了科学地分配现有的、有限的劳动力资源，需要合理地制定劳动定额，编岗定员，改善劳动组织，挖掘员工的工作潜力，不断提高劳动效率，降低劳动消耗，才能够提供高效的服务。

3. 及时正确处理劳资关系

饭店员工和饭店企业之间属于劳资人事关系，他们的关系既对立又统一。饭店员工希望能够以最少的付出获得最大的收益，而饭店作为投资方希望以最少雇佣成本获取最大的企业利益。但是，他们又是统一的关系，只有饭店有了利润和收益，员工才能有较好的工资和福利；员工尽最大努力工作，饭店才能获得更好利益。饭店人力资

源管理应该通过及时正确的处理劳资关系，为员工创造良好的工作环境，尊重员工的劳动成果，关心他们的生活，从而调动员工的工作积极性和责任感，减少矛盾的产生。

4. 不断加强员工的培训和开发

饭店应该在瞬息万变的市场竞争中不断地创新，改变自己的经营方式和经营策略。这就需要培训员工，比如服务理念、职业技能、公共关系等，不断提升员工素质。而企业的创新来自于对人才的“提升”，它要求员工有“质”的变化，这就是对员工的开发。

5. 合理分配劳动报酬，不断激励员工

在当前社会，劳动报酬是激励员工努力工作的一个非常重要的因素。饭店要根据饭店的实际情况科学地制定岗位津贴、基本工资、奖金分配等制度，将物质利益和精神奖励有机地结合起来，充分体现脑力劳动和体力劳动的差别、复杂劳动和简单劳动的差别。通过这样的措施，不断激励员工的工作积极性。

三、饭店人力资源管理的重要性

1. 科学的人力资源管理是保证饭店经营活动正常进行的前提

饭店人力资源管理把饭店所需的所有劳动力资源组合在一起，又通过一定的组织进行合理分配，保证饭店各个部门的正常经营活动的开展。

2. 饭店人力资源管理提高了饭店员工素质，提升了饭店的竞争力

传统的人事管理主要停留在对人员的使用上面，而不注重对员工素质的培养和提升。现代的饭店人力资源管理除了能够使员工发挥工作能力，更注重提升员工潜力和素质，建立高素质的员工队伍。因此，饭店的竞争能力也得到很好的提高。

3. 饭店人力资源管理激发了员工的工作能动性

饭店人力资源管理除了通过考核、薪酬、奖金等来激励员工，更重要的是在生活上对员工进行关心，用感情留人。这样的做法加大了员工的企业归属感，从而使员工能够调动工作能动性，加强了员工的企业责任感。

4. 科学的饭店人力资源管理是饭店服务质量的保证

世界饭店之父斯塔特勒说过：“饭店其实只销售一种产品，那就是服务”。饭店的服务质量就成为了饭店的产品质量，也就是饭店生存的生命线。而良好的服务需要科学的人力资源管理来保证，它通过一系列的培训、考核、奖励等，来保证对服务质量的要求。

5. 科学的人力资源管理是充分利用饭店人力资源的前提

任人唯贤、唯才是举、人事配合、按劳付酬是利用人力资源的原则。饭店人力资源管理采用科学的管理制度和手段来利用饭店有限的人力资源，创造出最大的经济效益。

人力资源部作为饭店的重要部门之一，其主要职能包括：人才招聘、培训、使用、开发和管理，组织结构和人员编制的设定，员工薪酬发放，劳动关系处理等。其所涉及的部门最多，所以对人力资源进行管理不仅仅是饭店人力资源部门的事情，饭店所有的管理者在日常工作中都应该为下属和员工提供一个较为宽松的成长空间，积极配

合人力资源部门的各项工作。

任务二 饭店人力资源管理的基本内容

一、饭店员工的招聘

为了不断巩固在竞争当中的优势，也是为了给饭店的发展带来更多的活力，饭店必须要不断进行员工队伍的补充。因此，饭店必须能够快速、科学和经济地找出最佳员工的招聘方法，使饭店的人力能够得到及时的补足。员工招聘作为饭店人力资源管理的一项常规且重要的工作，它的成败直接关系到饭店经营活动能否顺利进行。

饭店员工招聘是指饭店为了正常运作和发展的需要，根据饭店人力资源规划、工作分析、经营目标和政策，按照国家现行的人事制度，制定一整套的筛选方法和步骤，寻找、吸引那些有能力又有兴趣到本饭店工作的人员，并从中选出合适人员并给予录用的过程。

（一）饭店员工的招聘计划

1. 计划内容

饭店要根据人力资源的总体规划来制订当年的招聘计划，一般是在去年的下半年进行制订，第二年开始实施。

（1）计划招聘的对象和人员数量。饭店根据各个部门上报的人员空缺的类别、职级、时间等要素，结合饭店实际来确定招聘的对象和数量。比如，招聘外部人员还是内部人员，招聘有经验的还是新手。一般情况下，都会放宽招聘人员的比例，以备饭店择优录取。

（2）招聘时间的选择。招聘时间对于招聘工作来讲非常重要，它关系着应聘者的多少和可选择范围的大小，也关系着招聘工作的准确程度。如果是内部招聘，一般是在饭店进行年度考核以后进行。它要考虑员工积极性、公平问题、企业凝聚力、人际关系等问题。如果是外部招聘，一般在高校毕业生分配之前进行。

（3）确定招聘途径。招聘途径可以分为外部招聘和内部招聘。内部招聘，被招聘人员熟悉本饭店，能够很快进入工作状态，缺点是容易造成“近亲繁殖”，饭店没有新鲜血液补充，失去发展活力。外部招聘，能够给企业发展带来新的发展思路和理念，但是，招聘的“风险”比较大，容易招错人。

（4）确定筛选不同被招聘人员的标准。饭店分为管理岗位和对客服务岗位，对不同的岗位人员有着不同的工作要求。对于饭店的管理岗位，工作经验和工作资历尤为重要。而饭店的一线服务员，最好有相关经验，如果是新手，愿意留在本饭店工作的也未尝不可。

（5）确定招聘的地点。为了吸引更多的应聘者，饭店一般把招聘地点选择在大型的人才招聘会。但是，有的饭店为了节约招聘的时间和成本，会把招聘的地点选择在本饭店的人力资源部办公室。

2. 编制定员

饭店为了有组织、有计划的完成各项任务，必须对各类岗位的性质、任务、职责、劳动条件和环境，以及员工承担本职任务所需要具备的资格条件进行系统的分析和研究，以确定饭店所需人员。饭店岗位的编制一般需要考虑以下因素：

(1) 岗位任务和职责分析。在岗位任务分析中可以确定各个岗位的性质、内容、形式和执行的步骤、方法，以及使用的设备、器具。职责分析不仅包括岗位任务范围的分析，还包括对岗位责任大小和重要程度的分析。

(2) 各个岗位之间的关系。

(3) 所需人员的知识技能、经验、体格、体力等必备条件的确定。

(4) 饭店目前的发展重点和任务。

(5) 企业所采取的管理模式。

3. 劳动定额

劳动定额是对劳动者在单位时间内应完成的工作量的规定。它对饭店的编制定员起着决定性的作用。劳动定额的公式如下：

$$N=W\div q\ (1+R)$$

式中：N——人力资源需求量；

W——饭店计划期任务总量；

q——饭店定额标准；

R——计划期劳动生产率变动系数。

$$R=R_1+R_2-R_3$$

式中：R_1——饭店技术进步引起的劳动生产率提高系数；

R_2——经验积累导致的生产率提高系数；

R_3——由于劳动者及某些因素引起的生产率降低系数。

(二) 饭店员工的招聘原则

1. 遵守国家人事招聘的法律法规

我国《劳动法》的颁布，保护了就业者的平等就业、公平竞争等权利。因此，饭店在招聘员工的时候应避免种族、性别、年龄、宗教信仰等歧视。慎重制定招聘政策，在文字表述和实施过程中尽量避免上述现象的产生。

2. 一切服务于饭店的原则

招聘是饭店人力资源管理的一个重要环节，其效果的好坏在一定程度上决定了饭店的发展。所以，招聘工作的一切导向应该以饭店的利益和发展为本。比如，合理地制定招聘时间，避免招聘时间拖拉给饭店增加招聘成本。

3. 公平竞争、全面考核、择优录取的原则

在招聘工作中，面对所有的应聘者，应该一视同仁，同等对待。这也是对饭店负责的表现。为了真实考核出一个人的才能，应该进行全面考核，避免考核中以偏赅全。

在录取的过程中，应该选择最优秀的应聘者给予录用。

4. 因岗设人、用人所长、宁缺毋滥的原则

饭店要根据自己的实际需要和岗位工作任务的要求来确定招聘的人选。所有应聘者都有优点和缺点，在招聘过程中尽量发挥他们的优势和潜力。当没有合适的人选时，不要为了完成招聘任务而随便录用，这样会给饭店带来更大的损失。

5. 先内招，后外招

饭店在招聘人员的时候，首先应该从饭店现有的员工中调剂解决，解决不了的时候再面向社会招聘。这样既可以解决饭店缺人问题，又可以调动现有员工的积极性。

（三）饭店员工的招聘程序

1. 制订招聘计划方案

在开展招聘工作之前，应该根据饭店人力的需求情况，回顾各个需求岗位的职位说明书。最后确定具体的需求人员的多少、人员层次、用人标准等。

2. 制定具体的招聘策略

具体的招聘策略包括：招聘时间、地点的选择；招聘渠道和方法的选择；招聘信息的发布；招聘中的组织宣传等。

3. 招聘测试

在招聘工作中，面对所有的应聘者，应该进行全面系统的测试和考核。它包括：审查应聘者的求职信和个人简历；对应聘者进行初试、面试、考试；实际测试和心理测试等。

4. 审查各种面试资料，综合判断与体检

各种测试结束以后，将各种记录汇总整理，综合背景资料，决定是否录用。各种考核合格的人员，应该到指定医院去体检。

5. 人员录用

通过各种审核和体检，饭店能够确定最后录用的人员。饭店应发放新员工录用通知，确定入职时间。

二、饭店员工的培训

现在越来越多的饭店把员工培训看做是一项重要的工作内容，看做是加强饭店管理，增强竞争力的法宝。员工培训始终贯穿于饭店管理的全过程，涉及饭店的所有人员，上至饭店老总，下至一线服务员。

饭店员工培训是指饭店根据自身发展和业务需要，通过学习、训练等手段进行的旨在改变员工的价值观、工作态度和工作行为，提高员工的工作能力、知识水平、业务技能并最终改善和提高饭店绩效的有计划、有组织的培养和训练活动或过程。

（一）饭店员工的培训意义

1. 员工培训是推动饭店持续发展的源泉和动力

通过饭店员工培训可以提高饭店管理者的管理水平，开阔发展思路，从而提高管

理者决策的正确性，减少错误管理思想的产生。经过培训的一线服务员，可以提高服务技能，改善服务态度，融合了顾客关系，最终推动饭店的不断发展。

2. 员工培训是实现员工个人发展和自身价值的重要途径

饭店员工培训的受益者不仅仅是饭店，对于员工的自我发展也有好处。饭店员工经过培训，增加了专业知识和专业技能，提高了个人的工作效率，进而也会获得更好的工资薪酬，同时也为晋升打下了坚实的基础。随着员工培训的不断深入，增强了他们在工作中的信心，提高了职业安全感，最终实现自我的价值。

3. 员工培训可以提高工作效率，降低损耗

俗话说"磨刀不费砍柴工"。通过员工培训提高了其工作技能，掌握了先进的工作方法，就可以使员工在同等的劳动条件和劳动时间内完成更多的工作。员工经过培训以后，在工作中就会减少失误所带来的损失。

4. 员工培训可以增加员工对企业的了解

入职培训可以使新员工更快进入工作状态，胜任工作。对于在职培训的饭店老员工，可以使他们更加清楚饭店所制定的新的管理政策和工作方法。

5. 员工培训可以提高员工与员工之间、部门与部门之间的协作力

员工培训主要是对员工的统一协作意识和服从意识进行加强，增进员工之间的沟通和了解，增加他们的工作协作意识，并获得相关的工作方法。这样做可以使饭店的整个团队更加优化，团队之间的合作精神得到加强。

（二）饭店员工培训的特点

1. 员工培训内容的广泛性

由于饭店各个部门需要掌握的专业知识和专业技能各有不同，所以针对饭店员工培训的内容相对来说比较复杂。它涉及经济学、管理学、旅游学、社会学、心理学等。除了理论知识以外，还要掌握一定的技能水平，如餐饮服务技能、客房服务技能等。

2. 员工培训的层次性、针对性和实用性

饭店员工培训不仅仅是针对一线的对客服务人员，还包括各个层次的饭店工作人员，比如经理层、领班层、服务层、后台人员、设备操作人员等。在培训的时候针对不同的层次，培训的内容各有不同。为了尽快获得良好的培训效果，减少培训成本，在培训内容的安排上都和他们本职工作联系紧密，从实际出发。

3. 员工培训组织形式和方法的灵活性和多样化

由于饭店员工的培训不同于脱产学习，他们都有自己的工作时间，再加上饭店的机构复杂，员工的年龄、文化基础和知识水平参差不齐，这就要求培训工作应该结合不同的员工特点和岗位要求，结合不同层次和实际需要，分批、分阶段和有计划的进行。培训可以在员工会议室完成，也可以在操作现场完成。

4. 员工培训与开发的协调性

对于员工的培训，除了满足企业的需求以外，还应该考虑员工的自我发展需求。在培训的计划中，应该体现培训的逻辑性和层次递进性，给员工未来的工作发展奠定

坚实的基础。

5. 员工培训的长期性和速成性

员工培训的主要目的是想在短期之内完成员工工作技能和知识的提高，改善现有的工作状况。这就要求培训的时间不能过长，影响企业的发展速度。但是，企业长期发展所需要的培训工作不是短时间内就可以完成的，它需要长期的不断坚持。

（三）饭店员工的培训类型

1. 岗前培训

岗前培训也称上岗培训，即饭店新招聘的员工在进入到具体工作岗位前所接受的培训。它对于饭店服务质量的提高和业务发展至关重要，其目的在于为饭店提供知识、业务技能和工作态度均符合饭店要求的员工。岗前培训主要向入职的新员工灌输饭店的各项规定、企业文化、饭店工作人员的素质要求和职业道德等。

2. 在岗培训

在岗培训主要是指饭店员工在工作场所和完成工作任务的过程中所接受的培训，是岗前培训的深化，贯穿于每一个饭店员工的工作全过程。

3. 转岗培训

员工因饭店经营业务发展或工种变化、职位提升等需要接受的某种专门训练。这种培训往往会要求饭店员工暂时脱离岗位或者部分时间脱离岗位，参加进修和学习，可以分为全日式、隔日式或者间时式。

4. 发展培训

发展培训主要是针对饭店的各层管理者进行的培训，着重培训他们的管理技能、技巧，培养他们发现问题、分析问题、解决问题的能力，控制协调力，经营决策力、组织设计能力等。

（四）饭店员工的培训内容

1. 新员工培训

（1）本饭店的经营理念和企业文化。

（2）新员工的工作部门和其他部门的协作关系。

（3）工作时间、考勤方式和其他工作要求。

（4）各种具体工作方法。

（5）工作安全常识和其他安保须知。

2. 一般培训内容

（1）本饭店工作一般服务知识。

（2）具体岗位的专业技能和知识。

（3）对待工作的态度和劳动价值观。

（4）解决工作中常见问题的办法。

（5）最新的工作理念和方法。

(五) 饭店员工的培训方法

1. 课堂讲授法

课堂讲授法是最传统的培训方法。一般情况下，由一些专家或者业内的知名人士围绕一个培训主题讲解。

2. 案例教学法

案例教学法是围绕一定的目的，把真实发生过的情景加以典型化处理，形成可供学员思考、分析和决断的案例，通过研究和相互讨论的方式，提高学员分析问题和解决问题的能力。

3. 角色扮演法

这种培训方法由培训者提供或设定特定的场景，让学员担任不同的角色，体验不同角色的心理变化，达到“相互理解对方”的目的。

4. 项目学习法

由培训者设定项目主体，让学员以分组的形式对该项目进行策划、实施、评价的学习模式。这种培训模式可以提高学员对概念和原理的学习，激发学员的学习兴趣，自主进行知识的建构。

5. 学徒培训

这种培训的模式是由一名操作熟练的员工作为师傅，带领一名或几名学员进行学习。它的优点在于边工作边学习，节省培训的费用，不会耽误工作时间。

6. 计算机和网络辅助学习法

计算机和网络辅助学习法是通过现代化的教学手段对学员进行培训。它把需要培训的内容做成计算机程序并配备正确的答案和详解，供学员随时学习。学员还可以通过互联网得到更多的专业知识培训。这种方法最大的优点是学员可以利用业余时间进行学习。

7. 讨论会或研讨会法

讨论会或研讨会法是指为了使学员更好地理解和掌握某项培训内容，在培训者的指导下，主要以大家讨论的方式而实施的培训。

三、饭店员工的激励

(一) 饭店员工激励的内涵

1. 饭店员工激励的概念

激励是指激发人的动机，使人产生内在的动力，并朝着一定的目标行动的心理活动过程，也就是调动人积极性的过程。现代饭店中的饭店管理，提倡用激励的方法提高服务效率和服务质量。相对于严格的惩罚式管理，它对于饭店和员工本身都有着积极的作用和影响，普遍地被饭店管理者所运用。

饭店员工激励是指饭店作为激发员工提高劳动生产效率、改善服务态度、提升服务技能等的主体，对饭店员工采用多种诱因，使产生工作的内在动力，并朝着饭店的目标不断前进的过程。

2. 饭店员工激励的意义

（1）激励可以最大限度的调动员工的积极性。员工的积极性决定了饭店的生产和服务效率，从而最终影响饭店的利润效益。通过严格的管理和惩罚制度，使员工产生压力和危机感，可以在一定程度上提高员工的积极性。但是这样的手段对员工的积极性的调动是有限的，他们不会发挥他们的所有潜能到工作中。而激励是通过正面的积极手段对员工进行引导，很容易激发他们的最大能动性和潜力。所以调动员工的积极性是激励最为重要的一个作用。

（2）激励可以提高饭店的服务质量。服务是饭店的生命线。服务质量的好坏决定了饭店的生存和发展。而饭店的服务主要是由饭店的服务员和一线操作人员完成的。只有他们的需求得到了满足，才会为顾客着想，提供优质的服务，而激励的主要功能之一就是满足员工的需求。

（3）激励可以为饭店吸引到优秀的人才。饭店除了重视管理和经营以外，还要增强与其他饭店的竞争力。饭店可以通过各种优惠政策、丰厚的薪酬待遇、快捷的晋升途径等激励措施来吸引饭店所需要的人才，为企业的发展注入更大的活力。

（4）激励可以增强饭店员工的竞争能力和协作精神。在激励的政策下，饭店员工都会不断努力工作，提高自身的技能和素质，以获取最大的激励“优惠”。而饭店是一个整体，各个部门之间有着内在的有机联系，单兵作战很难顺利完成工作，这就需要员工能与其他部门人员进行有效的沟通和合作，形成工作的整体性。

（5）激励可以增加饭店的利润总额。激励的受益主体不仅是员工，还有饭店。通过员工的努力，增加了饭店的生产力，生产力的提高带来的是饭店利润的提升。

（二）饭店员工激励的原则

1. 激励要因人、因时而异

相同的激励政策因人、因时不同，起到的激励效果是不一样的。饭店工作人员比较复杂，他们在年龄、性别、文化和价值观上都有很大的差异。不同时间，需求会有很大的差异，对待激励的各种政策就会有着不同动力和看法。要想取得良好的激励效果，必须具有针对性，并且在合适的时机给予恰当的激励。

2. 物质激励与精神激励相结合

作为饭店员工，需求并不是单一的。物质需求是人类最基本的需求，它是精神需求的基础。因此满足员工的需求应该先从物质需求开始，随着物质生活水平的提高，在物质激励的基础上集合精神激励，并逐步过渡到精神激励上。

3. 多用正面激励，慎用负面惩罚

正面的激励和负面的惩罚都可以改变员工的工作行为。正面激励可以形成良好的工作氛围，使人的行为积极向上。负面的惩罚具有一定的消极作用，容易使员工产生挫折和恐惧感，破坏良好的工作氛围，让员工缺少归属感，因此要慎用。

4. 激励要奖罚适度

奖励和惩罚都是饭店激励员工的方式，但是实际操作时应该考虑轻重适度，要不就会适得其反。奖励过重，增加企业成本；奖励过轻，会让员工有不被饭店重视的感觉。惩罚过重，会让员工有种被抛弃的感觉，过轻又起不到惩罚的目的。

5. 理性与感性相结合

饭店管理者在管理员工时，对于工作中的绩效考评、薪酬、福利等管理，应该理性对待，努力做到“公平、公正、公开”。对于激励在考评中落后的员工，应该加强与他们的感情沟通和交流，体现饭店的关怀，帮他们找出差距和弱点，使他们能够赶上不再落后。

（三）饭店员工激励的形式

1. 物质激励

物质激励就是在工作中，通过满足员工的物质需求，从而充分调动个人完成组织任务、实现组织目标的积极性和主动性。物质激励包括工资、奖金、福利、津贴等。它表明企业对个人工作成就的认可和肯定，在企业中营造积极向上的工作氛围，容易形成良好的工作竞争机制。

2. 奖惩激励

在饭店中，会有一部分员工因为各种原因比较落后，为了体现公平性，也为了激励比较落后的员工，可对业绩优秀的员工进行奖励，对落后的员工进行适当的惩罚。

3. 机会激励

饭店员工在不同时期有不同的需求，饭店应该区分不同的员工，来满足他们的需求，达到激励员工的目的。现在很多员工很注意企业给的机会奖励，比如很多饭店为优秀的员工提供晋升、出国深造、带薪的旅游奖励等机会。

4. 竞争激励

有人说：把一块黑炭投在一堆大火中它就可以燃烧起来。人是生活在社会中的人，都有向上的理想和动力。如果企业给员工以竞争的压力和环境，就会对他们形成悟性的刺激，引导他们朝着企业的目标而前进。

5. 榜样激励

管理人员以身作则，从各个方面严格要求自己，生活上和工作上都与员工同甘共苦，以自己的热情和奉献精神感染身边的员工，也可以起到激励的作用。

6. 目标激励

目标激励就是通过确定的工作目标来诱发员工的动机和行为，达到调动员工积极性的目的。目标为员工指明了工作方向，提供了思想的动力支持。

7. 精神激励

当物质的激励不能起到很好效果的时候，精神激励就可以获得事半功倍的效果。员工在工作中的成就要得到领导的肯定和赞赏，或一定的荣誉奖励，会使员工充满成就感，增加工作的信心和动力。

以上的几种激励形式，仅仅是常用的一些方法。在饭店的实际工作中，结合员工的需求、兴趣、动机，还会有更多的办法去激励员工。

任务三 饭店职业经理人

一、饭店职业经理人的出现和应具备的素质

（一）饭店职业经理人的出现

一般来说，职业经理人是将经营管理工作作为长期职业，具备一定的职业素质和职业能力，并且掌握企业经营权的群体。它起源于美国，在1841年，因为两列客车相撞，美国人意识到铁路企业的业主没有能力管理好这种现代企业，应该选择有管理才能的人来担任企业的管理者，世界上第一个经理人就这样诞生了。

饭店业作为我国旅游业中开放最早，市场化程度最高的行业，是我国改革开放后最早与国际接轨的行业之一，也是我国最早一批职业经理人产生的行业之一。饭店经营和管理的国际化，实行饭店经营权和所有权的分离，使得其自身必须有专业管理团队作为人才支撑。自1982年专业化程度非常高的北京建国饭店聘请饭店职业经理人以来，饭店职业经理人的概念在我国出现已经将近30年的时间。它对于推动饭店业的健康快速发展，具有不可估量的价值和作用。饭店职业经理人是指运用系统的现代饭店经营管理和经验，对某一饭店或者饭店的某一个部门经营和管理，并以此作为职业的人员。

（二）饭店职业经理人应具备的素质

饭店职业经理人应该是饭店经营管理的复合型人才。不同于从事重大决策的企业家和担任具体任务的经理，他们从事资产经营，实现从理想目标到现实业务产出的转换。因此，饭店职业经理人要具备综合的素质。

1. 专业知识

专业知识是职业经理人成长的前提和基础。饭店职业经理人要具备饭店专业知识、旅游知识、交际知识等，更要具备一定的投资决策、资本运作、财务知识、国际金融等现代经济知识。

2. 行政技能

处在管理层面的饭店职业经理人，必须具备相应的行政工作能力。一般包括：对语言文字的综合分析能力；对数量关系的理解与计算能力；逻辑判断推理能力；基本知识的掌握情况以及运用基本知识分析判断的能力；资料分析及判断能力等。

3. 思想素质

思想素质是指人对社会善美丑恶以及其他现象的认识、行为和做法。它包括思想认识、思想觉悟、思想方法、价值观念等方面的素质。饭店职业经理人是企业的高层管理者，必须有自己的思想价值观，对企业有正确的引导，是饭店职业经理人最基本

的素质要求。

4. 心理素质和身体素质

一个人的心理素质是在先天素质的基础上，经过后天的环境与教育的影响而逐步形成的。心理素质包括认识能力、情绪和情感品质、意志品质、气质和性格等。饭店职业经理人经常面对不同的人和不同的场合，还要处理繁杂的日常工作，对于个人心理素质要求比较高，一般要遇事冷静、果断处理。对于饭店的发展还要能够具有“抗压”能力，同时还要拒绝小成功面前的“膨胀”。俗话说：身体是革命的本钱。良好的身体条件才能够有精力和体力完成大量的工作，是最重要的素质要求。

二、饭店职业经理人应具备的职业能力

（一）核心能力

饭店职业经理人的核心能力应该是体现在专业知识掌握基础上的独到的专业观点和出色的专业建树。这些对于职业经理人在本行业的发展尤为重要。

在激烈的饭店经营管理中，各种管理方法层出不穷。面对多样的专业管理模式，饭店职业经理人必须具备“慧眼识金”的能力。把多样的专业管理方法和技巧进行融合，再根据饭店的实际管理经营情况，提出自己的观点和看法，并且在不断的实践中得到一定的锻炼和提升，形成一整套完善的管理方法和理念。

（二）必要能力

1. 决策能力

饭店职业经理人在实际的经营管理中，会面临各种问题，他应该找出最佳的解决问题途径，这就是决策力。饭店职业经理人不是饭店里随便一个人就能够担当的，必须是在一定的权限内的能够做出出色决策的人，并具备对高层决策可行性与科学性的判断能力。一个优秀的饭店职业经理人应该具有远见意识，不但追求饭店的短期效益，更要兼顾长远发展，诸如规模扩大、资产转型、技术提升等重大战略问题。

2. 组织能力

组织能力是指为完成某项任务而编制、管理、指挥、调整、教育有关人员的能力，是饭店职业经理人必备的重要能力之一。饭店职业经理人在完成饭店的各种任务的时候，不但要统筹全局，把所需的各种人力、物力、财力等安排得当，还要创造良好的工作环境，使得人尽其用，各显其能。

3. 指挥能力

饭店的实际经营，就像在战场上打仗，能否胜利取决于指挥官。饭店职业经理人作为饭店的管理者，对所管理的范围和区域负有决定性的责任。它要求能够有效的运用各种方法对当前情况进行处理，顺利地完成饭店的各项工作任务。

（三）增效能力

1. 控制能力

控制能力是饭店职业经理人对员工的活动进行监督，判定饭店是否正朝着即定的

目标健康地向前发展，并在必要的时候及时采取矫正措施。饭店职业经理人对实际经营的各项指标要不断进行修正，按照预设的目标开展工作。

2. 协调能力

饭店职业经理人即饭店的经营管理者，在一定的范围内具有绝对的经营权和管理权。他受雇于饭店的出资者，所以要对饭店负责。为了达到管理效果的最佳，饭店职业经理人要不断进行各种协调。与饭店董事会进行协调，与其他部门和领导成员协调，与自己的下级沟通协调，还要与饭店外部的有关单位、人员搞好关系。如果没有出色的协调能力，饭店职业经理人将无法把工作开展下去。

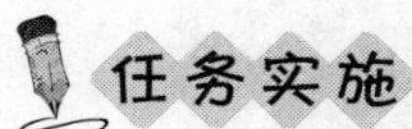

饭店员工培训实施的程序如下图所示。

饭店员工培训实施程序图

一个完整的饭店员工培训程序一般包括以下七个步骤：找出培训需求、确定培训项目、确定培训者和学员、确定培训方式、开展培训工作、培训效果考核测定、总结培训经验和不足。

第一步：找出培训需求

找出培训需求是饭店员工培训实施的首要阶段。正确的找出培训需求是决定培训工作成功与否的关键。这就需要对饭店的具体情况进行分析，找出饭店当前经营和管理中需要改善和提高的地方。如果是新开业的饭店，需要对所有工作人员进行培训，如经营目标、现阶段各部门任务、服务水平等；如果是开业一段时间的饭店，应该阶段性地找出问题和差距，找出薄弱环节给予提高和改善。

第二步：确定培训项目

经过对饭店培训需求的分析，结合饭店现有的实际经营情况和目标，确定哪些培训需求是当务之急，如员工服务技能、客人投诉的热点问题、设备的及时更新、营业方向的转变等，确定之后分批分次完成培训任务。

第三步：确定培训者和学员

通过以上对培训项目的筛选，饭店最终确定最急需培训的项目。针对培训项目，选择最佳的培训者和最需培训的学员。如餐饮服务技能需要优秀的餐饮培训师来培训，如果是工程部的技术培训，可以选择有名的工程师来担任培训师。对培训师的要求一般是：精通本行、懂得教学方法和技巧、具有良好的语言表达能力等。根据确定的培训项目来确定有关学员，比如餐饮服务员、客房服务员、领班等。

第四步：确定培训方式

为提高培训效果，在确定培训项目和对象之后，饭店就要制定灵活的培训方式。对于专业理论知识类的培训，比如餐饮服务知识、酒水知识、对客服务知识、菜肴知识等，可以采用课堂讲授法。对于技能操作类的培训可以采取现场教授的方法。对于管理方法和理念类的培训，可以采取研讨法和案例法。

第五步：开展培训工作

这是整个饭店培训工作的具体实施阶段。它要将预先设定的培训目标、标准、计划给予实施。在此阶段一般情况程序是培训师讲解、示范，学员尝试，最后独立上岗操作，培训师进行不断辅导和纠正。

第六步：培训效果考核测定

经过以上几步培训工作的开展，学员基本上掌握了培训所授内容和技能。但是掌握的程度如何，培训师的培训效果怎么样，需要进行培训考核和测定，这不但有利于激励员工积极参与培训，也有利于主管人员考察所培训人员对知识和技能的掌握程度，完善培训方法。培训效果可以通过考试、培训前后工作表现的对比、员工绩效等手段测定。

第七步：总结培训经验和不足

所有的培训工作结束后，应该对本次培训进行总结，客观地对所进行的培训进行评价。总结经验，发现不足之处，进一步地完善培训工作。一般从以下几个方面进行评价：是否按原计划顺利完成；学员掌握程度如何；学员对培训的态度如何；哪些地方是成功的；部门反应怎样等。

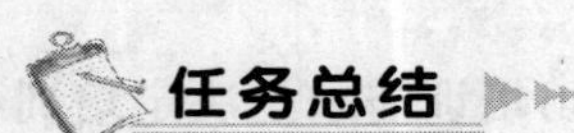

任务总结

通过对饭店员工培训的步骤、内容、方式、类别的分析，全面了解饭店人力资源管理，并掌握人力资源管理的具体步骤。熟悉饭店人员招聘，了解饭店职业经理人的内涵和要素。

实训项目

内容与要求

假定某个四星级涉外酒店进行招聘工作，根据招聘人员和应聘人员的角色收集相关资料与数据，分析筛选出真正需要的人才并给予录用的过程。

组织与实施评价

1. 以项目团队为学习小组，小组规模一般是5～8人，每组都设有招聘者和应聘者，小组的各项工作由小组长负责指挥协调；

2. 团队成员独立参与完成任务；

3. 各项目团队之间根据实训内容互相进行交流、讨论，并点评；

4. 评价与总结：各项目团队提交实训报告，并根据报告进行评估。

评估指标及标准

如下表所示。

饭店人力资源管理任务评分表

被考评人			考评地点			
考评内容		考评标准	分值/分	自我评价/分	小组评价/分	实际得分/分
专业知识技能掌握	饭店人力资源管理的概念、内容和任务	了解	10			
	员工招聘的原则和程序及员工培训的内容和方法	掌握	20			
	员工激励的内容和方法	掌握	10			
	饭店职业经理人素质和能力要求	了解	10			
	报告完成情况	条理清楚、内容完善数据准确、完成及时	10			
通用能力培养	学习态度	积极主动，表现自然，思路敏捷，态度诚恳	15			
	运用知识的能力	能够熟练自如地运用所学的知识进行招聘工作	15			
	团队分工合作	能融入集体，愿意接受任务并积极完成	10			
合　计			100			

注：实际得分＝自我评价（占40%）＋小组评价（占60%）

思考题

一、填空题

1. 利用人力资源的原则________、________、________、________。

2. 饭店人力资源管理工作的跨越性表现在____________、____________。

3. 招聘途径可以分为：__________和__________。

4. 当前，企业竞争的实质就是__________的竞争。

5. 在饭店员工激励的原则中，物质激励要与________相结合才能起到更好的效果。

二、选择题

1. 下列哪种培训方法是最传统的员工培训方法________。

A. 课堂讲授法　B. 电视教学法　C. 案例研讨法　D. 角色扮演法

2. 在员工的激励原则中，应该________惩罚激励。

A. 不用　B. 慎用　C. 多用　D. 以上都不对

3. 饭店培训工作的对象应该是________。

A. 餐厅服务员　B. 客房服务员　C. 康乐部经理　D. 全体员工

4. 下列属于饭店职业经理人核心能力的是________。

A. 出色的专业见地　B. 优秀的决策力　C. 有效的控制力　D. 良好的协调力

5. 职业经理人起源于________。

A. 德国　B. 英国　C. 法国　D. 美国

三、简答题

1. 饭店人力资源管理的特点有哪些？

2. 饭店员工的招聘原则有哪些？

3. 饭店职业经理人应该具备的素质有哪些？

项目八　饭店后勤保障管理

知识目标

- 理解并掌握饭店安全管理的内容和要求；
- 了解饭店设备管理的基本内容；
- 知晓饭店物资管理的基本过程和要求。

能力目标

1. 能够正确分析饭店的安全管理措施；
2. 能够判断基本的饭店设备类别；
3. 能够掌握饭店常规物资管理程序。

任务导入

细心谨慎的威尼斯饭店保安

威尼斯饭店对付饭店的偷包族有自己的一套办法和手段。饭店的保安打扮成普通客人，在餐厅里密切关注可疑人员的动向，一旦看到小偷得手，便一拥而上将小偷人赃俱获。饭店保安部的负责人说："保安工作其实有很多学问，在饭店做保安不仅要身手敏捷，还要了解顾客心理学和犯罪心理学。"对于饭店的厨房、配电房、锅炉房等火灾重点隐患场所，威尼斯饭店保安部的安检员每天晚上都会巡视查看，检查有无漏气、漏电、冒油烟等情况。饭店经常进行消防演习，要求只要报警器响起，保安必须在5分钟之内带着灭火器赶到现场，否则一律视为不合格，为了达到这一要求，饭店的保安每周都要举行"跑楼"比赛。

任务分析

安全是饭店一切经营活动的前提，是员工和客人进行工作和消费的基本需求。安全管理作为饭店管理的重要组成部分，要求饭店为所有来店人员提供安全的环境、安全的设备设施、安全的工作和消费氛围、安全的产品和服务，只有这样才能吸引更多的消费者前来购买饭店产品。

任务一　饭店安全管理

饭店是人们在外旅行、进行商务活动时临时的“家”，不仅要舒适、整洁，更需要安全感，安全系数高的饭店往往会得到更多客人的青睐。

一、饭店安全管理的含义及内容

饭店安全一般是指饭店、来店客人以及饭店员工的人身、财产和信息在饭店的控制范围之内，没有危险，不受威胁。

饭店安全管理的范围涉及面较广，既包含饭店控制范围内所有的来店客人和饭店员工的人身、财务、信息、心理安全，也包括饭店的设备设施安全。饭店安全管理内容如图 8－1 所示。

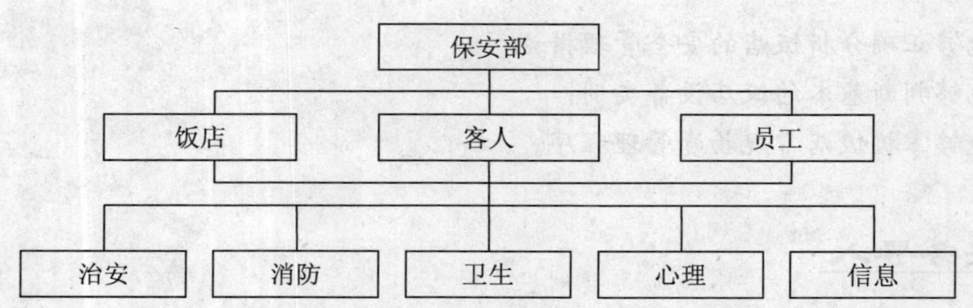

图 8－1　饭店安全管理内容

1. 治安安全

治安安全是饭店安全管理的基本要求。治安安全管理包括防盗窃、防破坏、防寻衅滋事、防治安突发事件等。饭店的治安管理要根据国家的有关社会治安管理法规和条例，结合饭店自身经营特点、社会治安防范责任条例以及饭店业治安管理条例，在以预防为主、群防群治的原则下，开展安全管理工作。饭店治安安全管理一般有以下几种措施：

（1）配备必要的安全设施。饭店的治安安全设备设施主要有钥匙控制系统、闭路电视监控系统、报警系统、前厅或客房设置的保险箱、紧急广播系统、治保系统等。

（2）健全治安安全防范制度。严格实行安全保卫岗位责任制，维护饭店治安秩序，确保员工和客人的人身和财产安全。加强饭店公共场所的治安管理，维护内部治安秩序。做好饭店日常接待服务的安全管理，认真做好客人登记、资料报送、钥匙发放等工作。同时报请公安机关协助查处治安事件。

（3）制定治安事件的应急预案。制定安全生产责任制，根据安全生产的法律法规和饭店规章制度，对各级工作人员在安全生产方面职责加以明确。建立处理意外事故的协调机制，调动饭店的安保人员以及各部门人员，按照预案程序采取行动。

2. 消防安全

消防安全是饭店安全管理的重点，饭店消防安全管理的任务重、涉及范围广。饭店消防安全管理一般从以下几个方面开展：

（1）饭店消防安全管理设施设备。在工程设计时必须接受公安消防部门的技术指导，满足消防要求，同时配备性能完好的消防设备设施。饭店常见的消防设施设备有：①报警器。如烟感报警器、手动报警器、手压报警器、热感报警器等。②灭火器材。如便携式灭火器、二氧化碳灭火器、干粉灭火器、泡沫灭火器、消防泵、正风送风机、喷淋装置等。

（2）饭店配套防火设备设施。①确保安全通道畅通。安全通道出口处不准堆放任何物品，不准关闭、上锁，保证电梯口、走廊、过道等公共场所有足够的照明亮度，并确保应急灯及疏散指示灯处于正常状态。②家具和棉织品须经过阻燃处理。

（3）对员工开展消防知识教育。①消防、保安人员熟悉饭店消防布局和消防设备配置情况。②制定各部门的消防安全工作要求，制定预防火灾的具体措施，明示消防安全须知（如房门背后张贴有“逃生指示图”）。③及时阻止可能带来的隐患行为（如阻止客人私自使用饭店禁止使用的电器，尤其应注意醉酒吸烟的客人等）。

（4）制定应急方案，进行必要的基本技术培训，不定期开展消防演习。饭店应组织培训员工了解火灾发生时的逃生要领，举行消防演习，让员工掌握如何在火灾中能够给予客人适当的帮助和指导，尽量减少火灾带来的损失。

3. 卫生安全

饭店卫生安全主要针对的是饮食卫生安全和服务卫生安全两个方面。

（1）饮食卫生安全。主要是指饭店为员工和客人提供的食品和饮料应该是符合食品卫生安全标准的。从食品原料的采购，到原料的加工，再到成品的盛器和为客人提供服务的各个环节都要求满足食品加工销售企业的卫生标准。

（2）服务卫生安全。主要是指直接为客人提供服务的人员及客人消费过程中直接接触物品的卫生安全。服务人员应有健康的身体，服务操作符合卫生规范，为客人提供的毛巾和餐巾应该经过消毒处理等。

4. 心理安全

心理安全是指客人和员工对饭店环境、设施和人员关系的信任感。在员工工作过程中和客人在饭店消费过程中，要心情愉快，心理放松而不产生紧张感。心理安全一般从以下三个方面得以体现：

（1）饭店环境。饭店布置和装饰无论从视觉还是触觉要符合客人安全要求，不产生紧张感。灯光要柔和，色彩和装饰要运用得当，不过于夸张和刺激。客房良好的隔音效果也可以提高客人的安全感和信任感。

(2) 饭店安全设备和保安人员的配备。饭店安全设备的摆放和数量要合理（如监控系统只能安装在公共区域，而在客房和卫生间不能安装），保安人员的数量和位置要得当，不能让人产生“一步一警，处处设警”的紧张气氛。

(3) 服务。饭店为客人提供的服务也可以给客人造成心理紧张和不安全感。比如服务员过度的服务热情，过于频繁的服务行为和过于亲切的问候和态度同样让客人感觉到紧张。这就要求饭店要加强对服务人员的培训，加强服务意识教育，提升对优质服务的理解，掌握更好的服务技巧，为客人提供的服务既要热情周到，又要得体、适度。

5. 信息安全

饭店的行业特点决定了饭店会接触到员工和客人的大量个人信息，如职业、年龄、工作单位、职位、住址、联系方式等，这些信息如果不加以保护，随意传播或流失，将对所涉及到的人员造成不可想象的后果。同时饭店本身也有很多相关信息对饭店经营至关重要，属于饭店机密信息，不能随意传播。饭店应根据部门职能，加强对相关岗位人员的培训和教育，提升岗位人员素质，制定相关的政策和制度，杜绝相关信息的传播和流失，保障员工、客人和饭店的信息安全。

二、饭店安全管理的特性

1. 复杂性

饭店安全管理涉及饭店、员工和来店客人，管理内容不仅涉及财产安全，还涉及人身安全、信息安全、卫生安全等多方面。涉及人员众多，关系复杂，管理运作既要保证安全，又要符合规定。如在进行安全检查的过程中，针对外国客人就要求既不违反我国的法律规定，又要兼顾国际惯例，还要考虑不同国家和地区客人的习惯和承受能力等。

2. 全员参与

饭店安全管理不单单依靠保安部完成，而是要饭店所有部门通力合作，全体员工努力配合，把安全工作与各部门、各岗位的工作职责和任务结合起来，在饭店中形成一个安全管理工作网络，形成“人人都是安全员”的安全管理氛围。

3. 突发性

饭店是一个开放的体系，每天都要接待形形色色的客人，而客人的个性、心情、状态等都不是饭店可以控制的，这种性质决定了饭店安全事故具有突发性。

三、饭店安全事故的预防

饭店安全重在预防。饭店应该在日常管理工作中通过检查、监控、巡视等手段，将安全事故隐患消灭在萌芽状态，而不是等到安全事故发生后再采取补救措施。饭店安全事故的预防可以从以下三方面入手：

1. 提高员工安全意识

饭店应通过多种形式和手段对员工进行安全教育，让每个员工都要牢固树立安全防范意识，严格执行岗位安全生产责任制，增强自我保护意识。同时要做好安全预案，给员工提供翔实的安全问题管理预案，使员工在遇到安全问题时能有章可循，及时有效地解决问题。

2. 加强安全检查

根据饭店情况，建立完善的饭店安全检查制度。首先是员工检查，各个岗位的员工在工作期间对本岗位及相关区域进行必要的检查和关注，排除一般的安全隐患，发现问题及时处理和报告。其次是部门负责人检查，各部门负责人应对所管辖区域的环境、设备设施等定期进行检查，并对相应的安全隐患给予及时整改。再次是饭店保安部及相关技术人员的专业检查，保安部协同各项专业技术人员对饭店进行安全大检查，检查各部门的安全制度执行情况和安全设施设备的正常使用情况等。

3. 发现隐患，积极整改

饭店各类安全事故的发生，往往是由于和事故相关的某个环节或部门出现了缺陷，导致整个安全体系失效。在日常的检查和检修过程中，发现任何的安全隐患，都要认真及时地进行整改，以防事故发生酿成严重后果。

四、饭店安全事故的常见类型及处理方法

1. 财物丢失

饭店发生财物丢失情况，应立即上报部门经理和值班经理，协同保安部共同处理。若是员工或客人财物，应详细了解财物种类、数量、价值和特征，以及丢失的时间、地点、经过等情况，在征得失主同意后帮助其寻找或者报警。若是饭店财物丢失，应根据报失人员提供的情况进行认真的核对和查找，确定是否真正失窃，必要时报警并保护现场。

2. 突发伤病

饭店员工和客人突发伤病，应立即报告值班经理，并协同饭店医务人员进行处理。如果伤病不严重，由医务人员处理或应伤病人员要求送去医院检查治疗；如果伤病情况严重，应立即送往医院或拨打“120”急救电话求助。

及时了解伤病人员生病或受伤的原因，并将所了解的情况介绍给医务人员，以便采取正确的处理和治疗措施。特别要注意的是，非专业医生最好不要给伤病人员用药和随意挪动，以防造成其他伤害。

3. 寻衅滋事

饭店的餐厅、大堂和康乐场所由于人员繁杂，情况复杂多变，容易发生打架斗殴等治安事件。发生类似治安事件时，应立即通知保安部和值班经理，尽量制止矛盾双方发生肢体冲突，进行必要的调解。若出现了人员伤亡，应立即报警，保护现场，积极配合抢救伤病人员。

4. 食物中毒

饭店发生食物中毒事件时，一方面对中毒人员实施必要的抢救措施，及时送往医

院进行救治，另一方面要保护好现场，等待、配合相关部门调查取证，查找中毒原因。发生食物中毒有以下三种可能：

（1）有人故意投毒。这类事件是刑事案件，直接报请公安机关处理。

（2）食物本身有毒。饭店提供的食品被污染或变质，或者食品加工方法不当而产生毒素等。这类事件要查找源头，杜绝此类事件的再次发生，并积极对中毒人员进行必要的安抚和赔偿。

（3）食用者本身原因。由于员工或客人自身对某种食材过敏，不能食用或过量食用而导致的中毒。饭店应尽量提醒用餐者根据自身情况选择适合的食材。

5. 停电事故

饭店一般应配备有紧急供电装置，可以保证在停电时能够自行启动，以确保供电。但如果由于特殊原因，饭店准备不足，导致停电事件的发生，对饭店、员工和来店客人都有可能带来不便甚至安全事故。

停电时，应及时向员工和客人说明停电原因，稳定员工和客人的情绪，消除他们的顾虑和不安。及时提供紧急照明设备（应急灯、电筒、蜡烛等），重要岗位设置专人值守，加强巡逻，防止各种意外事件的发生。派遣维修人员，尽快排除故障，恢复供电。

6. 火灾事故

突遇火灾的处理程序如图 8－2 所示。

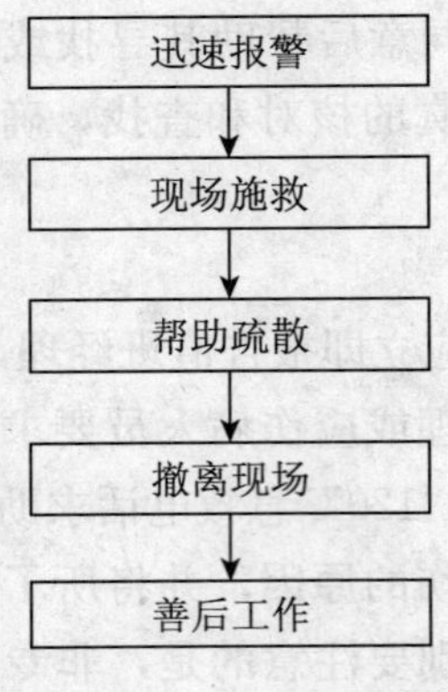

图 8－2　火灾处理程序

（1）报警。如火情紧急，应立即通过最快途径向饭店消防中心报警，说明起火的地点、火情、部位等情况。必要时立即拨打“119”火警电话。

（2）现场施救。如火势不大，在保证自身安全的情况下，使用就近的灭火设备及时扑救。在安保人员达到现场后，应立即采取行动控制火情。饭店应启动应急预案，成立临时救火领导小组，指挥救火，当专业消防队到达后，主动介绍火情，根据情况协助救火工作。

（3）帮助疏散。根据火情及时进行紧急疏散。消防中心使用紧急广播通知各部门和相关楼层，有步骤、有组织地进行员工和客人的疏散工作。疏散时应了解火灾的地点和方向，以确定安全的疏散方向，引导客人和员工到达安全地点。在疏散过程中一定要保持镇定、不慌乱、不拥挤，以免发生其他伤亡事故。

（4）撤离现场。在火情无法有效控制和自身安全无法得到保障时，应迅速撤离火灾现场，到达安全地点。

（5）善后工作。火灾事故处理结束后，必须记录火灾详情及过程，包括火灾发生的时间、地点、报警人员、施救人员、施救过程、火灾损失等。对火灾事故及时进行总结，妥善处理善后事宜，包括伤亡人员的安抚和赔偿等。

任务二　饭店设备管理

饭店设备是饭店经营过程中各部门所需要并能够长期使用的，可以在使用中保持基本原有实物形态的各种机器机械、仪器仪表和装置设施等物质技术装备。饭店设备能否正常使用和运转，直接影响到饭店的服务质量，从而影响饭店的客源和经营利润。同样，科学有效地管理饭店设备，可以节约成本，提高饭店经济效益。

一、饭店设备的分类

饭店设备不仅种类和数量较多，而且又分散在各个部门，由工程部和各使用部门共同管理。为了更好地管理饭店设备，有必要对饭店设备进行分类。

1. 按照设备的系统功能分类

饭店设备依照其功能系统的不同，可以分为 10 个系统类型：

（1）供配电系统。饭店的供电系统主要由三大部分组成：配电设备、输电设备和各种用电设备。

（2）给排水系统。饭店给水系统分为生活用水和热水供应，高档饭店应配有饮用水系统。饭店排水系统主要分为雨水系统和污水排放系统。

（3）供热系统。饭店的热能主要是锅炉提供，由锅炉、给水设备和管道构成。

（4）制冷系统。饭店的制冷功能主要由空调系统完成，空调系统主要有集中式、半集中式和局部式三种。大部分饭店采用的是集中式空调系统。

（5）通风系统。通风系统是饭店空气循环系统，是饭店温度、湿度和气流速度的保障系统。

（6）运送系统。运送功能主要由电梯承担，饭店的电梯分为客梯、货梯、观光梯、杂物梯等类型。除电梯外，运送系统还包括机房、井道、底机和厅站等。

（7）通信系统。主要包括无线电通信系统、电话、电传、传真、广播等。

（8）视频系统。主要包括 VOD 视频点播系统、CATV 系统、卫星电视接收系统、保安视频监控系统等。

(9) 消防报警系统。一般包括自动报警设备（烟感器、温感器、光电感应器、红外线探测器、激光探测器等）和灭火装置（灭火器、消防栓等）。

(10) 计算机管理系统。计算机管理系统硬件配置主要有机房、服务器、网络集散器、不间断电源等。

2. 按照设备的系统功能分类

(1) 动力设备。动力设备是饭店运转的心脏，是一切饭店服务的基础，因此，饭店的动力设备的安装和管理相对集中。

(2) 传输设备。主要是指传输管道和电缆等的传输工具。

(3) 工作设备。是饭店设备中分布最广、数量最多、使用频繁的设备种类，多数是供饭店员工和客人使用的设备。

3. 按照财务制度进行分类

依据《旅游、饮食服务企业财务制度》的规定，饭店设备分为 7 大类：建筑物、机器设备、交通工具、家具设备、电器设备、文体影视设备、其他设备。

二、饭店设备的日常使用和维修保养

1. 饭店设备的采购和使用

(1) 饭店设备的采购管理。饭店设备的采购，特别是关键设备的采购，是一项非常重要的工作，直接涉及饭店投资，以及使用、维护的成本的高低。设备采购一般要符合以下四个特性：①适用性。设备应适合饭店的特点和要求；②可靠性。设备要有良好的安全性；③经济性。设备要价格合理，能耗低，维护运行费用低廉；④适修性。可分为“四易”（易检查、易接近、易更换、易装拆）和“三保”（保证安全性、保证零配件供应、保修承诺）。

(2) 饭店设备的使用。饭店设备的使用要符合以下要求：①合理安排设备工作负荷；②建立完善的使用规章制度；③为设备提供良好的工作条件和环境；④培训符合设备使用要求的操作人员。

2. 饭店设备的维修

(1) 检查制度。为准确掌握设备的运行使用情况，及时发现并解决出现的问题，必须对设备的使用状况、磨损程度、使用效能等做出具体的检查规定。

(2) 报修制度。为了保证日常修理能及时进行，一般饭店会设有维修班组随时准备修理工作。当设备发生故障时，一般由使用操作人员等责任人进行报修，并填写报修单。

(3) 维修制度。饭店可根据设备实际运转情况制定维修方案。常规的维修方式有集中维修法和分散维修法。

3. 饭店设备的保养

饭店设备的合理保养可以保证设备的正常运转，还可延长设备的使用寿命，减少维修费用，增加饭店经济效益。为保证设备的正常使用，饭店常规应建立四级设备保养制度。

(1) 日常保养。又称为例行保养，主要是指设备操作使用人员在使用过程中进行的维护和保养。

(2) 一级保养。一级保养是以操作使用人员为主，维修人员为辅，对设备进行局部的检查、维护和清洁工作。

(3) 二级保养。二级保养是以维修人员为主，操作使用人员参与，对设备进行清洁、润滑、检查、更换或修复磨损部件等，使设备恢复精度和技术性能的一种保养制度。

(4) 三级保养。三级保养是专业技术人员对设备整体进行全面检查、调整，及时更换到期零部件，以确保设备安全使用的保养制度。

三、饭店设备更新与改造

设备运行和使用必然会产生损耗，随着使用时间的延长和使用次数的增多，设备的使用价值将不断下降。为了保证饭店经营活动的正常进行，也为了保证饭店服务质量和服务水平的不断提高，饭店必须对设备进行有计划的更新和改造。

设备的更新改造一般是根据设备的寿命，设备的寿命有以下三种：

1. 自然寿命

设备的自然寿命又称为物理寿命，是指设备从投入使用开始，由于物质磨损，逐渐丧失了工作性能而报废所经历的全部时间。传统设备的更新改造基本以设备的自然寿命为重要依据。有些设备虽然自然寿命已经终结，但由于使用过程中的养护得当，对磨损零部件进行维修更换后，很多设备还可继续使用。

2. 经济寿命

经济寿命是指从设备投入使用开始到年平均总费用最低时位置的使用时间。年平均总费用是设备使用年限内，每年平均的折旧费与使用该设备所发生的经营费用之和。设备的使用年限越长，每年分摊的折旧费越少，但所需维修费却随之增加，到一定年限会出现平均费用最低值，此年限就是设备的经济寿命。

3. 技术寿命

技术寿命是指设备从研制成功投入使用，到因为技术落后而被淘汰所经历的全部时间。由于科学技术的迅速发展，尤其是电子和信息技术的发展，很多设备更新换代加快，加上客人的需求不断发展变化，设备的技术寿命逐年缩短。

任务三 饭店物资管理

一、饭店物资的分类

饭店物资是指饭店在生产经营活动中所消耗的各种生产资料。饭店物资种类繁多，数量大，各种物资在供应渠道、计划安排、保管使用制度上都有不同的特点和要求。

1. 原材料

原材料是指用于生产过程，经加工后构成产品主要实体的各种材料，也包括加工过程的半成品。如制作各种菜品的原料和半成品等。

2. 辅助材料

辅助材料是指用于生产过程，有助于产品形成，但本身不加入产品实体，或者虽然加入产品，但不构成产品主要实体的各种材料。如餐饮部中需要的各种调味料等。

3. 燃料

燃料是指用于产品制造、动力生产、运输和取暖等方面产生热能、动能的煤炭、汽油、燃气等可燃烧性物资品种。

4. 动力

动力是指用于饭店生产经营和管理等方面的电力、蒸气、压缩空气等，是一种特殊的辅助材料。

5. 配件

配件是指预先准备的用于更换饭店设备中磨损和老化零部件的各种专用备件。

6. 工具

工具是指饭店生产经营过程中使用的各种刀具、量具等。

7. 劳动保护用品

劳动保护用品是指在生产过程中对工作人员起保护作用的物资品种，如工作服、手套、帽子等。

8. 低值易耗品

饭店的低值易耗品是指饭店流动资产中价值量低、而日用消耗量大的一类物资，主要存在于客房部和餐饮部。

9. 物料用品

物料用品是指饭店经营过程中为了满足客人特定需要的物资种类。如床上用品、清洁用品等。

二、饭店物资管理的内容

1. 供应商的选择

供应商是饭店的合作伙伴，选择适合的供应商对于饭店至关重要。一般来说，饭店会在众多的物资供应商中选择几个作为相对稳定的物资供应者，这样可以在相同条件下选择价格优惠的，在价格相同的条件下，选择服务优质的，以便降低成本。

2. 采购控制

饭店采购物资种类繁多，情况复杂，为了保证饭店的正常运行，也为了降低饭店的经营成本，饭店应采取必要的采购控制。

(1) 加强教育和控制，提高采购人员的业务素质和水平。

(2) 加强内部制度建设，在使用者、购买者、验收者、审批者之间建立相互监督和相互制约的机制，以增加采购过程的透明度。

3. 库存管理

库存涉及饭店的物资供应问题，同时也涉及饭店资金占用等问题。如何在保证饭店正常运行所需物资供应的前提下，尽量减少库存以加快资金周转，成为库存管理的重要任务。同时，加强库存物资的管理，建立有效的仓库安全、卫生制度，确保库存物品的安全，减少库存损耗。

三、饭店 ABC 物资管理法

1. ABC 管理法的含义

ABC 管理法，又称为重点管理法或分类管理法。饭店 ABC 物资管理法就是将饭店物资按照影响因素或事物属性或所占成本比重，划分为 A、B、C 三部分，根据这三类不同的特点，分别采取重点、次重点和一般三种不同程度的管理，以达到最经济、最有效地使用人力、物力、财力的目的。

2. ABC 管理法的基本原理

ABC 管理法的基本原理就是要分析控制“关键的少数和次要的多数”。对于饭店物资种类繁多的特点，从采购、发运验收、储存到消耗，都有一定的规律性。如果按照品种和资金比例大小排列，品种少的主要原材料等贵重物资，往往与生产经营联系紧密且占用资金量大，而品种较多的辅助材料，与生产经营联系不大紧密且占用资金较少。对于不同种类物资采用不同的控制和管理方法，既能保证生产需要，又能减少资金占用。

3. ABC 管理法的应用

饭店按照所购物资的价格和需用量这两个指标进行分类，将价值高、用量大、占用资金多的物资划归为 A 类，把价值低、用量较多的物资归为 B 类，把其他金额较小的物资归为 C 类。对于 A 类物资饭店要重点管理，从采购到使用由专人负责，以保证供应的前提下，降低成本；对于 B 类物资，饭店要次重点管理，对这些物资进行择优采购；对于 C 类物资进行一般的控制就可以了。

任务实施

饭店物资管理程序如图 8－3 所示。

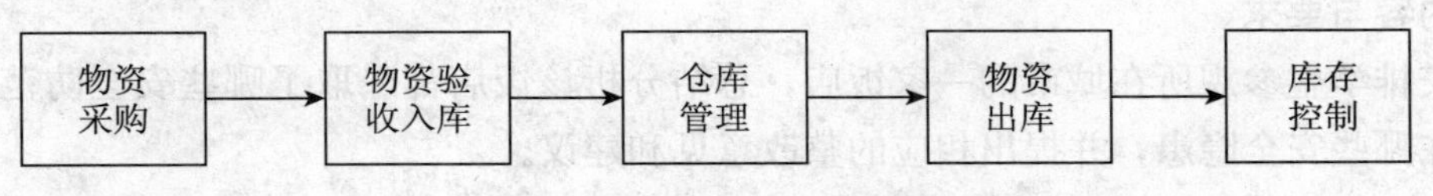

图 8－3 饭店物资管理程序

第一步：物资采购

饭店各部门根据任务量及各种物料的消耗定额提出物资采购计划，考虑各种物资的库存量，编制物资采购计划，采购部门人员按照采购计划采购相关物资。在这个过程中，饭店应根据各供应单位的情况，在公开、公平的基础上，选择质优价廉的物资，从而降低采购成本。

第二步：物资验收入库

饭店物资验收入库是饭店物资管理的重要环节。严格的验收入库制度，能够保证饭店购进物资的质量、数量和规格等方面符合饭店的标准，并与供应商的供货合同相符。

第三步：仓库管理

仓库管理应按照各种物资的特性进行合理的放置和保管，减少和消除储存中的损耗。对于验收入库的饭店物资，应安排适当的仓储场所，并对物资进行货位编码记录。由专人负责保证物资的安全，保持良好的仓储环境（温度、适度、通风、光照等）以保证物资质量。另外还要根据具体情况进行必要的养护、检查等工作。

第四步：物资出库

严格物资的发放、回收制度，实行集中下料，限额供料，开展物资节约、代用和综合利用，提高饭店物资利用率，监督和指导物资使用部门降低物资消耗。

第五步：库存控制

饭店物资管理部门应及时进行物资盘点，对不足的物料进行必要的补充和添加，控制合理的库存量。饭店应根据物资供求情况、物资需求性质，以及饭店的保存成本、订货成本和购货成本，采用科学的方法，制定先进合理的物资储备定额，合理控制物资储备量。

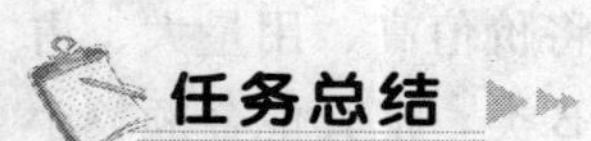

任务总结

通过对饭店保障体系内容的学习，全面了解饭店安全、饭店设备和物资管理基本程序和要求，了解饭店安保工作的重要性和常见安全事故的处理方法。熟悉饭店物资管理的基本过程，了解每步过程的内容及要求。并能根据饭店情况做出基本的安全、设备、物资管理的设计和判断。

实训项目

内容与要求

安排学生参观所在城市的一家饭店，总结分析该饭店都采取了哪些安全防范措施，还存在哪些安全隐患，并提出相应的整改意见和建议。

组织与实施评价

1. 以项目团队为学习小组，小组规模一般是 5～8 人，分组时以组内异质，组间同质的原则为指导，小组的各项工作由小组长负责指挥协调；

2. 建立沟通协调机制，团队成员共同参与、协作完成任务；

3. 各项目团队根据实训内容互相进行交流、讨论，并点评；

4. 评价与总结：各项目团队提交实训报告，并根据报告进行评估。

评估指标及标准

如下表所示。

饭店保障管理评分表

被考评人			考评地点			
考评内容		考评标准	分值/分	自我评价/分	小组评价/分	实际得分/分
专业知识技能掌握	饭店设备管理的基本内容	了解	10			
	饭店物资管理的基本过程和要求	掌握	20			
	饭店安全管理的内容和要求	掌握	20			
	报告完成情况	条理清楚、内容完善 数据准确、完成及时	10			
通用能力培养	学习态度	积极主动，不怕困难，勇于探索，态度认真	15			
	运用知识的能力	能够熟练自如地运用所学的知识进行分析	15			
	团队分工合作	能融入集体，愿意接受任务并积极完成	10			
合　计			100			

注：实际得分＝自我评价（占40%）＋小组评价（占60%）

思考题

一、填空题

1. 饭店安全管理的特性有________、________和________。

2. 设备采购一般要符合四个特性，即________、________、________和________。

3. 饭店物资管理的内容包括________、________和________。

二、选择题

1. 服务员过度的服务热情，过于频繁的服务行为和过于亲切的问候和态度让客人感觉到紧张，这主要是威胁到了客人的________。

A. 财产安全　　B. 人身安全　　C. 心理安全　　D. 信息安全

2. “人人都是安全员”的安全管理氛围体现了饭店安全管理的________特性。

A. 复杂性　　B. 全员参与　　C. 突发性　　D. 服务性

3. ________是饭店运转的心脏，是一切饭店服务的基础，因此，饭店的动力设备的安装和管理相对集中。

A. 工程设备　　B. 动力设备　　C. 工作设备　　D. 电器设备

4. ________又称为例行保养，主要是指设备操作使用人员在使用过程中进行的维护和保养。

A. 日常保养　　B. 一级保养　　C. 二级保养　　D. 三级保养

5. 设备从研制成功投入使用，到因为技术落后而被淘汰所经历的全部时间称为________。

A. 自然寿命　　B. 经济寿命　　C. 物理寿命　　D. 技术寿命

三、简答题

1. 饭店安全管理内容有哪些?

2. 饭店设备的使用要符合哪些要求?

3. 饭店物资 ABC 管理法的基本原理是什么?

项目九 饭店信息技术管理

知识目标

- 知晓饭店信息技术的发展、特征以及优势；
- 掌握信息技术在饭店中的应用；
- 电子商务的类别与功能及饭店电子商务的发展。

能力目标

1. 能够掌握饭店信息技术方面以及电子商务的运作知识；
2. 能够学会正确处理客户的网络订单。

任务导入

客房中的智能电视

对于饭店来说，客房里的电视机应该成为饭店用来向客人展示自己、提供服务的重要窗口，进而成为树立饭店品牌和形象的有效工具。因而，传统的电视机已被智能化网络电视所取代，成为现代饭店数字化的重要手段。

智能化网络电视实际上是通过智能网络技术，将数字电视、计算机和多媒体娱乐等功能集成到电视上，通过遥控器、无线键盘和鼠标来操控。它不仅是一台电视机，可以播放电视节目，而且是一台计算机，可以处理公务，同时还是一台游戏机，供客人娱乐休闲，更重要的是，它可以作为饭店和客人的信息沟通交流平台，通过屏幕菜单可以选择自己喜欢的酒水饮料和点心等。

任务分析

目前对于以前只能提供传统服务的饭店而言，如何借助IT技术，提供更为有效的精细化管理，优化自身服务，提高投入产出比，打造新一代的智能饭店模式，已成为关系到饭店生存发展的首要问题之一，数字化饭店的建设深度也已成为饭店评定星级的一项重要依据。

任务一 饭店信息技术概述

信息技术是指有关信息的收集、识别、提取、变换、存贮、传递、处理、检索、检测、分析和利用等的技术。传感技术、通信技术、计算机技术和控制技术是信息技术的四大基本技术，其中现代计算机技术和通信技术是信息技术的两大支柱。

一、饭店信息技术的发展

当今的饭店业正处在一个科技飞速发展的时代。饭店信息智能化技术取得的丰硕成果令人感到惊叹，不仅为饭店实施全面科学化、数字化、效率化和精细化的管理打造了坚实的平台，同时又为饭店服务领域的拓展与功能多样化开启了新的大门。

1. 世界饭店业的信息化发展演变

饭店业是旅游业的重要支柱之一。现代饭店信息技术主要是从西方旅游发达的国家开始产生和发展起来的，是随着世界旅游业的发展而发展的，大概经历了三次比较重要的信息技术应用发展阶段。

(1) 计算机预订系统（Computer Reservation System）阶段。CRS 始于 20 世纪 70 年代初，由于创造了一种全新的旅游营销和分销系统，被看做旅游业电子化时代的起点。首先由航空公司出面组建，之后又有饭店连锁集团、旅游批发商等纷纷加入。CRS 是一个充满活力的数据库，不但使部分旅游供应商得以在全球范围内控制和促进销售其产品，还实现了行业范围内可用资源的整合。

(2) 全球分销系统（Global Distribution System）阶段。GDS 始于 20 世纪 80 年代初，是在 CRS 扩大了其覆盖的地理范围，并实现了横向联合（与其他航空公司）和纵向联合（与饭店、租车公司、景点公司等）的基础上发展而来的。它从航空公司和饭店住宿业的销售工具变为“电子旅游超市”，不仅促进了旅游业的标准化进程，更进一步加强了旅游供应商在全球范围内的联合。

管理全球市场的四大系统

全球航空领域有四大全球销售系统：Amadeus、Galileo、Sabre 和 WorldSpan。四大全球分销系统推动了全球旅游电子销售市场的形成。仅 Amadeus 一家，在 1996 年 6 月就通过世界范围内的 106394 家旅游代理商的 162329 个终端，展示了 432 家航空公司、29000 家饭店和 55 家租车公司。

（3）互联网（Internet）阶段。Internet 的应用在 20 世纪 90 年代早期发展起来，它对媒体技术、远程通信和信息技术的综合运用，使得多媒体信息的发布成为可能，进一步加强了消费者和供应商之间的互动，很快成为了 IT 革命的旗帜。网上营销使传统的广告宣传变为互动式的营销，使原来的单向信息流，转化为以计算机为媒介实现的电子商务中各个参与者之间的多向信息流。互联网不但使迎合个体消费者需要的定制化服务成为可能，更为地理位置偏远、规模空间狭小的旅游企业提供了发展空间。网络服务提供商可以利用 GDS 作为搜索引擎，进行旅行活动的日程设计、预订业务以及与跟踪票务有关的财务体系的运作和管理。

2. 中国饭店业的信息化发展演变

中国饭店业的信息化发展起源于 20 世纪 80 年代，浙江省开始研发国内的第一套 PMS 饭店管理系统，并于 1984 年在杭州香格里拉试用。与此同时，北京丽都假日饭店在全国率先引进了假日集团的饭店管理系统（PMS）和基于电话网络的全球预订系统（HOLIDEX）。同年，上海锦江饭店引入美国 Conic 公司的计算机管理系统，用于饭店的预订排房、查询和客账处理，但功能比较单一。

中国饭店业的信息化发展进程大致经历了以下三个阶段：

（1）“前台系统”建设发展阶段（20 世纪 80 年代）。为了提高服务效率、避免人工失误、加强运营管理，饭店开始引入 PMS 饭店管理系统和构建运营局域网（LAN）等前台系统的信息化建设阶段。主要表现在对饭店前台运营系统（前台登记与客房预订系统、餐饮消费和挂账系统、前台收银和结账系统等）的有效整合；此阶段的饭店计算机房或信息部也被形象地称为“电子数据处理部”（EDP）。但由于技术发展的不成熟，此时计算机页面是用 DOS 版本的命令语言来操作的，饭店工作人员需要背熟大量的计算机命令后，方能熟练操作饭店的局域网络系统。即使如此，饭店信息网络的构建还是将工作人员从房态统计、财务报表、收银结账、预订客房、登记住房、消费记录等冗繁的事务性工作和枯燥的手工劳动中解脱出来了。截止 80 年代末，全国共有 30 多家涉外饭店安装了此类 PMS 饭店管理系统。

（2）“后台系统”建设发展阶段（20 世纪 90 年代）。为了实现后台部门（人事、行政、财务、采购、保安、工程等部门）的办公自动化和实时监控，提高饭店整体的管理效率，降低行政成本与费用，饭店开始引入财务管理系统（用友或金蝶等产品）、人事培训管理系统、采购库存管理系统、保安消防监控系统、工程弱电网络系统等饭店后台信息系统。此阶段的饭店信息化主要表现在，对饭店后台管理系统的开发建设，以及对前、后台系统的有效整合方面。此间，Windows 版本的前台管理系统和后台管理系统逐渐代替了 DOS 版本，视窗图标逐渐代替了文字命令，个人计算机或服务器逐渐代替了小型机或大型机，传统的劳动密集型饭店开始向现代的信息密集型或资本密集型饭店转变，数字饭店和智能饭店应运而生。截止到 90 年代末，几乎所有的中国饭店都实现了不同程度的饭店信息化。

（3）“平台系统”发展阶段（21 世纪开始）。为了更多地整合饭店内外部的各种资源，更好地实现资源共享、优势互补和产业互动，更快地满足饭店不同客户的个性化需求，许多饭店或集团开始进入创建基于互联网平台的公共在线旅游服务、运营与管理系统的阶段。此阶段的饭店信息化主要表现在饭店或集团网站的建设，实时预订系统、网上采购库管系统、饭店收益管理系统、客户关系管理系统、异地虚拟办公系统以及远程教育培训系统的建设等综合信息网络平台的创建。

二、饭店信息技术的特征及优势

传统型的饭店服务单一，无差异性，无创造性，造成饭店经营多年仍然不能树立品牌形象，导致饭店的收入波动性非常强。随着人们生活水平的提高，客户的素质提高的同时对饭店也越来越挑剔，饭店需要借助信息化系统提高整体的服务质量，以提高客户满意度，提供个性化服务，提高客人对饭店的归属感。

我国现代饭店业对信息高科技的应用，不仅提高了我国饭店业服务和管理的信息化水平，加快了饭店工作效率和个性化服务水平，以及饭店企业的国际化程度的提高，同时也对人们经济生活、社会交往中的数字科技化起到了强有力的推动作用。饭店信息化系统建设与应用，让现代化饭店具有了传统饭店不可比拟的发展优势。

（1）通过饭店信息化建设，依靠 IT 行业高科技带来的强大信息优势，可以做到信息协同化，增加信息的收集途径和加快信息发布速度，通过让顾客获取的饭店信息和饭店获取更多大顾客信息来扩大经营范围。

（2）通过饭店信息化建设，凭借 WIFI 移动局域网技术、多媒体应用技术可以提供更加多元化的个性化服务，以增加饭店经营手段，树立品牌形象，稳定并增加饭店的整体收入。

（3）通过饭店信息化建设，依赖其集中管理的优势（如智能房间终端电话，PDA 掌上电脑下单，一键式服务等），可以加快客户要求服务的响应时间，提高服务质量和客户对饭店的服务满意度。

（4）通过饭店信息化建设，凭借强大的数字安防技术（电子门禁、数字监控、海量存储等），可以为饭店及客户提供有力的安全保障，增加客户的安全感。

（5）通过饭店信息化建设，凭借快速的数据库基础平台，先进的管理软件，可以发挥自助式服务功能，提高工作效率，增强竞争能力。

（6）通过饭店信息化建设，凭借优秀的软件管理系统，集中开放管理平台，建立数字客房系统、中央电子采购系统、在线远程培训系统等，可为饭店节省经营成本，优化投资。

三、饭店信息技术的应用

信息技术在饭店业的应用问题也就是饭店信息化问题。现代饭店信息化的概念为利用互联网、局域网络平台，围绕饭店的智能化、网络营销、面向客人服务系统、信息服务、内部业务管理等，形成一体化数据中心，通过数据挖掘，为饭店经营分析决策提供全面的信息，利用饭店硬件电子化开发新的经营项目。

1. 饭店管理信息系统

饭店管理信息系统（MIS）是针对饭店企业各种事务集成管理而建立的，除具备电子数据处理的功能外，还提供有用信息支持饭店组织运行、管理和决策的系统。现代饭店管理信息系统如图 9－1 所示。

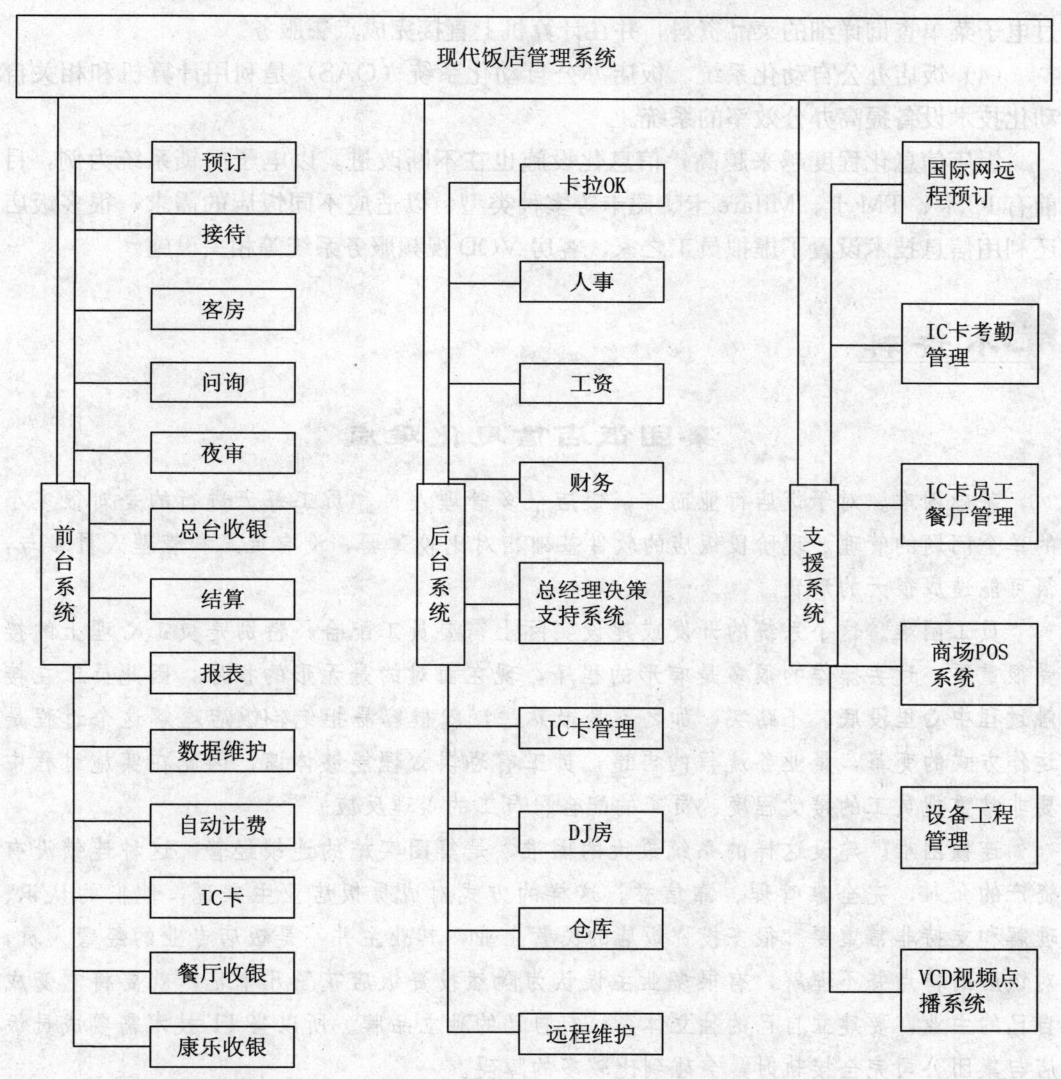

图 9－1 现代饭店管理系统

2. 饭店信息化设施

（1）IC 卡。饭店利用计算机系统开发了多种功能的 IC 卡，比如 IC 卡电子门锁系统、IC 卡考勤系统、IC 卡员工管理系统等。IC 卡携带使用方便，安全保密性能强，提升了管理的精准度。

(2) 客房辅助服务系统。客房配置的信息化设备，简化了许多对客房服务过程，如自动叫醒服务、电子留言系统等。这些系统与饭店管理系统的客房管理模块接口，既可以提供相关服务，全面协调和跟踪服务，同时还可以保留这些服务的历史记录。

(3) 电子菜单与电子点菜。在餐厅设置电子菜单和电子点菜系统，可以通过计算机终端的用户界面，由顾客采用自助服务的形式来进行点菜和传送菜单。顾客可以通过电子菜单查询详细的菜品资料，并在计算机上直接完成点餐服务。

(4) 饭店办公自动化系统。饭店办公自动化系统（OAS）是利用计算机和相关自动化技术设备提高办公效率的系统。

饭店信息化程度越来越高，信息化设施也在不断改进。以电子门锁系统为例，目前有 IC 卡、TM 卡、Mifare 卡、磁卡等多种类型，以适应不同饭店的需求，很多饭店还利用信息技术设置了虚拟员工之家、客房 VOD 视频服务系统等相关设施。

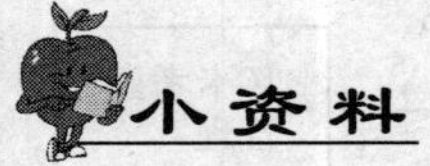

集团饭店信息化难点

基础困难。对于饭店行业而言，饭店很多管理人员和员工每天进行的是对很多小的单个问题的管理。现阶段饭店的软件基础相对比较薄弱，没有员工和管理人员参与，很可能造成很大的浪费。

员工困难。这个系统的开发或建设实际上需要员工配合，特别是员工心理上的接受很重要。过去操作的很多是有形的程序，现在面对的是无形的程序，因此员工在接触过程中心里没底、不踏实，加之不是很熟悉，就很容易拒绝。饭店理解这个过程是运作方式的变革，是业务流程的再造，员工有恐惧心理能够体谅，因此在实施过程中要非常重视员工的接受程度、员工的配合、员工的心理反应。

连锁困难。建设这样的系统最大的困难，是集团实施的连锁经营，这种连锁没有资产的介入，完全靠管理、靠信誉。这样的方式对成员饭店业主来说，他们的认识、理解和支持非常重要。很多投资饭店的民营企业，其业主并不是饭店专业的经营人员，对饭店的特点并不理解，有很多业主误认为既然投资饭店花了几个亿，就要将它变成自己的主业，要建立自己的独立体系，有自己的独立品牌。所以当 IT 技术需要成员饭店与集团公司完全接轨时，会碰到比较多的障碍。

投资困难。对于饭店行业来说，建立一个具有国际国内影响力的 IT 系统，资金投入是比较大的，而且要持续不断，因为这个行业技术发展太快了。这么大的投入，需要业主支持，需要投资者支持，需要发展方支持，发展方要能认识到这个概念：投入到这个行业里，这样的体系里，既看不见也摸不着，效果并不是立竿见影，非常需要业主的理解和支持。

任务二　电子商务

电子商务（Electronic Commerce）是指利用计算机技术、网络技术和远程通信技术，实现整个商务（买卖）过程中的电子化、数字化和网络化。人们不再是面对面的、看着实实在在的货物、靠纸介质单据（包括现金）进行买卖交易，而是通过网络上琳琅满目的商品信息、完善的物流配送系统和方便安全的资金结算系统进行交易（买卖）。

电子商务在1995年率先由美国提出，并迅速成为美国经济的新亮点。中国电子商务已经开始起步，并以非常惊人的速度迅速发展，但与国际发达国家相比还有较大差距。20世纪90年代，政府先后主导了一系列“金”字工程来推动电子商务的发展。在政府和市场大环境的影响下，中国旅游业的电子商务也如火如荼地发展起来。2000年底，国家旅游局主导的“金旅工程”致力于加速旅游企业向电子商务化转型。

一、电子商务的分类及功能

（一）电子商务的分类

1. 按商业活动运作方式分类

（1）完全电子商务。即可以完全通过电子商务方式实现和完成整个交易过程的交易。

（2）不完全电子商务。即指无法完全依靠电子商务方式实现和完成完整交易过程的交易，它需要依靠一些外部要素，如运输系统等来完成交易。

2. 按参与交易的对象分类

（1）企业与消费者之间的电子商务（Business to Customer，B to C）。企业与消费者之间的电子商务活动是人们最熟悉的一种电子商务类型。这类电子商务主要是借助于互联网所开展的在线式销售活动。目前在互联网上已出现了许多大型超级市场，所出售的产品一应俱全，从食品、饮料到计算机、汽车等，几乎包括了所有的消费品。由于这种模式节省了客户和企业双方的时间和空间，大大提高了交易效率，节省了各类不必要的开支，因而这类模式得到了人们的认同，获得了迅速的发展。

（2）企业与企业之间的电子商务（Business to Business，B to B）。有业务联系的公司之间相互用电子商务将关键的商务处理过程连接起来，形成在网上的虚拟企业圈。这一类电子商务，特别是企业通过私营或增值计算机网络（Value Added Network，VAN）采用EDI（电子数据交换）方式所进行的商务活动，具有很强的实时商务处理能力，使公司能以一种可靠、安全、简便快捷的方式进行企业间的商务联系活动和达成交易。

（3）企业与政府方面的电子商务（Business to Government，B to G）。政府与企业之间的各项事务都可以涵盖在其中。包括政府采购、税收、商检、管理条例发布等。政府一方面作为消费者，可以通过互联网发布自己的采购清单，公开、透明、高效、廉洁地完成所需物品的采购；另一方面，政府对企业宏观调控、指导规范、监督管理的职能，通过网络以电子商务方式更能充分、及时地发挥。借助于网络及其他信息技术，政府职能部门能更及时全面地获取所需信息，做出正确决策，做到快速反应，能迅速、直接地将政策法规及调控信息传达给企业，起到管理与服务的作用。

（4）消费者与消费者之间的电子商务（Customer to Customer，C to C）。互联网为个人经商提供了便利，各种个人拍卖网站层出不穷，形式类似于“跳蚤市场”。

（5）消费者与政府之间的电子商务（Customer to Government，C to G）。消费者对政府的电子商务指的是政府对个人的电子商务和业务活动。这类的电子商务活动目前还不多，但应用前景广阔。居民的登记、统计和户籍管理以及征收个人所得税和其他契税、发放养老金、失业救济和其他社会福利是政府部门与社会公众个人日常关系的主要内容，随着我国社会保障体制的逐步完善和税制改革，政府和个人之间的直接经济往来会越来越多。

3. 按开展电子交易的信息网络范围分类

（1）本地电子商务通常是指利用本城市内或本地区内的信息网络实现的电子商务活动，电子交易的地域范围较小。本地电子商务系统是利用互联网、内联网或专用网将下列系统联结在一起的网络系统：参加交易各方的电子商务信息系统，包括买方、卖方及其他各方的电子商务信息系统、银行机构电子信息系统、保险公司信息系统、商品检验信息系统、税务管理信息系统、货物运输信息系统、本地区 EDI 中心系统（实际上，本地区 EDI 中心系统联结各个信息系统的中心）。本地电子商务系统是开展有远程国内电子商务和全球电子商务的基础系统。

（2）远程国内电子商务是指在本国范围内进行的网上电子交易活动，其交易的地域范围较大，对软硬件和技术要求较高，要求在全国范围内实现商业电子化、自动化，实现金融电子化，交易各方具备一定的电子商务知识和技术能力，并具有一定管理水平和能力等。

（3）全球商务是指在全世界范围内进行的电子交易活动，参加电子交易各方通过网络系统进行贸易。涉及有关交易各方的相关系统，如买方国家进出口公司系统、海关系统、银行系统、税务系统、运输系统、保险系统等。全球电子商务业务繁杂，数据来往频繁，要求电子商务系统严格、准确、安全、可靠，应制定出世界统一的电子商务标准和电子商务（贸易）协议，使全球电子商务得到顺利开展。

4. 按交易的商品内容分类

（1）有形产品（或称间接）电子商务。有形产品的电子商务模式指的是这种产品在互联网上进行成交，而实际交付仍然要通过传统的方式。

（2）无形产品（或称直接）电子商务。网络本身具有传递的功能，又有信息处理的功能，因此，无形产品，如信息、计算机软件、视听娱乐产品等，往往可以通过网络直接向消费者提供。

5. 按电子商务使用的网络类型分类

（1）EDI（Electronic Data Interchange，电子数据交换）。EDI 是按照一个公认的标准和协议，将商务活动中涉及的文件标准化和格式化，在贸易伙伴的计算机网络系统之间进行数据交换和自动处理。

(2) Internet（互联网）。Internet是指利用连通全球的网络开展的电子商务活动。

(3) Intranet（内联网）。Intranet是指在一个大型企业的内部或一个行业内开展的电子商务活动，通过这种形式形成一个商务活动链，可以大大提高工作效率和降低业务成本。

(二) 电子商务的功能

建立在Internet网上的电子商务不受时间和空间的限制，可以每天24小时不分区域地运行，在很大程度上改变了传统商贸的形式。电子商务以在网上快速安全传输的数据信息电子流代替了传统商务的纸面单证和实物流的传送，对企业来讲，提高了工作效率，降低了成本，扩大了市场，必将产生可观的社会效益和经济效益。

1. 电子商务的主要功能

电子商务通过Internet可提供在网上的交易和管理的全过程的服务，具有对企业和商品的广告宣传、交易的咨询洽谈、客户的网上订购和网上支付、电子账户、销售前后的服务传递、客户的意见征询、对交易过程的管理等各项功能。

(1) 广告宣传。电子商务使企业可以通过自己的Web服务器、网络主页（Home Page）和电子邮件（E-mail）在全球范围内作广告宣传，在Internet上宣传企业形象和发布各种商品信息，客户用网络浏览器可以迅速找到所需的商品信息。与其他各种广告形式相比，网上的广告成本最为低廉，而给顾客的信息量却最为丰富。

(2) 咨询洽谈。电子商务使企业可借助非实时的电子邮件（E-mail）、新闻组（News Group）和实时的讨论组（chat）来了解市场和商品信息、洽谈交易事务，如有进一步的需求，还可用网上的白板会议（Whiteboard Conference）、电子公告板（BBS）来交流即时的信息。在网上的咨询和洽谈能超越人们面对面洽谈的限制、提供多种方便的异地交谈形式。

(3) 网上订购。企业的网上订购系统通常都是在商品介绍的页面上提供十分友好的订购提示信息和订购交互表格，当客户填完订购单后，系统回复确认信息单表示订购信息已收悉。电子商务的客户订购信息采用加密的方式使客户和商家的商业信息不会泄露。

(4) 网上支付。网上支付是电子商务交易过程中的重要环节，客户和商家之间可采用信用卡、电子钱包、电子支票和电子现金等多种电子支付方式进行网上支付，采用在网上电子支付的方式节省了交易的开销。现在也有了实用的技术来保证信息传输安全性。

(5) 电子账户。网上支付是指由银行、信用卡公司及保险公司等金融单位提供包含电子账户管理在内的金融服务，客户的信用卡号或银行账号是电子账户的标志，它是客户所拥有金融资产的标识代码。电子账户通过客户认证、数字签名、数据加密等技术措施的应用保证电子账户操作的安全性。

(6) 服务传递。电子商务通过服务传递系统将商品尽快地传递到已订货并付款的客户手中。对于有形的商品，服务传递系统可以通过网络对在本地或异地的仓库或配送中心进行物流的调配，并通过物流服务部门完成商品的传送；而无形的信息产品，如软件、电子读物、信息服务等，则立即从电子仓库中将商品通过网上直接传递到用户端。

(7) 意见征询。企业的电子商务系统可以采用网页上的“选择”“填空”等形式及时收集客户对商品和销售服务的反馈意见，这些反馈意见能提高网上、网下交易的售后服务水平，使企业获得改进产品、发现新市场的商业机会，使企业的市场运作形成一个良性循环。

(8) 交易管理。电子商务的交易管理系统可以借助网络快速、准确地收集大量数据信息，利用计算机系统强大的处理能力，针对与网上交易活动相关的人、财、物及本企业内部事务等进行及时、科学、合理的协调和管理。

电子商务上述的直接功能，对网上交易提供了一个良好的交易服务和实施管理的环境，使电子商务的交易过程得以顺利和安全地完成，并可以使电子商务获得更广泛的应用。

2. 电子商务的功能中心构成

电子商务要充分发挥其主要功能和优势，其解决方案应该包括三个基本的功能中心，即交易中心、客户中心和渠道中心。

(1) 交易中心。交易中心对采购过程进行自动化管理，以降低高昂的管理费用。根据 Dataquest 公司的报告，非线性的销售模式将在未来几年内取代线性销售模式，并且接订单和完成订单也将同步交互运行。企业由于采用 Internet 作为传输的基础设施，最大的收益将来自于最大限度地利用客户信息进行生产和运作。

电子商务网站必须有促进交易的功能，同时为公司范围内的购买和服务提供 Internet 的采购支持，充分体现电子商务提高效率、降低成本的性能。交易中心的功能还体现在充分融合到国际经济交流中，实现全球的购销活动。使企业直接进入像 works. com，e-steel. com 那样的全球交易站点，帮助企业方便地向全球客户展示产品和服务的同时，又可简单、快捷地进行货比三家的资源采购，轻松建立贸易联系，赢得商机。

(2) 客户中心。整个电子商务网站的设计和运作应以客户为中心。顾客在访问电子商务站点时，关心的不是企业管理者的个人信息，也不是企业的机构设置，而是企业能生产什么商品或提供什么服务，商品与服务的质量、价格如何，以及售后服务等信息。因此，在以生产商品为核心的企业，产品便成了整个站点建设的基本核心；在以提供服务为核心的企业，服务就成为建站的核心内容。客户中心功能应能够为客户提供有价值的产品信息，方便简洁、亲切友好的设计，直接针对目标客户，能够有效促使浏览者转化为购买者，由购买者转化为忠实购买者，全面提升客户终身价值和满意度。客户中心和交易中心的配合，使企业能够有效地进行一对一销售和客户服务，节约购销双方的时间和人力资源，提高效率。

(3) 渠道中心。渠道中心的采用，使渠道的回报方式发生变化。库存成本将由生产商和经销商共同承担，最终用户可以直接面对销售中的每一个环节。生产商可以有效管理销售中的每一中间阶段，更直接贴近用户，直接获取客户信息。原有的销售渠道以新的销售模式进行思维和运作，在每一个环节上实现价值增值而不是增加成本。

当客户在站点上找到其感兴趣的产品时，站点应针对该产品及时快速地提供报价和反馈功能，但这不单单是通过 E-mail 方式就能实现的。渠道中心应提供相应的信息模块，使顾客能够在最短的时间内得到需要的信息。同时，业务部门能及时查收反馈信息并及时给予回复。渠道中心还应为销售经理提供获取信息的入口，帮助他们扩展销售渠道、提升销售业绩、提供客户化的服务并争取业务。一般销售人员也可从中获得产品信息、新闻、报价、订单细节以及其他关键性的销售资源。

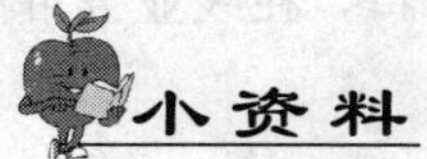

电子商务的基本框架结构

电子商务的基本框架结构是指实现电子商务从技术到一般服务层所应具备的完整的运作基础，它在一定程度上改变了市场构成的基本结构。传统的市场交易链是在商品、服务和货币交换过程中形成的。而今，电子商务的应用强化了一个重要因素——信息，于是就产生了信息服务、信息商品和电子货币等。人们进行商品交易的实质并没有变，但在交易过程中的一些环节因为所依附的载体发生了变化，也相应地改变了形式。为了更好地了解电子商务的基本框架结构，我们简要地描述一下电子商务环境中的主要层面。

第一层，网络基础设施，它是实现电子商务的最底层的硬件基础设施，是信息传播系统，包括远程通信网、有线电视网、无线通信网和互联网。这些网络都在不同程度上提供电子商务所需的传输线路，但是大部分的电子商务运作还是基于 Internet。

第二层，在网络层提供的信息传输线路上，通过 Internet 传输信息的内容，如文本、声音、图像等。最常用的信息发布所应用的是 WWW，及应用 HTML 将信息发布在 WWW 上。

第三层，交易文件和信息传播的基础设施。文件传输一般有以下几种交流方式：一种是非格式化的数据交流，如我们用传真、电子邮件传递信息，它主要是面向人的；另一种是格式化的数据交流，如 EDI，它的传递和处理过程一般都是自动化的，无需人工干涉，主要是面向机器的，订单、发票、装运单都比较适合格式化的数据交流。

第四层，贸易服务的基础设施。第四层框架被称为基础设施，因为所有企业和个人在进行交易时都需要它的服务。主要包括标准的商品目录服务、建立价目表、电子支付工具的开发、保证商业信息安全传送的方法、认证买卖双方合法性的方法等。

第五层，电子商务的实际应用层。电子商务的具体应用范围较广，包括供应链管理、电子市场及电子广告、网上购物、网上娱乐、有偿信息服务及网上银行。

电子商务的两个支撑点是框架结构得以存在并能应用的基础。相关政策及法律法规是电子商务框架的第一个支撑点。电子商务的第二个支撑点是各种技术标准及相应的网络协议。

二、饭店电子商务

(一) 饭店电子商务平台建设的一般途径

1. 对网站进行定位

在开展电子商务活动之前，首先要根据饭店的发展状况对即将建立的网站（或简单的页面）进行定位，网站（或简单的页面）可以说是饭店开展电子商务活动的平台，一般在饭店发展的初始阶段，饭店可以把网站作为对外宣传形象的窗口，在线业务可以交给合作单位或者旅行社去做，发展成熟之后可以提供全方位服务。

2. 建立饭店网站

首先要说明的是，电子商务不是简单地建立一个属于饭店自己的网站，而是将饭店内部的各种部门整合为一个有机的统一体，最大程度发挥饭店的潜能。饭店开展电子商务，应当依照自身的特点，建立自身的企业内部网、外部网以及互联网连接，将采购部门、管理部门、服务部门、公关部门、餐饮部门等整合在饭店内部网上，将具体的业务信息化。建立网站的目的是对外宣传饭店形象，提升品牌效应。网站建立的原则是简明、信息全、链接的速度较快，主要是为增加销售服务，顾客可以在网站上看到饭店的各种客房和服务信息，并可以享受到在线预定的价格折扣。

3. 网站宣传与推广

网站建立之后要有推广网站的意识：在任何出现公司信息的地方都加上公司的网址，如名片、办公用品、宣传材料、媒体广告等。此外网络广告和搜索引擎登记是目前网站主要的推广方式，可以通过注册搜索引擎将站点登记到全球知名的服务站中去。通过一些网站做友情链接等办法，可以显著地提高饭店网站的知名度和访问量。

4. 网站安全和日常维护

网站建立之后要保证网站信息不被恶意修改，保证信息的及时发布，还要保证网上交易的真实性和安全性，这些都需要既有管理经验又有技术水平的专业人士进行维护。

(二) 饭店电子商务的应用

1. 网上预订

饭店的网上预订系统通常都是在饭店产品介绍的页面上提供十分友好的预订提示信息和预订交互表格，当客户填完预订单后，系统回复确认信息单表示预订信息已收悉，网上预订过程完成。程序应该简单，方便快捷。

2. 网上营销

网上营销是饭店企业整体营销的一个组成部分，网上营销活动是饭店传统营销在网络环境中的应用和发展。网上营销以其信息量大、覆盖面广而成为众多饭店最早接触电子商务的领域之一，从目前饭店网上营销的运用来看，还仅限于信息发布和接受客人预订等方面的简单功能。在今后的发展中，饭店还可以借助网上营销，开发更多的新型营销理念和方式，真正发挥网上营销的优势。

3. 网上采购

饭店可以运用电子订货系统（Electronic Ordering System，EOS），解决饭店经营中大量物资采购的问题。电子订货系统是指将批发、零售商所发生的订货数据输入计算机，通过网络连接的方式将资料传送到总公司、批发商和商品供应商，甚至是商品生产商。可以说 EOS 涵盖了从新商品资料的说明到会计结算等所有商品交易过程的作业。EOS 让饭店实现零库存成为可能。

4. 网上结算

饭店利用网络从事金融和贸易方面的活动逐渐成为一种发展潮流，与之相伴的电子化货币也应运而生。饭店运用 IT 技术进行交易结算，可使资金周转更快捷、更方便。加上电子支付的精确度大大高于传统支付方式，对于饭店相关费用和资金流动方式的控制将会更加的精确。

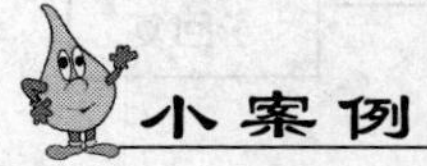

金陵饭店集团的信息化之路

南京金陵饭店集团有限公司是在原南京金陵饭店整体改制的基础上，于 2002 年 10 月经江苏省人民政府批准成立，并被授予国有资产投资主体的国有独资有限公司。目前，金陵饭店集团拥有“金陵”连锁饭店，“金一村”连锁旅店两大品牌，经营管理着分布在江苏、安徽、浙江、四川、河南等地的 37 家饭店的 8000 多间客房。随着集团的不断成长，经营半径越来越大，集团开始面临着以下问题：第一，沟通成本越来越高，管理难度也越来越大；第二，集团的经营信息越来越繁杂和分散，难于收集和利用；第三，旗下饭店处于各自为政的状态。为了解决这些问题，金陵饭店集团开始了信息化之路。

2004 年 2 月，金陵饭店集团委托 IBM 完成一个高起点的 5 年规划——《信息化建设战略总体规划》。IBM 在规划报告中提出用信息化手段解决金陵饭店的管理问题。金陵集团以信息技术部作为需求调查的主要部门，经过对软件功能需求的分析，选择了国内一流的软件厂商——杭州西湖软件公司合作，进行软件的开发。其中中央预订系统的发展历程如下：

2005 年 1 月，金陵集团全新推出可应用于所有金陵连锁饭店的常客奖励计划——“金陵贵宾”计划。

2005 年 2 月，金陵预订中心正式启用，开通金陵预订中心免费电话：8008289966 和 4008289966。金陵集团成为国内饭店业内首家拥有中央预订系统的饭店管理公司。

2005 年 3 月，金陵网站 jinlinghotel.com 正式开通，成为业内首家拥有强大在线互动功能的“中字号”网站。

2006年8月，金陵网站全新改版上线。

金陵集团的CRS实现了与成员饭店的无缝连接，也实现了和饭店的各种渠道的连接，如集团网站、网络分销系统、全球分销系统等。最终形成了金陵集团自己的全球市场营销系统。为了进一步完善CRS，金陵集团目前正在着手进行CRS的二次开发。目前，金陵70%的订房量来自“全球市场营销系统”。金陵集团已拥有南京地区最大份额的境外客源市场，商务客人的比例保持在96%，宾客回头率61%，常住客比例35%，并且和91%的落户南京的世界500强企业签订了长期订房协议。

任务实施

正确处理客户的网络订单程序如图9-2所示。

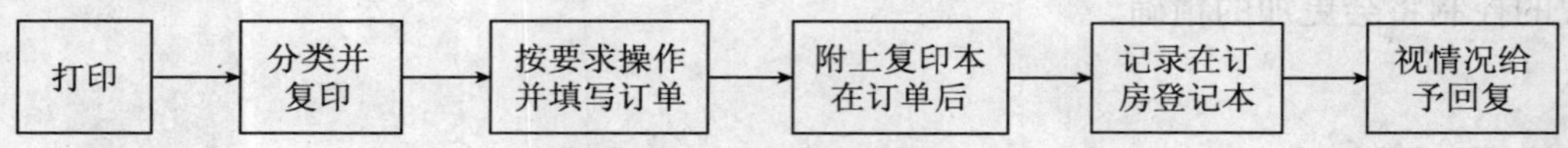

图9-2 处理客户的网络订单程序

第一步：打印相关订房资料；

第二步：按内容分开每一个订房资料，并各复印一份；

第三步：按要求做新订房，变更或取消，填写订房单；

第四步：将复印本夹在相应的订房单后；

第五步：登记在相应的订房登记本上；

第六步：如需回复对方的订房，要立即通过传真或电传回复。

任务总结

主要介绍饭店信息技术的发展、应用、特征以及优势等方面的内容，明确电子商务的分类以及功能，了解饭店电子商务的发展及使用等内容。

实训项目

内容与要求

1. 内容假设：某人将于某年某月某日从武汉到北京出差，想从武汉天和机场乘飞机到北京，并于当晚入住北京市区内某一饭店。飞机票选择打折机票，越便宜越好；住宿标准：200～400元/间天。

2. 操作要求：请以饭店顾客身份用电子商务实现上述业务。定好机票和宾馆后，写出在操作过程中至少2个可供选择的旅游网站名（包括网址），饭店名称，房间价格和对方的联系方法等资料。同时扮演饭店员工角色处理该网络订单。

组织与实施评价

1. 以项目团队为学习小组，小组规模一般是5～8人，分组时以组内异质，组间同质的原则为指导，小组的各项工作由小组长负责指挥协调；

2. 团队成员共同参与、共同配合、完成任务；

3. 各项目团队根据实训内容互相进行讨论，并点评；

4. 评价与总结：各项目团队提交实训报告，并根据报告进行评估。

评估指标及标准

如下表所示。

饭店信息技术应用评分表

被考评人			考评地点			
考评内容		考评标准	分值/分	自我评价/分	小组评价/分	实际得分/分
专业知识技能	饭店信息技术的发展、特征及优势	了解	10			
	信息技术在饭店中的应用	掌握	20			
	电子商务的类别与功能及饭店电子商务的发展	掌握	20			
	报告完成情况	填写明晰、记录完整	10			
通用能力培养	学习态度	态度端正，认真参与，积极主动，勇于探索	15			
	运用知识的能力	能够熟练自如地按相关要求进行操作与处理	15			
	团队分工合作	能融入集体，愿意接受任务并积极完成	10			
合计			100			

注：实际得分＝自我评价（占40%）＋小组评价（占60%）

思考题

一、填空题

1. 现代饭店信息技术发展大概经历了三次比较重要的信息技术应用发展阶段，即

________阶段、________阶段和________阶段。

2. 按电子商务使用的网络类型分类可分为________、________和________。

3. 电子商务要充分发挥其主要功能和优势，其解决方案应该包括三个基本的功能中心，即________、________和________。

二、选择题

1. 中国饭店业的信息化发展起源于________。

A. 20 世纪 70 年代　　B. 20 世纪 80 年代

C. 20 世纪 90 年代　　D. 21 世纪初

2. 饭店管理信息系统的英文缩写是________。

A. EDI　　B. OAS　　C. EOS　　D. MIS

3. “B to C”是指________之间的电子商务。

A. 企业与消费者　　B. 企业与企业

C. 企业与政府　　D. 政府与消费者

4. ________是指在一个大型企业的内部或一个行业内开展的电子商务活动，通过这种形式形成一个商务活动链。

A. OAS　　B. Internet　　C. Intranet　　D. EDI

5. 目前饭店电子商务已经涉及的功能有________。

A. 网上预订　　B. 网上营销　　C. 网上采购　　D. 网上结算

三、简答题

1. 中国饭店业的信息化发展进程大致经历哪几个阶段？

2. 电子商务的主要功能有哪些？

3. 饭店电子商务平台建设的一般途径是什么？

项目十 饭店市场营销管理

知识目标

- 了解饭店市场营销的内涵和发展历程；
- 理解并掌握饭店市场细分与市场定位；
- 理解并掌握饭店市场营销策略；
- 了解饭店市场营销创新。

能力目标

1. 能够根据饭店情况进行市场细分和市场定位；
2. 能够制定适合饭店的市场营销策略。

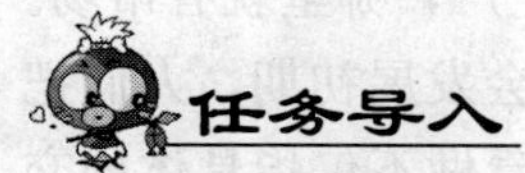

任务导入

港丽饭店成功的秘诀

1995年，美国权威旅游杂志《旅行者》将开业仅六年的香港港丽饭店评为全球服务最佳饭店，让不少人大吃一惊。港丽饭店成功的秘诀就在于"战略定位"！香港港丽饭店开业时正值海湾战争，战争使欧美旅客大量减少，与此同时，美国经济出现衰退，许多大公司减少了出差计划。而港丽饭店所处的港岛地区却集中了四家五星级饭店和七家四星级（准四星级）饭店。这对于还没有建立起客户信誉，知名度还不高的饭店来说，处境相当困难。港丽饭店及时调整定位，提出五星级服务，四星级收费，吸引希望享受五星级服务却支付四星级费用的客户。饭店还推出了特定时间的40%折扣，不断登出国际性广告，派出18个业务开发小组，拜访港岛1800家大公司，使饭店逐步建立了自己的声誉。海湾战争结束后，美国经济开始恢复活力，港丽饭店的市场也打开了。随着90年代初亚洲经济的繁荣，中国大陆市场的发展，香港对五星级饭店的需求增加，港丽饭店又及时调整策略，开始向五星级饭店回归。饭店加强了各项服务设施，改善了某些产品特性，花费415万美元重新装潢大厅和宴会厅，重新装修行政主管层及其交谊厅等，以新的面貌成为更加完美的五星级饭店。目前港丽饭店决策层又开始筹划未来，他们的目标是“六星级”商务饭店。正确的战略定位，使港丽饭店的入住率超过90%，各方面均达到了世界饭店业的顶级水平。

任务分析

对于饭店业来说，市场定位就是战略定位，战略错误将导致满盘皆输，但饭店的定位，不是一相情愿的自我定位，而是顾客心中认可的定位，后者决定了饭店的业绩。影响顾客定位的因素有很多，如出众的产品、良好的客户服务、价格、名声和声誉、创新的特色、方便程度、气氛和环境等。港丽饭店在面对激烈的本地竞争和恶劣的国际经济环境（海湾战争和美国经济衰退）时，及时调整饭店的战略定位，在短时间内建立起国际声誉，成为世界最佳服务饭店之一，它成功的决定性因素就是正确的战略定位。

任务一　饭店市场营销的概念和市场细分

一、饭店市场营销的概念

1. 饭店市场

众所周知，市场是商品经济的产物，哪里有社会分工和商品生产，哪里就有市场。在不同的历史时期和不同的角度，市场的含义是不尽相同的。社会发展初期，人们把市场理解为商品交换的场所。随着社会和经济的发展，市场又被看做不仅指具体的交易场所，而且指所有的买卖双方实现商品让渡的各种错综复杂的交换关系的总和。

市场的形成取决于某种商品或服务的需求方和供给方，两者缺一不可。当供给大于需求时，需求者处于主动地位，市场形态为买方市场；当需求大于供给时，供给者处于主动地位，市场形态为卖方市场。饭店市场是对饭店产品（或服务）具有现实和潜在购买欲望、并具有相应支付能力的个人或组织。

2. 饭店市场营销

(1) 市场营销。市场营销是现代企业经营的基本理念之一，目前尚无统一的定义。尽管市场营销有各种各样的解释，但其核心是，通过满足消费者自身需求来培养他们对企业或品牌的忠诚度，并在此基础上实现企业的长远利益目标。美国著名的市场营销专家菲利普·科特勒（Philip Kotler）把市场营销定义为：通过创造和交换产品的价值，从而使个人或群体满足欲望和需要的社会和管理过程。

(2) 饭店市场营销。饭店市场营销的含义就是通过开发和提供饭店产品及其价值的交换活动，使消费者的需求得到满足，并促使饭店获得最大的社会与经济效益的经营管理过程。

二、饭店市场营销观念

市场营销观念的发展大致经历了生产观念、产品观念、推销观念、营销观念和社会营销观念五个阶段。

1. 生产观念

生产观念（Production Concept）的基本点就是顾客会接受任何他所能买到并且买得起的产品。企业管理的主要任务是提高生产和分销效率，其基本特征就是“我生产什么，就卖什么”。这种观念认为，消费者以品质和价格为基础来选购商品，企业只需极少的销售努力，便可获得满意的销售结果。企业的注意力主要集中在进行专业分工、扩大生产和降低成本上，而不重视市场。

生产观念是一种建立在卖方市场基础上的重生产而轻营销的指导思想。生产观念主要是在经济和技术比较落后时期，生产的发展不能满足消费需求的增长，消费者的需求量大于产品的供应量，多数产品处于“供不应求”的状态，企业生产什么就卖什么，消费者就买什么。

在 20 世纪 80 年代初期，我国的改革开放一方面提高了国内人民的生活水平，促进了国内旅游业的发展，使国内对饭店的餐宿需求大幅度增加，同时，大量外国旅客和商务客人进入我国，使得我国当时的饭店产品供不应求，也就产生了所谓“生产观念”时期，我国开始大量改建、扩建、新建饭店，提高饭店业的接待能力。

2. 产品观念

产品观念（Product Concept）的基本点就是顾客喜欢质量最好、操作性最强、创新功能最多的产品。企业管理的核心就是集中力量不断改进产品。这种观念依然是以生产为中心，认为只要产品好，就一定能卖出去，而不需要关注市场的需求及其变化。

以产品观念为经营指导思想的饭店经营管理者认为，饭店提供的设施和服务是饭店的核心，饭店致力于不断提高产品质量，而忽略了市场需求的发展变化，很少顾及到顾客对饭店层次的需求、顾客结构和偏好等要素。但是饭店一味追求高档化和标准化，而不顺应市场的需求，会造成客源的流失、经营困难，妨碍饭店的健康、良性循环和长远发展。

20 世纪 80 年代中后期，我国的很多饭店不断进行整顿装修，进行改造升级，进口成套的饭店先进设备，一味追求豪华档次或星级，很多大中城市高档、高星级饭店过多，而中低档饭店不足的情况，背离了我国饭店供需结构，导致许多高档、高星级饭店年平均客房出租率很低，陷入经营困境。

3. 推销观念

推销观念（Selling Concept）的基本点就是如果企业不进行大规模的促销和推销，顾客就不会购买足够多的产品。企业经营管理的核心就是积极推销和大力促销，以诱导顾客购买企业产品。推销观念的基本特征就是“我卖什么，就让顾客买什么”。

在推销观念的指导下，企业关心的是将已生产出来的产品或所具备的服务能力推销给顾客，而不关心顾客是否真正需要这些产品和服务，也不关心顾客真正需要的是什么。因此，企业很重视人员推销和广告活动，并通过它们说服顾客购买企业出售的产品和服务。

第二次世界大战后，饭店业向大型化、高档化方向发展，尤其是随着汽车工业的发展，汽车饭店异军突起、并以集团或连锁方式对传统饭店展开了竞争。这时的饭店业市场逐渐由“卖方市场”向“买方市场”转化，饭店市场出现了供大于求的格局，饭店企业开始感觉到企业最大的问题不再是“生产问题”，而是“推销问题”，由此以“生产为中心”的经营指导思想被“以推销为中心”的经营指导思想所取代。

4. 营销观念

营销观念（Marketing Concept）认为，实现企业目标的关键在于正确地确定目标市场的需求，并比竞争者更有效的满足顾客需求。这种观念是以顾客需求为企业经营的出发点，按照顾客的需求来开发产品和服务，并通过使顾客的需求得到满足来实现企业目标。营销观念的基本特征是“顾客需要什么，我就生产什么，就销售什么”。

20 世纪六七十年代，随着生产力的不断发展，世界各国的政治经济往来日益频繁，商务旅游和大众化旅游越来越普遍，使得对饭店业的需求类型和需求数量增加。这时的饭店开始向多类型化、大型化、规模化和国际化方向发展，同时顾客消费需求的多样化，使得饭店业的竞争日益激烈，饭店业再也不能像以前那样，不考虑顾客的需求特点和层次而将既定的产品和服务推销给顾客，而必须开始根据顾客的需要，系统地开发适合顾客需求的产品和服务。饭店业者开始对市场进行细分，寻找目标市场，认真进行市场定位，并有针对性地开展市场营销活动。饭店营销观念中包含三种导向：

（1）顾客导向。这种导向要求饭店不要生产经营顾客不需要的产品和服务。

（2）系统导向。这种导向首先要求饭店的营销计划和活动之间相互协调、相互一致，必要时还需要相互同步，以使所有营销要素有效地综合发挥作用。

（3）利润导向。在营销观念中，饭店营销活动的利益取向将顾客需要的满足包括在饭店的利润中。利润将使饭店、顾客和社会三方都受益。饭店没有了利润，就不能生存和发展，顾客需要就无法得到满足，社会利益也无法得到保证。

5. 社会营销观念

营销观念是将顾客的需求与满足放在了企业经营的核心位置，然而在满足顾客需求和创造企业利润的同时，出现了企业为了迎合顾客需求而造成的资源浪费、环境污染等不和谐现象。以饭店为顾客提供的大量一次性物品为例，这些物品在满足顾客需求的同时也造成了巨大的资源浪费和环境污染。社会营销观念（Social Marketing Concept）是一种承担社会责任的营销观念，在社会营销观念指导下，企业不仅要保证顾客需求满足，同时还要服从社会利益的需要。这就要求营销者在企业利润、顾客需要和社会利益三方面进行平衡，这也是企业获得长期稳定发展的重要保证。

在原来的营销观念下，饭店鼓励顾客高消费、多消费。而在社会营销观念下，饭店则是引导顾客适度消费，杜绝资源浪费。在社会营销观念的指导下，饭店企业开始认识到：以损害社会公众利益来获取的最大利润是会遭致长期巨大损失的一种短视行为。正是在这种意义上，社会营销观念成为现代饭店最新的经营指导观念。如饭店在顾客就餐时应告诉怎样经济用餐，一些饭店推行无纸化办公、创建绿色饭店、参加社会公益活动等，均是具有良好的社会营销意识的表现。

三、饭店市场细分与市场定位

任何一个饭店企业都不可能满足整个市场上所有顾客的需求，而只能满足市场中一部分顾客的需求。因此，现代饭店在激烈竞争的市场环境中，如何正确选择自己的目标市场，如何进行准确的市场定位，成为了饭店企业获取市场份额，获得经济效益非常重要的环节。而确定目标市场的过程中，首先是对市场细分的过程。

（一）饭店市场细分

1. 饭店市场细分的概念

饭店市场细分是指饭店根据顾客需求或购买方式等方面的差异性，依据一定的标准将整体饭店市场划分为若干个不同类别的子市场的过程。饭店市场细分是在市场调研的基础上，获取市场真实需求信息，充分了解饭店经营的内外部环境，根据市场预测情况，分析市场需求差异性，从而将市场中对饭店产品和服务有不同需要和偏好的消费者加以划分。

2. 饭店市场细分的作用

饭店市场细分的实质是选择属于不同类型的顾客，通过识别不同需求的顾客群，将整体市场划分为不同类型的子市场。饭店市场细分的作用主要表现在以下三个方面：

（1）饭店市场细分有助于饭店发现市场机会。市场机会是饭店市场上客观存在的未被满足的需求或未被全部满足的需求及其价值。通过饭店市场细分，可以了解各个不同顾客群的需求特征，以及目前的满足程度，从而发现哪些顾客群的需求还没有得到满足，并迅速占领该市场，提高市场占有率。

（2）饭店市场细分有助于饭店发挥自身优势。饭店通过细分市场，根据需求差异，在分析自身所拥有的资源和优势的基础上，推出适合特定消费群体的饭店产品，以在激烈的市场竞争中生存和发展。

（3）饭店市场细分有助于饭店制定最佳营销策略。饭店市场细分的过程也是研究市场需求的过程。通过市场细分，饭店明确了市场的容量和期望收益，同时也明确了进入市场的途径，更好地进行营销策略组合，及时调整营销组合各要素，用以满足特定细分市场的需求。

3. 饭店市场细分的基本方法

饭店市场细分的方法很多，对饭店市场的细分没有固定的模式。饭店可根据自身的特点和需要，采用适当的细分因素来进行细分。一般来讲，饭店可以依据地理因素、人口因素、住宿动机因素、购买因素和消费因素等进行饭店市场细分。

（1）地理因素细分法。即以不同地理单位将饭店市场进行细分，如国家、地区、城市等。也可以按照地理位置的远近程度将市场细分为远距离市场、中距离市场和短距离市场等。

（2）人口因素细分法。即按照人口的相关指标对饭店市场进行细分，如性别、年龄、职业、收入、受教育程度、信仰、婚姻状况等。人口统计因素细分对了解子市场的消费能力、消费习惯、消费要求都具有重要作用，是饭店市场细分方式中常用的一种细分方法。常用的人口统计因素细分市场如表 10－1 所示。

表 10－1　常用人口统计因素市场细分

细分依据	细分市场类型
年　龄	老年市场、中年市场、青少年市场、儿童市场
性　别	女性市场、男性市场
收　入	高收入、中等收入、低收入
受教育程度	大学教育、中专及高中教育、初中教育、小学教育及以下
职　业	公务员、企事业管理人员、技术人员、工人、农民、商贸人员、离退休人员、学生、军人、其他

（3）住宿动机因素细分法。即根据消费者的住宿动机对饭店市场进行细分，如商务消费者、会议消费者、旅游消费者等。住宿动机细分法对饭店有针对性地进行产品和服务项目的再设计，以满足不同类型和不同消费层次的消费需求具有重要意义。

（4）购买因素细分法。即根据购买者的身份、购买方式和数量等因素对饭店市场进行细分，如根据购买者的身份可将饭店市场划分为个人、组织和中间商；根据购买方式可将饭店市场划分为经常购买者和不经常购买者；根据购买数量可将饭店市场划分为重要市场和一般市场等。

（5）消费内容细分法。即根据消费者所使用的饭店产品和服务的种类对饭店市场进行细分，如客房市场、餐饮市场、娱乐市场、会议市场、购物市场等。

（二）饭店目标市场的选择

饭店目标市场是饭店在细分市场的基础上，确定本企业服务对象的最佳细分市场。饭店市场根据顾客需求的差异性将具有不同需求的顾客区分开来，形成不同需求的顾客群，根据饭店所拥有的资源、营销条件和能力，确定饭店可以为哪一个顾客群提供产品和服务。一个细分市场能否作为饭店企业的目标市场，通常要考虑以下几个方面的因素：

1. 饭店的主要产品和服务项目

饭店首先要根据自身实际情况确定经营范围，确定主要经营的产品和服务项目，把营销力量集中在这些主要的产品和服务项目上，饭店在选择目标市场时，要考虑所选择的目标市场的需求与本饭店的主要产品和服务项目是否吻合。

2. 市场的容量

市场容量包括现实容量和潜在容量两部分。选择饭店的目标市场应考虑其现实容量能否与企业的销售规模相适应，作为目标市场的子市场应该具有一定的规模，使得饭店可以在这个子市场中有利可图。当作为目标市场的子市场，目前的市场容量还不够理想，但该子市场有良好的发展前景，即该子市场拥有较好的潜在容量，也可以作为饭店的目标市场。

3. 饭店的软硬件条件

饭店的软件即饭店的人员素质和管理水平；饭店的硬件即物质设备设施，如客房、餐厅及其配套设施等。饭店在选择目标市场时，要考虑到饭店的软硬件条件能否满足目标市场消费者的要求。

4. 盈利水平

饭店经营的根本目的是追求利润，在选择目标市场时，应充分考虑子市场的盈利状况。在同等条件下，饭店应该选择盈利状况较好的市场作为目标市场。

（三）饭店市场定位

饭店市场定位就是根据目标市场的顾客消费偏好、竞争状况和自身优势，确定饭店企业产品在目标市场上应处于的竞争位置。其实质是要专门针对目标市场顾客某一特定需求，为饭店产品设计鲜明的、独特的而又深受欢迎的营销组合，以形成饭店产品的特色形象地位。

1. 价格定位

价格作为反映产品价值的重要指标，往往是饭店产品和服务优劣高低的象征。一般来说，产品价格越高，提供的产品和服务越优质，所以饭店的等级不同，价格差异也很大。同时，价格也在一定程度上反映着市场对该产品和服务的供需状况，市场的需求量越大，价格就相对较高。饭店在需求旺季往往选用高价，而在需求淡季则选用折扣、折让等优惠价格。

2. 产品类型定位

产品类型定位是根据饭店可以为顾客提供何种类型的产品来进行定位。饭店产品中若是以会议为中心，为客人提供各种类型会议服务，则可定位为会议中心饭店；当饭店所提供的客房产品是以各种类型的套房为主，甚至全部为套房，则定位为套房饭店；而饭店只能为客人提供简单的食宿，其他功能减少甚至没有，则可定位为经济饭店。

3. 特色定位

以特色作为衡量标准是目前饭店市场定位常见的一种定位方法。饭店根据自身产品所拥有的某些特点和优势，或可以为客人提供某些特定利益进行定位。例如公寓式饭店就可以在为客人提供常规饭店产品的同时，为客人提供更多的自助服务空间，在客房中增加厨房等家庭服务设施。

4. 形象定位

饭店企业应根据所选择的目标市场，确定饭店在顾客心目中的形象。在饭店行业越来越激烈的竞争条件下，选择同一子市场作为目标市场，并提供相同或相似产品和服务的情况十分普遍，饭店极有必要使自己的产品和服务区别于其他饭店，在宾客心目中树立起独特的形象。如希尔顿饭店的“高效率服务”形象和假日饭店的“廉价、卫生、舒适、整洁”的形象。

5. 消费者类型定位

消费者类型定位就是根据饭店目标市场的不同消费者进行定位。例如饭店的主要消费群体是以家庭为主的，则饭店应开设儿童娱乐室、游戏室，为客人提供托婴服务，组织客人游览动物园、儿童乐园，提供家庭客人优惠套房等。

任务二　饭店营销策略

一、产品策略

产品策略是指在饭店营销过程中，通过提供符合消费者需求，能让消费者感到满意的产品和服务来实现饭店的营销目标。

（一）整体产品概念

在现代市场营销中，饭店产品概念具有宽广的外延和深刻而丰富的内涵。饭店整体产品一般包括三个层次，即核心产品、形式产品、附加产品。饭店产品的整体概念如图 10－1 所示。

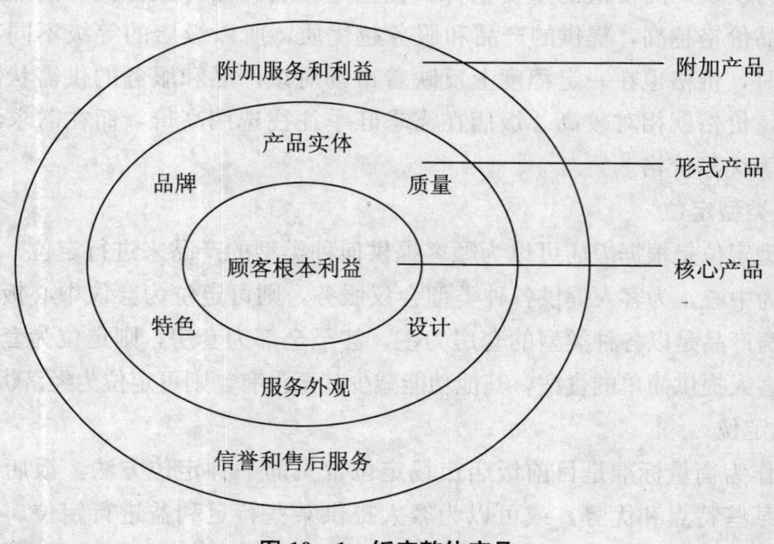

图 10－1　饭店整体产品

1. 饭店核心产品

核心产品是指消费者购买某种产品时所追求的实际利益，是顾客真正要购买的东西，因而在产品整体概念中，核心产品是最基本、最主要的部分。从根本上说，饭店产品实质上是为消费者解决某种问题而提供的服务。如饭店的核心产品是客房，餐厅的核心产品是食品和饮料等。

2. 饭店形式产品

形式产品是核心产品功能借以实现的形式，即向市场提供的实体和服务的外在形象。如果形式产品是实体物品，则它在市场上通常表现为产品质量水平、外观特色、式样、名称和包装、服务人员的态度等，产品的基本效用必须通过某些具体的形式才得以实现。饭店产品的设计应着眼于满足消费者需求，寻求消费者购买产品时所追求利益的实现。

3. 饭店附加产品

附加产品是消费者在购买产品时所获得的全部附加服务和利益。例如，免费提供信息和咨询，对个别顾客提供专门的医护服务、赠送礼品等。附加产品的概念来源于对市场需要的深刻认识。因为购买者的目的是为了满足某种需要，因而他们希望得到与满足该项需要有关的一切。附加产品是饭店用来争夺顾客的重要环节和手段，也是饭店用以实现产品差异化的重要手段。

（二）饭店产品组合

产品组合的目的是满足消费者对饭店产品的多样性需求，以及增加饭店的收入。饭店产品组合是饭店提供给顾客的所有饭店产品线的组合方式，包括产品线的广度、深度和关联度。饭店产品线是指饭店产品组合中的一个产品群，其中的饭店产品相互联系密切，在产品功能、价格、销售渠道等方面有一定的相似性，能够满足同一类顾客群的一系列饭店产品。饭店的产品组合包括饭店的地理位置、各种客房、餐厅、娱乐设施、产品的形象部分、服务部分和产品价格等。

1. 饭店产品组合的几个概念

（1）饭店产品线广度。饭店产品线广度又称产品线宽度，是指饭店产品组合中产品线的数量。产品线数量越多，饭店的产品组合广度越广。例如同一家酒店同时经营客房、餐饮、娱乐、会议、休闲等项目，则这家酒店的产品线较多，广度较广。

（2）饭店产品线深度。饭店产品线深度是指每条产品线上的产品种类的数量。例如饭店的餐饮产品的产品种类有中餐厅、西餐厅、快餐厅、宴会厅、酒吧、咖啡厅等。而饭店的客房产品种类有总统套房、豪华套房、商务套房、普通套房、标准间、单人间等。

（3）饭店产品线的关联度。饭店产品线的关联度又称产品线的相合度，是指各个产品线之间的关联程度。例如饭店既提供休闲产品又提供疗养产品，则饭店产品的关联度较高；若饭店提供餐饮产品又提供股票投资产品，则饭店产品的关联度较低。

2. 常见的饭店产品组合策略

（1）延伸产品线策略。延伸产品线策略即增加饭店原有产品线中产品种类的数量。例如饭店原来只有中低端客房产品，通过改建扩建增加高端客房产品。

(2) 增减产品线策略。增减产品线策略是根据市场需求的发展变化，不断增加顾客需要的新产品线，而对于长期处于亏损、不能吸引顾客消费的产品线进行删减。

(3) 改进产品线策略。改进产品线策略就是随着社会发展和技术水平的提高，对原有的产品线进行技术升级和现代化改造。例如饭店娱乐产品线的技术设施设备要根据市场发展状况不断进行升级改造，更新换代，以保持较高的现代化水平和足够的消费吸引力。

(三) 饭店产品生命周期

产品生命周期是指一种产品从进入市场开始，直至退出市场的整个过程，它强调的是产品的市场生命而非使用寿命。一般认为饭店产品的生命周期包括：引进期、成长期、成熟期和衰退期。在饭店产品生命周期的不同阶段，饭店从该产品上所获得利润和营业额高低不同，需要对处于不同生命周期的饭店产品制定不同的市场营销策略。饭店产品生命周期如图 10－2 所示。

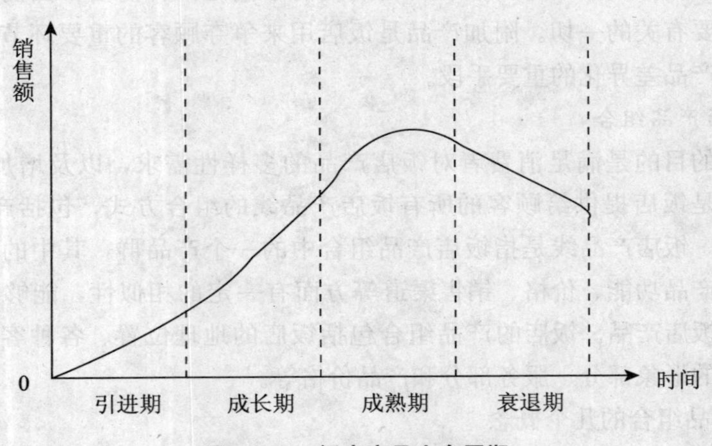

图 10－2　饭店产品生命周期

1. 引进期

引进期又称投入期、进入期，是指饭店产品投放市场的初级阶段。这一时期饭店投资额巨大，销售额低，致使利润几乎不存在，甚至是亏损。这一时期的饭店产品应选择拓展策略，积极开拓市场，让顾客了解该产品。

2. 成长期

这一时期，饭店产品已具备一定规模，饭店产品基本定型并形成一定的特色，迅速为市场所接受。这是需求增长阶段，需求量和销售额迅速上升，生产成本大幅下降，利润迅速增长，同时市场上开始出现竞争者。这一时期的饭店产品应选择渗透策略，快速占领市场，不断改进，让顾客喜欢该产品。

3. 成熟期

成熟期指饭店产品进入大批量生产，销售增长趋于缓和稳定的时期。此时，饭店产品已经被大多数潜在客户所接受。为了对抗竞争，保护自己的产品，营销费用日益增加，利润增长稳定或下降。这一时期的产品差异化成为竞争的核心，饭店应采取维持和扩大的市场策略，强调特色，培养顾客忠诚度。

4. 衰退期

处于衰退期的饭店产品销售量迅速减少，利润跌落。在这一阶段，市场上出现了饭店新产品，逐步代替老产品。市场竞争突出表现为价格竞争，价格不断下降，竞争者不断退出竞争的舞台。这一时期的饭店产品应控制占有率，并着手进行改造升级，开展有针对性的宣传。

（四）饭店新产品

1. 饭店新产品的含义

饭店新产品是指饭店产品中任何一个部分有所创新、改革和改变，并能够给顾客带来新利益和满足的产品。饭店新产品与新技术、新设计、新潮流和新需求紧密联系在一起，饭店开发新产品的目的在于扩大饭店的产品线和产品项目，提高饭店产品质量，吸引顾客，不断满足顾客需求。

2. 饭店新产品的种类

（1）全新产品。创新型新产品即全新产品，指运用新原理、新科技创造出来的具有新内容和新形式，能够填补市场空白的饭店产品。全新产品对饭店企业来讲，由于没有可以借鉴的经验，所以在创意策划、设计生产、市场推广等方面难度都较大，资金投入也比较大。

（2）改进型新产品。改进型新产品是指在原有老产品的基础上进行改进，使产品在结构、功能、品质等方面具有新的特点和新的突破，既可以是配套设施或服务方面的改进，也可以是饭店产品或服务项目的增减。改进后的新产品，其结构更加合理，功能更加齐全，品质更加优越。

（3）仿制型新产品。仿制型新产品是指饭店企业对国内外市场上已存在的饭店产品和服务进行局部的改进和创新。仿制型新产品是相对新产品中创新程度最低的一种，这种产品从原理到结构以模仿为主，改进或创新为辅。由于节省了开发和研究的费用，避免了风险，因此是各种饭店企业开发新产品的的首选。

（4）换代型新产品。换代型新产品是指采用新技术、新结构、新方法或新材料，使现有产品在原有技术基础上有较大突破的新产品。换代型新产品是相对新产品中创新程度最高的一种，是产品结构向高级阶段发展的产物，并形成产品的更新换代。

二、价格策略

饭店产品价格是指客人购买饭店产品所需支付的货币量，是饭店产品价值的货币表现形式。饭店产品价格是饭店市场营销的重要工具，价格能调节市场需求，反映饭店产品档次和服务水平。有效的价格策略，可以使饭店提高营业收入，增加利润。

(一) 饭店产品价格的类型

饭店产品的市场交易价格通常包括以下四种类型：

1. 基本房价

基本房价也称公布价格、门市价或散客价，就是在饭店价目表上公布的各种类型客房的价格。根据不同的计价方式可分为欧式、美式、修正美式、欧陆式和百慕大式五种。

2. 追加房价

在饭店基本价格的基础上，根据客人的实际住宿情况另外加收的房价。饭店常见的追加房价有以下几种：

(1) 钟点房价。就是白天在客房没有出租的情况下，为特定客人按小时租用而收取的房费。钟点房是为商务、旅行或其他需要白天短暂休息的客人提供的一种产品既为客人提供了方便，也为酒店增加了一种盈利方式。

(2) 白天租用房价。就是住店客人退房时间超过了饭店规定的时间，而向客人加收的租用费。很多饭店规定，客人应在中午 12 时前退房，若客人在中午 12 时至下午 15 时退房，加收全天房租的三分之一房费；在下午 15 时至 18 时退房，加收全天房租的二分之一房费；若下午 18 时以后退房，加收全天房费。

(3) 加床房价。饭店针对需要在房间内临时加床的客人加收的一种房费。

(4) 深夜房价。客人在凌晨抵店，饭店将根据实际情况向客人加收半天或全天的房费。

(5) 保留房价。针对有保留要求而外出的客人，饭店通常会向客人收取为其保留客房的房费。而在保留期间，服务费根据情况进行减免。

3. 特别房价

饭店针对特定消费者给予的特殊价格。

(1) 团队房价。饭店为了吸引大批量客人住宿而对团队客人提供的折扣价格，订房数量越多，折扣相对越大。

(2) 家庭租用房价。饭店针对家庭住宿客人给予的折扣价格。

(3) 小包价。针对有特殊要求的客人，饭店为其提供一揽子报价，通常包括房租费、餐费、游览费、交通费等项目的费用。

(4) 优惠房价。饭店向常客、长住客或其他能为饭店带来特殊利益的客人提供的一种房价。

(5) 免费房价。在特定情况下，饭店给予符合相关条件的客人免费住宿的房价。

4. 合同房价

合同房价又称批发价格，是饭店给予长期合作中间商的一种优惠价格。为了使饭店中间商更多地销售饭店产品，根据中间商的批发量和付款方式等，饭店给予中间商一定的优惠，使得中间商在销售饭店产品后可以获得相应的销售利润。

挑战“国际惯例”——中国饭店白天租用房价改革

中国旅游饭店业协会2002年制定的《中国旅游饭店行业规范》中，第三章第十条规定：饭店客房收费以“间/夜”为计算单位（钟点房除外）。按客人住一“间/夜”，计收一天房费；次日12时以后、18时以前办理退房手续者，饭店可以加收半天房费；次日18时以后退房者，饭店可以加收一天房费。中国旅游饭店业协会最新公布的《中国旅游饭店行业规范》（2009年8月修订版）中，已经删去了“12点退房，超过12点加收半天房费，超过18点加收1天房费”的规定。取而代之的第三章第十条为：“饭店应在前厅显著位置明示客房价格和住宿时间结算方法，或者确认已将上述信息用适当方式告知客人。”

宾馆饭店“12点结账”行规从引发争议到最终从行业规范中删除，经过了近两年的博弈。2008年奥运会前，部分消费者向消协反映，“12点结账”非常不方便，“我们得拎着行李吃饭”。2008年3月30日，北京市消协组织部分专家、宾馆饭店负责人赴延庆调研。2008年4月，北京市消协与中国旅游饭店业协会两次商讨“12点结账”行规问题，要求企业改正。中国旅游饭店业协会认为该行规是国际惯例，不可能变更。有关主管部门也认为这是国际通行做法，不可能改变，予以拒绝。2008年6月16日，北京密云71家宾馆饭店同意延迟到14点结账。19日，延庆84家宾馆饭店同意延迟到14点结账。此后，全国许多地方的宾馆饭店跟进延时结账。2009年3月18日，北京市消协、市消费者权益保护法学会、中国人民大学民商事法律科学研究中心召开“商业惯例与法律规范理论研讨会”，从法律层面解释此行规对市场竞争秩序产生的不良影响和对消费者权益的侵害，并将研讨论文送交相关部门。2009年5月6日，北京市消协与中国旅游饭店业协会再次会谈，双方初步达成一致意见，中国旅游饭店业协会表示将对行业规范进行修改。2009年8月，中国旅游饭店业协会发布《中国旅游饭店行业规范》（2009年8月修订版）。“12点结账”行规终于走到尽头。

（二）饭店产品价格的影响因素

影响饭店产品价格的因素是多方面的，既有经济方面的、政治方面的因素，也有自然等方面的因素，其中主要因素是产品成本、市场需求和市场竞争。饭店产品价格的影响因素如图10－3所示。

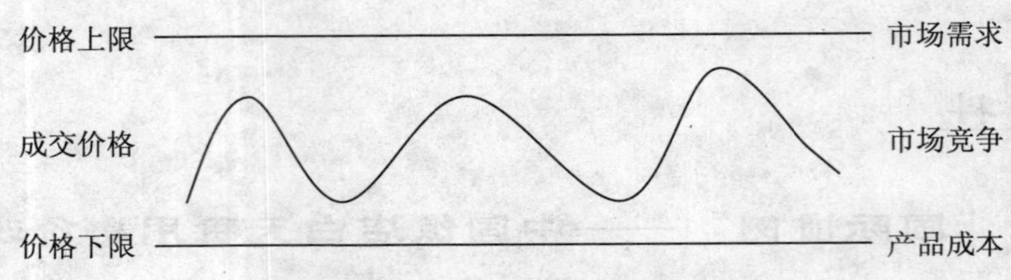

图 10-3　饭店产品价格影响因素

1. 产品成本

在实际产品定价中，饭店考虑的最主要因素就是产品成本因素。成本通常也是饭店产品的最低价格界限。同时，在饭店产品价格不变的情况下，饭店成本越低，所获得的利润就越高。因此，饭店在保证产品质量的同时，应尽量在各个生产环节控制成本，以增加饭店收益。

2. 市场需求

产品最终都是由消费者购买和消费的，消费者的购买能力决定了饭店产品的最高价格界限。饭店要以顾客需求为导向，以顾客认同的饭店产品价格满足顾客需求。

3. 市场竞争

市场竞争是影响饭店产品定价的重要因素，通常也是饭店进行产品价格调整的重要依据，决定了饭店产品的实际成交价格。按照一般经济规律来看，当产品需求量大于供应量时，饭店应提高价格；当供应量大于需求量时，饭店应降低产品价格。

（三）饭店产品定价策略

1. 新产品定价策略

（1）高价取脂定价策略。又称撇脂定价策略，是指饭店企业将新产品的价格定得较高，力求快速获取高收益的一种定价策略。采取这种定价策略不仅可以获取高收益，同时还可以提高产品身价，满足追求高档豪华的顾客的心理需求。但这一策略容易诱发盲目竞争，也不利于市场开拓。

（2）低价渗透定价策略。饭店企业着重于长远的利益，把饭店产品的价格定得很低，以便产品渗透进市场，获得较大的市场份额。这一策略有利于打开市场，扩大产品影响力，排斥竞争者。但价格低意味着收益低，同时会影响饭店企业其他同类产品和服务的销售。

（3）市场满意定价策略。又称温和定价策略，是将饭店产品的价格定在适合的位置，既对消费者有一定的吸引力，又可以兼顾饭店收益，以达到顾客和饭店都满意的一种定价策略。这种定价策略实用性较强，适合于各种产品和服务项目。

2. 差别定价策略

（1）地理差价策略。按照饭店的地理位置差异而制定不同的产品价格的一种定价策略。比如在不同城市的同一集团下的五星级饭店的标准间价格不同，并且在同一城市的不同位置的同星级饭店的同一类型的饭店产品价格也不同。

（2）时间差价策略。饭店按照根据不同时间的实际需求状况制定差别价格的一种定价策略。饭店具有显著的淡旺季特征，在旺季实行高价，而在淡季实行低价的差别定价策略。

（3）对象差价策略。饭店针对消费对象的不同而采取的差别定价策略。比如饭店针对 VIP 客人、常住客人、中间商等制定不同的产品价格。

（4）产品差价策略。是指饭店将其所提供的产品和服务依据其品质分为若干等级，每一等级制定一个相同或相近的价格的定价策略。比如客房产品分为总统套房、豪华套房、普通套房、标准间等，不同产品制定不同的价格。

3. 心理定价策略

（1）尾数定价策略。又称作非整数定价策略，是指饭店在制定产品价格时，采用零头数结尾的非整数价格，以刺激顾客购买和消费的一种定价策略。非整数定价主要是因为顾客一般认为非整数比整数更加便宜和准确，是货真价实的，是通过精准计算制定出来的，同时也有利用了顾客图吉利的心理。一般尾数会设计为“6”“8”“9”等吉祥数字。比如按成本核算应定价为 10 元的产品，定价为 9.98 元。

（2）整数定价策略。整数定价策略是指饭店在制定产品价格时，取整数结尾的价格，而不用零头结尾的价格，以刺激顾客购买的一种定价策略。这一策略主要是利用顾客对商品品质的威望心理，从而增强商品的档次和豪华程度。比如饭店产品应定价为 798 元，而饭店改定为 800 元。

（3）分等级定价策略。分等级定价策略是指饭店将其所提供的某一类产品和服务依据其品质分为若干等级，每一等级制定一个相同或相近的价格的定价策略。为了满足顾客求新、求荣和便利的心理，鉴于顾客对价格较小差别不敏感而对价格较大差别较敏感的因素，饭店可采用这一定价策略。比如饭店将客房产品分别定价为 220 元、200 元和 180 元，给顾客以此类客房也分高、中、低三个档次的感觉。

（4）声望定价策略。声望定价策略是通过借助饭店或产品威望提高产品价格的一种定价策略。声望定价其实是一种高价定价策略，当饭店知名度和信誉度提高到一定程度时，即可采用这一定价策略。这种策略的产品价格与价值偏离较大，以达到“唯我独尊”的效果。比如很多豪华饭店的总统套房就采用这一定价方式。

4. 折扣价格策略

（1）数量折扣。为了鼓励消费者购买饭店产品，达到一定数量时，就给予一定的折扣。旨在鼓励或刺激顾客大量购买或连续购买某种产品的价格折扣策略。饭店为了争取扩大销售，吸引回头客，可以通过数量折扣开拓市场。

（2）现金折扣。是鼓励顾客尽快付清收费的一种价格折扣策略。主要是相对采用分期付款、延期付款和记账等结算形式，如果顾客采用现金付款或提前结清付款，饭店会给予一定比例的折扣，这样可以降低饭店经营风险。

（3）季节折扣。饭店业的销售带有明显的季节性特征，饭店为了有效开拓市场，以一定比例的折扣来吸引顾客在销售淡季来购买饭店产品。

（4）同业折扣。同业折扣是鼓励中间商承担更多职能的一种价格折扣策略，是给予中间商的一种优惠。在饭店营销中，中间商起着非常重要的作用，饭店中的大批量顾客往往都是通过中间商购买的，为了吸引更多中间商带来更多的顾客，饭店给中间商一定的比例折扣，这个比例视中间商带来的顾客数量和所承担的职能多少来确定。

三、渠道策略

饭店营销渠道又称饭店分销渠道，是指饭店通过各种直接或者间接的方式，将饭店产品和服务转移到最终消费者手中的途径。

（一）饭店营销渠道的类型

饭店营销渠道按不同的分类方法分为很多种类型，通常来说，按照营销渠道是否有中间商的参与，将饭店营销渠道划分为直接营销渠道和间接营销渠道两种。

1. 直接营销渠道

直接营销渠道是指饭店产品和服务不经过任何中间环节，从饭店直接销售到最终消费者手中的一种营销渠道。在直接销售渠道中，饭店产品没有经过任何中间商，结构单一，成本较低，一般适合于散客。

2. 间接营销渠道

间接营销渠道是指饭店产品和服务经过了一个或几个中间环节后转移到最终消费者手中的一种营销渠道。中间环节的多少决定了营销渠道的长短。每一环节中间商的数量决定了营销渠道宽度。

（二）饭店营销渠道策略

1. 营销渠道长度策略

（1）零渠道。饭店产品不经过任何中间商直接销售给最终消费者，即饭店——最终消费者，是所有营销渠道中最短的渠道。

（2）一级渠道。饭店产品只经过一级经销商后到达最终消费者的销售渠道，即饭店——经销商（或代理商）——最终消费者。

（3）二级渠道。饭店产品经过二级经销商后到达最终消费者的销售渠道，即饭店——经销商——代理商——最终消费者。

（4）三级渠道。饭店产品经过多级经销商后到达最终消费者的销售渠道，即饭店——批发商——经销商——代理商——最终消费者，是营销渠道中最长的销售渠道。

2. 营销渠道宽度策略

（1）广泛型营销。饭店在销售产品和服务时，对中间商不作任何筛选，都可以经销饭店产品和服务的一种渠道策略。由于销售本饭店的产品和服务的中间商众多，有利于饭店扩大销售，同时也方便顾客购买，但饭店对中间商的管理困难较大。

（2）选择型营销。饭店在众多中间商中，选择部分几家来经销饭店的产品和服务的一种营销渠道策略。饭店在选择中间商时，会考虑中间商可到达的目标市场与经营目标和饭店是否一致，中间商的经验和能力能否满足饭店要求。如果饭店中间商选择适当，饭店既可以扩大产品销售，又可以兼得较低的营销成本。

(3) 独家营销。饭店在每一个特定的目标市场内只选择一家中间商来经销自己的饭店产品和服务的一种营销策略。采取这一营销渠道策略，可提高中间商的积极性，也有助于对中间商的管理和控制，但市场覆盖面较窄，不利于扩大销售。

四、促销策略

饭店促销策略是指饭店为了促使顾客了解、信任并购买饭店的产品和服务，通过各种宣传媒介，将有关饭店产品和服务的信息传递给消费者的一系列活动的总和。

1. 饭店促销的作用

(1) 传递信息。当饭店的一种产品或服务进入市场时，为了让更多的顾客了解该产品和服务，饭店应及时地运用适合的促销手段，向中间商和消费者提供该产品和服务的相关信息，以达到消费者知晓并购买该产品和服务的目的。

(2) 促进需求。饭店促销活动不仅可以诱导顾客需求，而且可以创造顾客需求。当饭店针对某一产品开展促销时，既可以让更多的消费者了解知晓该产品，同时可以提高原有顾客对该产品的需求，增加饭店效益。

(3) 稳定销售。饭店销售受多种因素的影响，可能会起伏很大，市场地位稳定性差。饭店促销活动可以使更多的消费者形成对饭店特定产品和服务的偏好，使得饭店在激烈的市场竞争中，获得稳定的销售和市场地位。

(4) 对抗竞争。现代饭店市场竞争非常激烈，饭店企业通过一些促销活动，扩大饭店企业和饭店产品的知名度，树立饭店企业独特的营销风格，提高饭店企业在顾客中的良好形象和声誉。同时，饭店有针对性地进行宣传促销，使得消费者了解、熟悉和信任饭店，对扩大市场份额，巩固市场地位都有重要的作用。

2. 饭店促销的基本方式

(1) 广告促销。广告促销是指饭店通过支付广告费用，凭借各种各样的传播媒介，向饭店公众或特定市场中的潜在顾客传递产品和服务信息，诱发顾客需求，劝说顾客购买，提醒顾客注意饭店产品和服务的变化，从而实现扩大销售的一种促销方式。常用的广告媒介有报纸、杂志、电视、广播、网络、橱窗以及户外广告等。

(2) 人员推销。人员推销是指推销人员通过面对面的业务洽谈，向顾客提供信息，劝说顾客购买饭店产品和服务的过程。饭店常用推销方式有交易推销、宣传推销、新业务推销和技术推销等。

(3) 营业推广。营业推广是指饭店企业为了刺激购买、扩大销售，开展各种短期的，非经常性的营销活动。营业推广常常用于吸引新客户、推广饭店新产品和扩大淡季销售等。饭店常用的营业推广的方式有免费赠送样品、发放优惠券、赠送小礼物、抽奖促销、赠礼品券、设立俱乐部等。

任务三　饭店营销创新

饭店企业要想不断满足消费者日益多样化的需求，增强市场竞争力，就必须不断尝试营销创新。营销创新对饭店企业的生存和长远发展都具有非常重要的意义。

一、绿色营销

绿色营销是伴随着人们环境意识的觉醒而提出的崭新的营销理念。人类只有一个地球，珍爱我们的地球，保护人类赖以生存的环境，已成为世界性的潮流。积极实施绿色营销，对于保护环境资源，促进社会、经济、文化和生态的可持续发展具有重要意义。同时，有助于饭店树立良好的企业形象，赢得公众和市场，从而促进饭店的长远发展。

绿色营销是指饭店以可持续发展作为经营指导思想，以环境保护作为价值观，以绿色消费为出发点，以绿色文化为企业文化，以充分利用并回收再生资源、最大程度减少污染物排放为原则，为实现可持续发展，造福后代而进行的营销策划与实施过程。其核心是协调营销活动同自然环境的关系，不仅考虑自然环境对企业营销的影响，而且，更注重饭店营销对自然环境的冲击。绿色营销过程一般有以下几个步骤：

1. 树立绿色形象

饭店企业形象是社会公众对饭店的综合评价，良好的企业形象是饭店的无形资产，对饭店的生存和发展有着至关重要的作用。绿色形象是由一系列绿色指标构成，包括绿色产品形象、绿色服务形象、绿色经营形象、绿色员工形象和绿色环境形象等。饭店应努力按照 ISO 14001 的标准（国际环境质量认证体系）提供产品和服务，树立良好的绿色社会形象。

2. 开发绿色产品

开发绿色产品是实施绿色营销的核心，对饭店而言，饭店绿色产品主要包括绿色客房、绿色餐厅、绿色服务三大类。

（1）绿色客房。绿色客房首先是建造客房的材料应该是绿色的、无污染的。其次是客房的设备设施应该是绿色环保的。如使用节能灯照明，使用感应式电源开关，使用节水厕卫等。再次就是客房要营造绿色环境。如放置绿色消费卡片，引导顾客绿色消费，在满足客人基本要求的基础上，尽量减少布草的洗涤次数，减少客房一次性消耗品的使用量等。

（2）绿色餐厅。在确保绿色环保的设施设备的基础上，绿色餐厅中最主要的就是推广绿色食品。推广绿色食品必须重视三个环节：第一，绿色食品原料应该是无公害、无污染、安全、新鲜的优质食品；第二，绿色食品原料的运输、储存和包装必须符合绿色标准；第三，绿色食品加工过程必须符合绿色标准。如不选用珍稀动植物作为食品原料，食品加工过程更加注重营养与卫生等。

（3）绿色服务。绿色服务就是在绿色营销理念的指导下，满足顾客绿色消费需求的服务。如在餐厅外设置专门吸烟区，将餐厅变成无烟餐厅；在餐饮服务中，适当提醒客人适量点菜，不主张浪费等。

3. 加强绿色沟通

绿色沟通就是把绿色环保理念引入到产品和企业广告活动中，通过宣传企业在环保方面的行动，来改善和加强企业的绿色形象，更多地推销绿色产品。绿色沟通主要有绿色广告和绿色公关两方面的内容。

（1）绿色广告。绿色广告应突出绿色信息，推广绿色产品，引导绿色消费，同时绿色广告所选择的媒体本身也应该具有绿色形象和绿色特性。

（2）绿色公关。饭店通过各种有利的绿色宣传，建立以绿色形象和绿色环境为基调的良好关系，共同抵制不利于社会可持续发展的行为和事件。

为了绿色时代的到来，饭店企业应积极行动起来，创建绿色饭店，树立绿色营销观念，收集绿色信息，制定绿色消费，实施绿色营销监管，以自己的绿色行为将社会效益、经济效益与环境效益结合起来，使自己的产品更具时代特色，更具竞争力。

小资料

我国绿色饭店国家标准

2003年3月1日，中国饭店行业正式实施了第一个国家绿色饭店行业标准《绿色饭店等级评定规定》。该规定借鉴国外经验，其核心是在为顾客提供符合安全、健康、环保要求的绿色客房和绿色餐饮的基础上，在生产过程中加强对环境的保护和资源的合理利用。绿色饭店分为A级到五A级共五个等级，用具有中国特色的银杏叶作为标志。绿色饭店的资格由饭店企业自愿申报，由中国饭店协会组织成立的中国绿色饭店指导委员会评审。被评为中国绿色饭店的有效期为4年，期间可根据情况提出晋级。

二、关系营销

关系营销是指饭店为了与顾客及其他合作者之间建立、发展、保持长期的、成功的交易关系，通过互惠性交换实现各自利益而进行的市场营销方法。关系营销是把营销活动看成饭店企业与顾客、供应商、分销商、竞争对手、政府机构和社会组织发生互动作用的过程，建立并发展良好的合作关系。顾客关系是关系营销中最重要的一个方面，它强调保持现有顾客对饭店的重要性，为饭店效益的长期稳定发展提供最有力的保障。关系营销的核心是顾客忠诚，维系顾客。与顾客建立强有力的关系，使顾客在满意的同时产生忠诚于饭店产品的自我约束力，一般可以选用三种增加顾客价值感的方法：

1. 增加顾客财务利益

对经常性的顾客给予优惠性奖励，在消费费用上给予一定的减免等。

2. 增加顾客社交利益

主要是通过了解顾客的特殊需求，提供专门化与个性化的产品和服务。

3. 与顾客建立稳定、便利的联系方式

通过提供通信设备，建立联系机构，从实体上加强与顾客的联系。

三、网络营销

当今，网络的浪潮正席卷各行各业，并不断对人们的生产经营活动和社会生活产生深刻的影响。随着网络的进一步普及和应用，网络营销作为一种全新的营销方式已经得到了广泛的应用，成为网络时代企业营销的新手段。

网络营销是建立在互联网基础上，并借助联机网络、计算机通信和数字交互式媒体的威力来实现营销目标管理上的4P（产品、价格、渠道、促销）与4C（顾客、成本、方便、沟通）充分结合。因此，在网络经济不断发展的时代，不选择网络，就意味着落后和衰亡。

目前，饭店企业对网络营销的运用主要集中在发送电子广告、建立电子商务、获取商情动态、提供网络服务等方面。饭店应积极扩展网络资源，将网络营销应用于企业的经营实践中，争取降低成本、提高销售和提升饭店形象，取得更大的收益。

四、文化营销

文化营销是有意识的通过发现、甄别、培养或创造某种核心价值观念，达到企业经营目标的一种营销方式。文化营销要求营销过程中充满文化的要素，产品的概念、品牌、包装以及促销都包含着深刻的文化内涵，在文化的支撑下，企业的营销活动更有活力，营销效用更加持久。在推进饭店文化营销时，应做到以下几点：

（1）有意识构建饭店的核心价值观念，并使饭店核心价值观与消费者价值趋向产生共鸣。

（2）注重追求顾客的满意度，尤其是要通过对消费者价值观的研究，保证文化营销的顺利进行。

（3）重视产品文化营销、品牌文化营销和企业文化营销，形成多层次的文化营销结构。

（4）加强饭店文化创新，促进饭店文化营销取得更大的成效。

（5）重视企业内部文化营销，并且要自上而下推行文化营销，使组织内与外价值趋同，由上而下的释放企业能量，落实文化营销的具体措施，不断进行企业文化建设。

（6）饭店推行文化营销是在一定文化市场里施展的，饭店应根据不同文化市场中的消费者表现来实施不同的文化营销策略。

五、整合营销

整合营销概念是美国著名学者舒尔茨在20世纪90年代初首先提出来的。整合营销运用系统理论和权变理论解释营销学，提出了系统化的动态营销概念。系统化就是把企业、顾客和环境作为一个和谐的整体来考虑，它们之间相互联系、互相适应。动态就是一切产品和服务都要围绕顾客需求的变化而变化，不应有固定不变的模式。

整合营销是一种通过对各种营销工具和手段的系统化结合，根据环境进行即时性动态修正，以使交换双方在交互中实现价值增加的营销理论与营销方法。整合营销以市场为调节方式，以价值为联系方式，以互动为行为方式，是现代企业面对动态复杂环境的有效选择。整合营销具有整体性和动态性的特征，它顺应了经济发展的状况和市场竞争情况变化的需要，注重企业、顾客、社会三方面的共同利益。饭店应通过选择整合营销战略彰显企业个性和特色，构建整合营销组织，整合开发实体产品和服务产品，整合营销传播渠道，以形成最大的营销合力，获得最佳的营销效果。

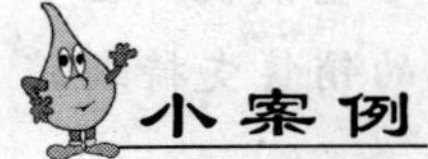

英国“超值休闲迷你假日”的成功

1. 背景

“超值休闲迷你假日”（通常称为“超值休闲”）原来是英国交通饭店集团的营销部门，1983 年以前该饭店集团一直隶属于英国铁路公司。后来饭店集团被出售，“超值休闲”部门及其品牌名称被其管理层购买下来，建成一个独立的实体，后来发展成为专门在英国国内市场上销售饭店短期度假产品的独立旅游经营商。“超值休闲”对自己的产品计划中的饭店并没有所有权，它是靠与饭店签约获得批量价格，然后通过编制产品报价，售出双方商定的床夜数作为交换。有些产品还为游客提供优惠火车票和机票，也提供一些诸如戏票等的其他便利。顾客的购买价格远远低于饭店的门市价，而且这个价格包含了所有的营销费用以及旅游经营商和零售商的利润。

2. 战略

“超值休闲”在独立运作的第一年——1983 年，推出了 68 个地方的 83 家饭店，采用了通过零售旅行代理商分销产品的核心战略。通过 5 年的积极发展，尤其是在其原来的竞争对手“星尘”（Stardust）和“卡米洛”（Camelot）这两个品牌倒闭后，“超值休闲”的管理层感到自己已成为英国短期度假市场的品牌领袖。1989 年 4 月，“超值休闲”从英国铁路公司手中购买了另一个同样做英国饭店生意的旅游经营品牌——“金星”（以前称为“金铁轨假日”）。“超值休闲”和“金铁轨”通过零售分销战略，尤其是通过坚持不懈地提高对旅行代理商的服务水平来使自己与众不同。在英国每一个大型的零售旅行代理连锁店中，“超值休闲”都是最为畅销的饭店短期度假品牌。后来，“超值休闲”被评为英国最佳假日经营商，获银球奖，以及英国国内和海外最佳短期度假包价旅游经营商，并获金奖。

要使价格偏低，而处理定购的成本又相对偏高的短期度假产品值得一做，就必须加快处理预定的速度。1990 年，“超值休闲”启用人工电话预定系统，并以其电话回复的快捷速度在与对手的竞争中获得了成功。后来，“超值休闲”借助于图文数据系统和计算机预定系统与个人计算机的连接，计算机预定系统在旅行零售代理领域的应用得到了快速发展。“超值休闲”图文数据系统的采用，明确显示了其对零售渠道的重视。94%的预定是通过零售商完成的，只有大的经营商才能负担得起图文数据系统的运营，这种规模经济正好与“超值休闲”市场领袖的地位相称，同时，图文数据系统提高了处理在最后时刻预定短期度假产品的效率。

3. 产品和目标市场

“超值休闲”的目标顾客是零售商，而如果产品在设计和价格上不具备竞争力，零售商就不会销售这样的产品。“超值休闲”清楚，其高标准的产品在质量和价格上具有很强的竞争力。给零售商提供的“产品”，首先反映出“超值休闲”和“金铁轨”在多大程度上对所有展示自己宣传册的零售商给予了持续不断的、系统化的销售支持或销售服务。

“超值体闲”和“金铁轨”给零售商提供销售支持的服务政策包括如下内容：

● 旅游宣传册。每年为每个品牌印制 300 余万册宣传册，并且全都通过旅行代理商发放。

● 销售队伍。由 8 名十分敬业的销售代表组成团队，向旅行代理商提供服务，并保证宣传册确实获得了双方商定的展示空间，而且得到令人满意的展示。

● 销售经理。由 3 名高级经理组成的工作小组，经常拜访重要客户（旅行代理连锁店），以维持密切的工作关系。

● 销售信息。每月向各个销售代表提供销售信息。各旅行代理连锁店则通过分部获得国内和地区的销售统计资料。

目前，由于这种程度的销售支持，在 5500 个被公司选中用来分发宣传册的分销点中，当公司的销售人员前往拜访时，至少有 85%的销售点展示或摆放了“超值休闲”和“金铁轨”的宣传册，拜访之后这个数字则增至 90%以上。在英国，人们认为这种全方位的销售支持是争取并维持旅行代理商高效分销短期度假产品的唯一途经。

任务实施

饭店市场营销程序如图 10-4 所示。

图 10-4　饭店市场营销程序

第一步：市场调研

市场调研是饭店进行市场营销的首要阶段。市场信息的获取有很多种途径，获取的信息要真实、可信，信息的真实性和完整性是市场营销成功与否的关键。饭店企业既可以从企业内部获取市场信息，还可以从消费者、中间商、竞争对手等处获取相关市场信息。

第二步：粗分市场

根据上一阶段收集到的关于饭店市场的基本信息，对饭店市场进行粗略的初次划分。这个阶段主要是将饭店市场按照大的标准进行划分，结合饭店实际情况，找到适合饭店营销的大方向。

第三步：细分市场

通过筛选，饭店企业选择比较适合自身进入的粗略市场，再根据饭店特点，按照细分标准进行进一步的划分。

第四步：确定目标市场

在细分市场的基础上，选择饭店准备进入的细分市场作为饭店的目标市场。在这个过程中，要充分分析各细分市场的特点和市场状况，以及饭店自身状况与市场的适应度。

第五步：市场定位

确定了目标市场，饭店就应根据市场定位的方式方法进行自身的市场定位，确立饭店在自己选择的目标市场中处于怎样的市场地位。

第六步：制定营销策略

在明确的市场定位条件下，制定出适合目标市场的营销策略，开始有针对性地实施营销计划，开展营销活动。

第七步：营销创新

在营销过程中，适应社会发展和消费者需求，不断尝试营销创新，达到最佳营销效果。

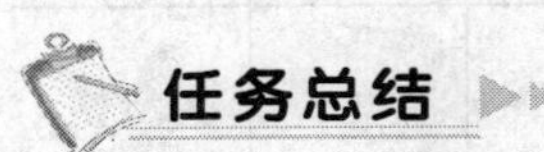

任务总结

通过对饭店市场含义、市场细分和市场定位、营销策略的分析，全面了解饭店市场营销过程，进行初步的市场细分和市场定位，并能根据饭店情况选择适合的市场营销策略，同时了解每步过程的内容及基本要求。

实训项目

内容与要求

选择某熟悉的饭店企业作为研究对象，根据自己所收集的相关资料与数据，分析其产品和市场，并制定适合的营销策略。

组织与实施评价

1. 以项目团队为学习小组，小组规模一般是5～8人，分组时以组内异质，组间同质的原则为指导，小组的各项工作由小组长负责指挥协调；

2. 建立沟通协调机制，团队成员共同参与、协作完成任务；

3. 各项目团队根据实训内容互相进行交流、讨论，并点评；

4. 评价与总结：各项目团队提交实训报告，并根据报告进行评估。

评估指标及标准

如表10－2所示。

表10－2　　饭店市场营销过程设计评分表

被考评人			考评地点			
考评内容		考评标准	分值/分	自我评价/分	小组评价/分	实际得分/分
专业知识技能掌握	饭店市场营销的概念	了解	10			
	饭店市场细分和市场定位	掌握	20			
	饭店市场的营销策略	掌握	20			
	饭店营销创新	了解	10			
	总结报告	内容完整，条理清晰	10			
通用能力培养	学习态度	积极主动，不怕困难，勇于探索，态度认真	10			
	运用知识的能力	能够熟练运用所学的知识进行分析	10			
	团队分工合作	能融入集体，愿意接受任务并积极完成	10			
合　计			100			

注：实际得分＝自我评价（占40%）＋小组评价（占60%）

思考题

一、填空题

1. 市场营销观念的发展大致经历了________、________、________、________和________五个阶段。

2. 饭店营销观念中包含三种导向，即________、________和________。

3. 一般来讲，饭店可以依据________、________、________和________等因素进行饭店市场细分。

4. 饭店整体产品一般包括三个层次，即________、________、________。

5. 饭店促销的基本方式有________、________、________。

二、选择题

1. ________是一种承担社会责任的营销观念，在它的指导下，企业不仅要保证顾客需求满足，同时还要服从社会利益的需要。

A. 生产观念　　B. 推销观念

C. 营销观念　　D. 社会营销观念

2. 饭店根据顾客需求或购买方式等方面的差异性，依据一定的标准将整体饭店市场划分为若干个不同类别的子市场的过程是________。

A. 饭店市场细分　　B. 饭店市场调研

C. 饭店市场定位　　D. 饭店市场预测

3. 饭店的品牌和特色属于饭店整体产品的________部分。

A. 核心产品　　B. 形式产品　　C. 附加产品　　D. 延伸产品

4. 影响饭店产品价格的因素很多，其中主要是________因素决定了饭店实际成交价格。

A. 产品品牌　　B. 产品成本　　C. 市场需求　　D. 市场竞争

5. 饭店在销售产品和服务时，对中间商不作任何筛选，都可以经销饭店产品和服务的一种渠道策略是________。

A. 独家营销　　B. 选择型营销　　C. 广泛型营销　　D. 零渠道营销

三、简答题

1. 饭店市场细分的作用主要表现在哪些方面？

2. 饭店市场定位的内容很多，饭店通常选择哪些方面进行市场定位？

3. 什么是绿色营销，实施绿色营销一般有哪几个步骤？

参考文献

[1] 黄震方．饭店管理概论［M］．北京：高等教育出版社，2001.

[2] 李维冰，赵惠时．饭店管理概论［M］．北京：中国商业出版社，2002.

[3] 洪涛．饭店管理实务［M］．南京：东南大学出版社，2007.

[4] 陈伟．饭店营销学［M］．修订本．北京：中国商业出版社，2006.

[5] 国家旅游局人教司．现代旅游饭店管理［M］．北京：中国旅游出版社，1998.

[6] 李默．现代饭店经营管理全书［M］．广州：广东旅游出版社，2000.

[7] 朱承强．现代饭店管理［M］．北京：高等教育出版社，2007.

[8] 邹益民，周亚庆．饭店管理［M］．北京：高等教育出版社，2004.

[9] 刘伟．前台与客房管理［M］．北京：高等教育出版社，2002.

[10] 蒋卫平．酒店管理实务［M］．重庆：重庆大学出版，2008.

[11] 蔡维溪．星级酒店客房服务 ISO9000 质量国际标准化管理［M］．北京：中国旅游出版社，2004.

[12] 杰克·E. 米勒．酒店督导［M］．宿荣江，译．大连：大连理工大学出版社，2002.

[13] 曹希波．新编现代酒店（饭店）管理实务大全［M］．北京：企业管理出版社，2006.

[14] 张庆菊．康乐服务与管理［M］．北京：高等教育出版社，2002.

[15] 张浩．现代酒店（饭店）主管领班工作标准［M］．北京：蓝天出版社，2004.

[16] 万光铃．康乐经营与管理［M］．沈阳：辽宁科学技术出版社，1996.

[17] 谢玉峰．旅游饭店前厅客房服务与管理［M］．河南：郑州大学出版社，2004.

[18] 刘建华．康乐服务［M］．北京：中国劳动社会保障出版社，2007.

[19] 吴克祥．饭店康乐经营管理［M］．北京：中国旅游出版社，2004.

[20] 李舟．饭店康乐中心服务案例解析［M］．北京：旅游教育出版社，2007.

[21] 孔新华．康乐服务［M］．上海：中国格致出版社，2007.

[22] 阙敏．康乐服务［M］．北京：中国人民大学出版社，2007.

[23] 刘哲．康乐服务与管理［M］．北京：旅游教育出版社，2007.

[24] 王秀荣，宋大为．饭店管理概论［M］．大连：大连理工大学出版社，2008.

[25] 廖钦仁．酒店人力资源管理实务［M］．广州：广东省出版集团广东经济出版社，2006.

[26] 姜红．餐饮服务与管理［M］．大连：大连理工大学出版社，2009.

[27] 李婷．现代饭店管理概论［M］．北京：中国物资出版社，2009.

[28] 吉根宝．餐饮管理与服务［M］．北京：清华大学出版社，2009.

[29] 周志宏，熊丽娟．酒店管理概论［M］．长沙：湖南大学出版社，2009.

[30] 甘华蓉．餐饮管理实务［M］．北京：对外经济贸易大学出版社，2009.

[31] 马艳平，王玲．餐厅服务与管理［M］．武汉：武汉大学出版社，2009.

[32] 吴敌．饭店管理实务［M］．成都：西南交通大学出版社，2009.

[33] 郑向敏．酒店管理专业综合实训教程［M］．重庆：重庆大学出版社，2009.

[34] 陈雪琼．前厅、客房的服务与管理［M］．北京：机械工业出版社，2005.

[35] 邹益民，周亚庆．饭店管理理论、方法与案例［M］．北京：高等教育出版社，2004.